日本の名城解剖図鑑

監修／中川 武
Takeshi Nakagawa

著／米澤貴紀
Takanori Yonezawa

X-Knowledge

はじめに

そして、人は城を好きになる

城好き少年や少女がいないわけではないが、稀《まれ》である。それに対し、年令を重ねるというより、酸いも甘いも噛み分けるようになり、一国一城とは言わないまでも、それなりの地歩を築いたり、人にはあまり言えない、あるいは言いたくないような苦労の道を踏んできたりすると、城はいいものだ、と思うようになるみたいだ。多分、城とは何か、ということを把握するためには、これがヒントになるように思う。

人類が狩猟採集経済の下にあった時でさえ、良い狩場を求めて、縄張を争っていたかもしれない。農業が始まり食料の備蓄が始まるとその争奪戦が起こる。人の世の争いは避けられないのである。このような氏族間や部族間や地域間の争いをなくすために国家が形成されたのは人類の知恵であったが、今度は国家間のより大規模の戦争が始まる始末。誠に人の世に……。困ったものである。以上の、国家形成の大まかな流れを地域ごとの細かな地勢や競合国家間の情勢等の条件によって見ていくと、氏族国家、部族国家、地域連合国家、アジ

ア的専制国家、古典古代国家、中世封建国家、絶対主義王政国家、近代国民国家等々が人類史上に生成した。これら全部に目を通すことをここではしないが、日本の城を解剖し、その歴史の全体を見渡すと、必ず世界史上のある国家の段階で築かれた城と、共通する面があることに注意を喚起しておきたいと思う。もちろん、国家の城が砦のような状態であった長い歴史や超近代国家とグローバリズムが競合する現代において、城とは何かを考えることは興味深い問題ではあるが、城に関する文明史論的な研究論文のような内容になってしまうだろう。それでは、なぜ人は城が好きになるのか、という問題に答えられない。答えられないが、城に魅かれる理由の中に、どんな歴史上の段階の城であっても、それは必ず、人類の共同体の長い歴史の一コマを彷彿《ほうふつ》とさせる要素を含んでいることが大事なのである。そのような具体的な、ある国家や地域や封建的共同体の、赤裸々な生存の意志を表現したものが城だといえよう。

　とはいえ日本でいえば大部分の人が魅かれる城は、戦国時代が終了し、新しく全国統一を志向し始めた時期から後の時代の城郭である。なぜかといえば、戦国までの城は、まさに砦《とりで》であって、敵の攻撃に対して地勢を活かして、いかに合理的に防禦するかだけが目的（この目的によって鋭い美が産出されることがあるが、なんといっても目的が狭い）だからである。それに対し、戦乱の世から中央集権国家の覇権を志向した信長や秀吉が建設した城郭、とりわけその天守閣は、世界の中心性や唯一性のわかりやすい象徴であった。それまでの時

代に発展してきた建築の経済的・合理的技術はもちろんのこと、権威や至上性や新規性を喚起するための建築様式、装飾、工芸美術などのあらゆる技巧が総動員されて建設された。しかも、この時代の天下人の城は、長い歴史の中で徐々に形成されたものではなく、時代の生産力、生産組織を短時間に集中するその場限りのプロジェクト性の高いものであったため、新奇性が際立つのである。この時獲得された新しい世界への憧れのようなものを、城が、建築が、その経験として持つようになったことが城の歴史を豊かにしたと思われる。

徳川幕府による江戸時代の統治は、中央集権性（アジア的古代性と全国市場を前提とした手工業経済の発展による国家的統合）と武家による中世的封建制の巧みな融合を特色とした、世界史上にも稀に見る豊かな経済的、文化的発展をもたらした。その象徴が全国各藩の城であり、城下町である。各々の殿様の人格とその地方の歴史・文化と平和な世相がまさに城の特徴を通して見ることができるのである。その影に幾多の悲惨が隠されていたとしても、人々に「一国一城」の夢という、日本的なサクセスストーリーを育んだものこそ、江戸時代、城下町が生み出した城であった。それなりに功成り名を遂げると、人生には、それぞれ、それなりの夢があることに気付く。そして、人は城を好きになる。

中川　武

目次

2章

現存天守を読み解く

3章

復元された城たち

4章 復興された城たち

column

●本書では、国宝などに指定されている城の遺構などを、以下のように紹介しています。

- 世界遺産　ユネスコの「世界遺産リスト」に登録された史跡
- 国宝　国指定重要文化財のうち、特別に価値の高い「国の宝」とされたもの
- 重文　国指定の重要文化財に指定されたもの
- 国特別史跡　国指定史跡のうち、特別に価値が高いとされた史跡
- 国史跡　国指定史跡

ブックデザイン 米倉英弘（細山田デザイン事務所）／編集協力・組版 ジーグレイプ／イラスト いとう良一／印刷 加藤文明社

序章

城のキホン

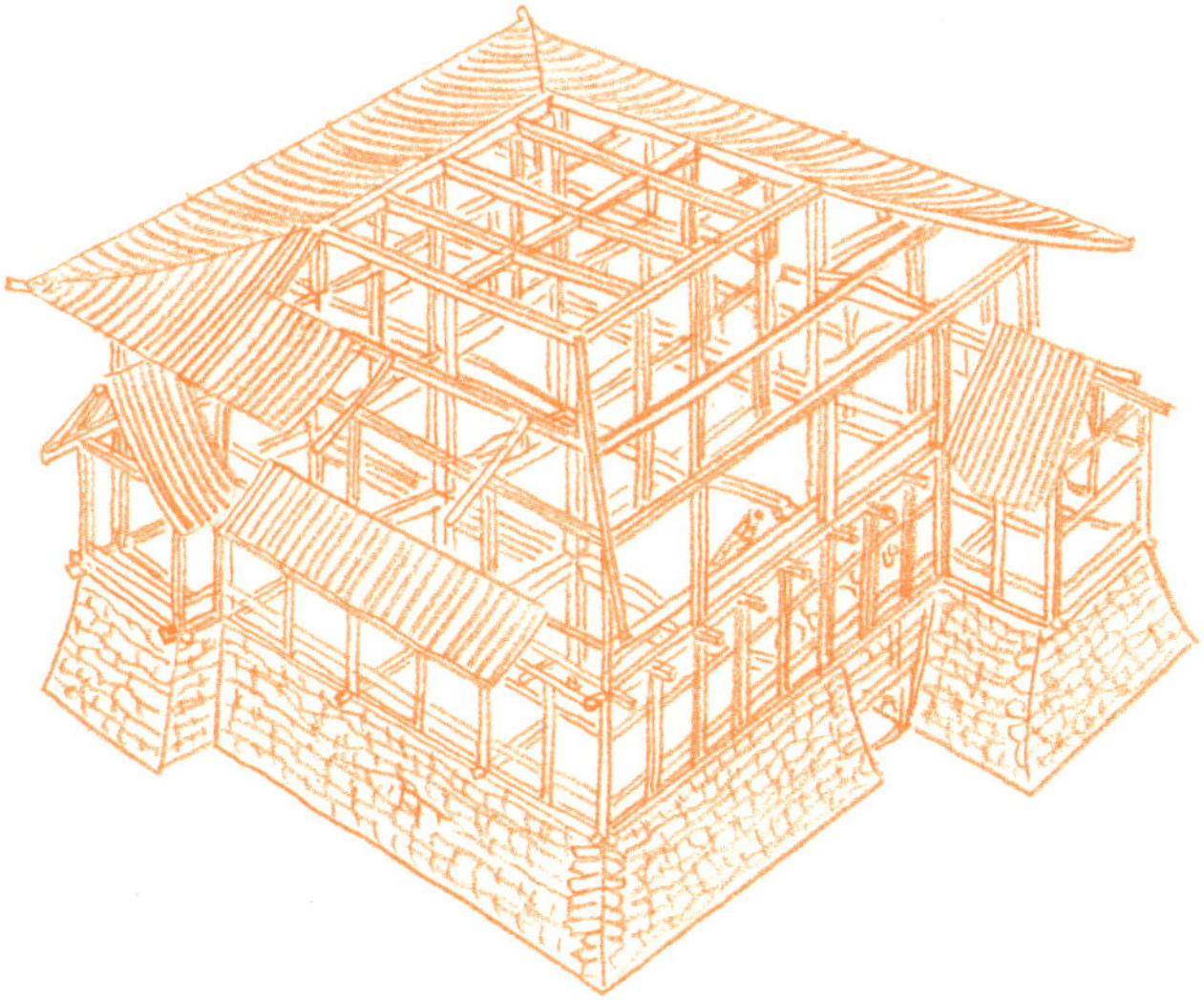

天守

天守のキホンを知る

城の象徴であり特別な存在

城のシンボルである天守（天守閣）。天守建築は防御の観点や象徴物としての役割から、小天守《しょうてんしゅ》※1や櫓《やぐら》※2と組み合わせた次のような構成が考えられた。

天守の構成は4種類

・独立《どくりつ》式　天守に付櫓《つけやぐら》や小天守が付属しないもの。徳川大坂城（127頁）など

・複合《ふくごう》式　天守に付櫓を直接接続するもの。彦根城（67頁）など

・連結《れんけつ》式　小天守などと天守を渡櫓《わたりやぐら》でつなげるもの。熊本城（86頁）など

・連立《れんりつ》式　複数の小天守や櫓と天守を渡櫓などで環状につなげたもの。姫路城（58頁）や和歌山城（102頁）など

なお、松本城（64頁）のように複合式

天守の構成

複合式

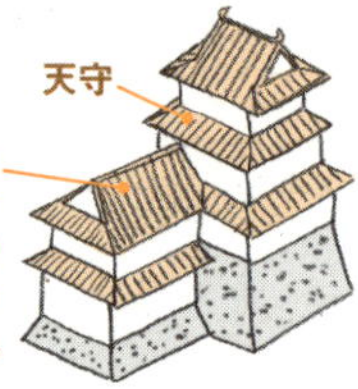
天守
付櫓《つけやぐら》
敵を攻撃する場所を増やすと共に、天守への入口になることも多い。

独立式

建物が1棟建つ。

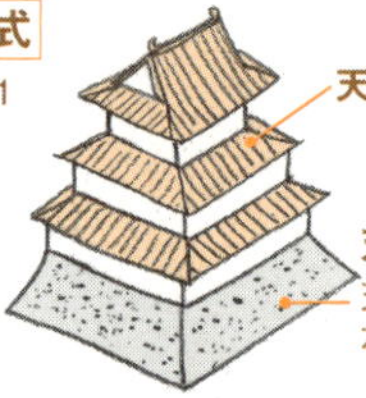
天守
天守台
天守が建つ石垣の台座。

連立式

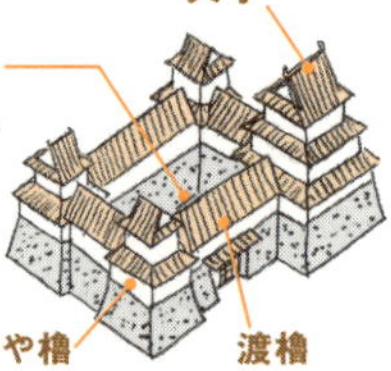
入口
入口は建物に囲われた中庭にあり、敵兵を四周から攻撃できる。
天守
小天守や櫓
渡櫓

連結式

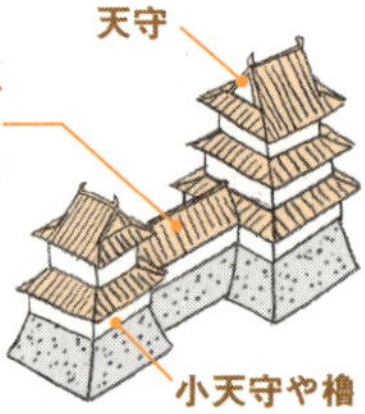
渡櫓《わたりやぐら》
櫓がほとんどだが、名古屋城（82頁）は土塀で挟まれた橋台となっている。渡櫓部分に入口を設けると、侵入した敵兵を両側から攻撃できる。
天守
小天守や櫓

天守の形

層塔型《そうとうがた》

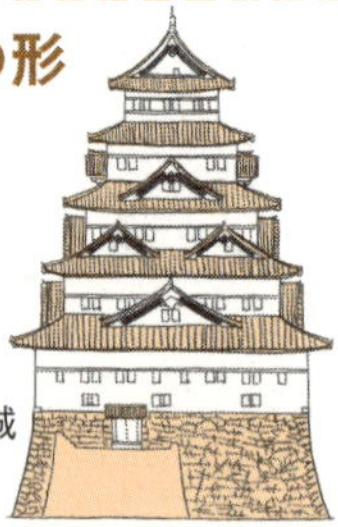

徳川大坂城（127頁）

各層で構造は切れていて、上下に柱の位置を合わせて積み上げていく。望楼型の入母屋建物では、必要上表れる破風は最上重の入母屋屋根のみ。

望楼型《ぼうろうがた》

豊臣大坂城（126頁）

1、2階建の大きな入母屋造の建物に、1〜3階建ての望楼部がのる。構造もこの2つの部分で切れる。

※1：天守が複数ある場合、最大のものを大天守といい、ほかを小天守という。　※2：13頁参照。

と連結式が合わさったものもある。

天守の形は望楼型《ぼうろうがた》と層塔型《そうとうがた》

高層建築である天守建築の構築方法には、望楼型と層塔型がある。望楼型は大きな入母屋《いりもや》屋根※3の建物の上に望楼部をのせた構造で、初期の天守から見られる。層塔型は1重から順に各層を積み重ねた構造で、比較的後に出てきた。

天守の美しいデザイン

天守外観の大きな装飾要素といえば、屋根端部の破風《はふ》※4。破風には屋根形状と関係する入母屋破風と切妻《きりづま》破風、装飾の意味合いが強い千鳥《ちどり》破風、唐《から》破風がある。破風板に吊られる懸魚《げぎょ》（飾り板）も彫物が施され装飾的だ。また、窓も重要な要素。上部を曲線状にした華やかな火燈窓《かとうまど》や実用的な格子窓《こうしまど》も、大きさや格子子《こうしこ》の太さが固有の表情を生み出す。

天守のデザイン

切妻破風《きりづまはふ》

切妻屋根（山形の屋根）の妻面（棟と直交する面）に出てくる三角形の部分。

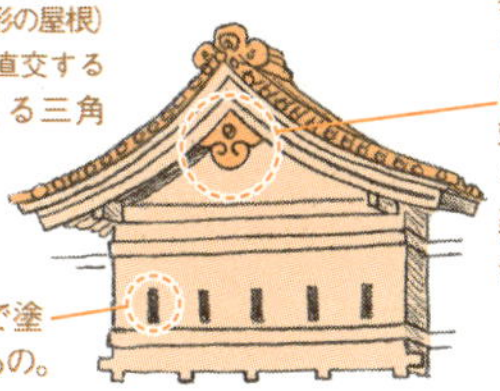

懸魚《げぎょ》
妻に出てくる棟木や桁（けた）の先端を保護する役割だが、装飾の意味合いも強い。

塗籠《ぬりごめ》
妻面を漆喰で塗りまわしたもの。

入母屋破風《いりもやはふ》

入母屋屋根の妻側に出てくる三角形の部分。

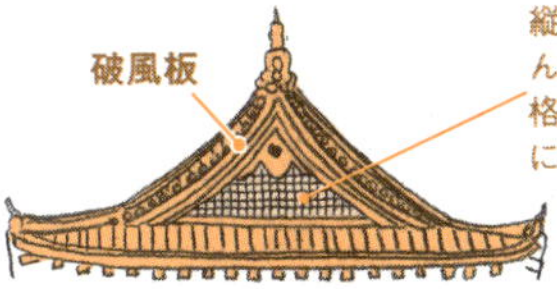

木連格子《きつれごうし》
縦横に木を組んで造られた格子。漆喰塗になることも。

唐破風《からはふ》

上部に曲線をもって造られた破風。屋根の軒先につけた軒唐破風も多い。

兎毛通し《うのけとお》
唐破風の懸魚の呼び方。

千鳥破風《ちどりはふ》

屋根の傾斜面に付けられる三角形の部分。装飾、採光、通風のためにつけられ、天守では迎撃場所にもなる。

格子窓《こうしまど》

内部を見通せないように、また侵入されないように一定間隔で棒状の材を入れて造った窓。城郭では防御を考え、小さい面積に太い格子子を入れることが多い。

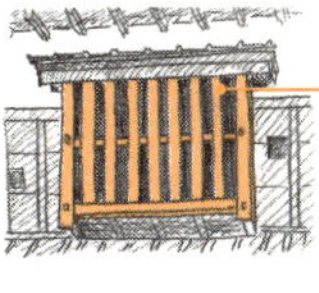

格子子《こうしこ》
格子をつくる材。太さや格子子同士の間隔でデザインが決まる。

火燈窓《かとうまど》

曲線でできた枠を持つ窓。寺院建築で使われ初め、御殿や城郭にも用いられるようになった。

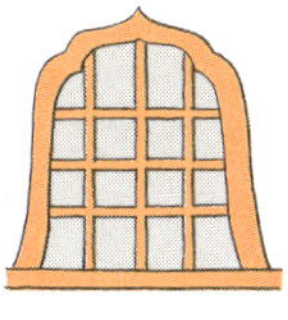

鯱《しゃち》

大棟に飾られる鯱は、虎の頭をした想像上の魚で火除けのおまじない。青銅製、瓦製が多く、天下人の城には金箔貼りや金板を付けた金鯱が飾られた。

※3：屋根の上部を切妻状にして、下部は四周に庇屋根を付けた形式の屋根。

※4：屋根妻面に付けられた合掌形の板、破風板ともいう。また、それに挟まれた部分のこと。

構成

城の構成を知る

城の魅力は天守だけではない

城は、天守を始めとする建物群と土塁や石垣などの構造物から構成される。

天守《てんしゅ》—防御拠点から権威の象徴へ

城の象徴的な建物で、戦での最終防御拠点。天守の始まりは戦国時代に城の中心的な建物として建てられた重層建築である。これが発展して織田信長の安土城（31頁）や豊臣秀吉の大坂城（126頁）などの大規模で豪華な天守が建てられるようになった。

御殿《ごてん》—日常の仕事場

城主が政務を行い、日常生活をおくるための建物。平時の活動に適した建物が建てられた。内部は豪華な書院造《しょいんづくり》※1とすることが多かった。特に江戸時代

天守

江戸時代の天守は居住性の低いものが多く、外観の象徴性を重要視した。

高欄《こうらん》

天守最上階に付くことが多い。物見のための縁側の柵として、また、外観の装飾の意味もある。実際、人が出ることを想定していない廻縁（まわりえん）もある。

比翼千鳥破風《ひよくちどりはふ》

千鳥破風が2つ並んだものを比翼千鳥破風という。同様に、入母屋破風が2つ並んだものは比翼入母屋破風という。

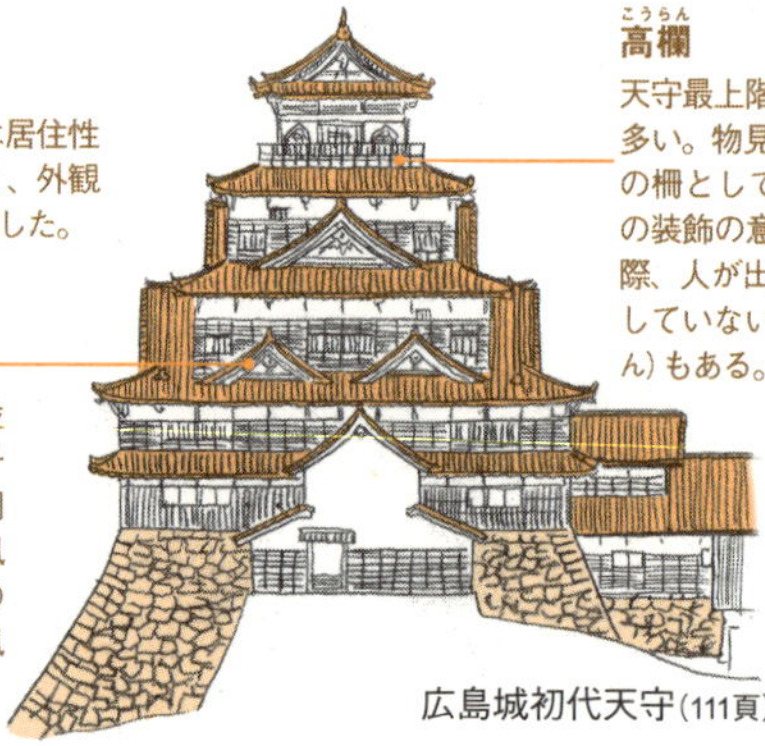

広島城初代天守（111頁）

御殿《ごてん》

城内にあって居住性を重視した建物であり、城主・奥方の居室、家臣らと対面する部屋、政務を行う部屋などがあった。外壁は柱・梁を見せた、真壁造（しんかべづくり）となっている。

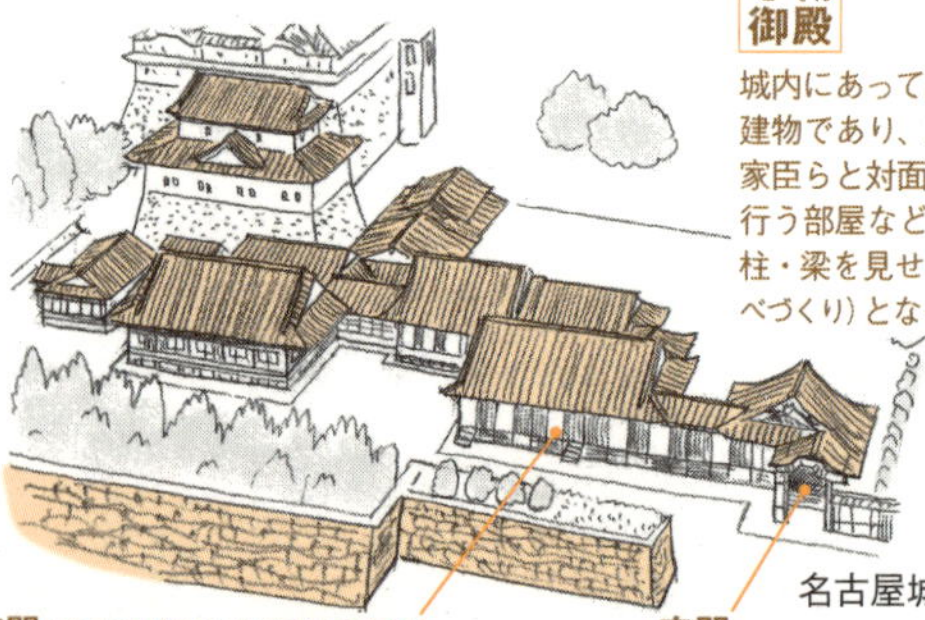

名古屋城本丸御殿（83頁）

広間（名古屋城では大広間、表書院）

御殿の中心となる広間で城主が対面を行う。内部は床の間、棚などを備え、畳が敷き詰められた書院造の座敷であった。

玄関

御殿の正式な入口。外部との境には車寄せが設けられ、唐破風など格式を持った形に造られた。

※1：25頁参照。

には天守が「権威の象徴」となり、藩政の中心施設として御殿建築が充実していった。

櫓《やぐら》 ―― 防御から眺望用までさまざま

城の防御拠点であり、見張、武器庫の役割もはたした建物。櫓は一重の平櫓から三重櫓まであり、防衛上重要な地点には二重、三重櫓が、石垣の上などに多聞櫓※2や渡櫓が建てられた。戦のない時代になると、月見櫓など眺望を楽しむための櫓も造られるようになった。

門 ―― 城を守る最初の砦

曲輪《くるわ》の出入口には門が立ちはだかる。城の一区画である本丸※3に着くまではいくつもの門を通る必要があり、高麗門《こうらいもん》や棟門《むねもん》※4などが用いられることが多かった。特に防御を重視する箇所には上部に櫓をのせた櫓門が造られ、高麗門とあわせて枡形《ますがた》※5が造られた。

城を形づくる建物たち

櫓《やぐら》

櫓は用途や建つ位置、好みによって1つの城の中でも色々な形をしている。大きさや見え方、狭間（さま、54頁）や石落（いしおとし、54頁）の数と位置などからその櫓の目的を考えるのも面白い。

掛川城太鼓櫓（97頁）

重層櫓

重層の櫓では、最上階を物見や、太鼓などを置いて連絡などに使った。その目立つ姿から象徴的な意味合いを持つものもあった。

壁

壁は天守と共通した仕様。漆喰壁と下見板張をあわせた壁やすべて漆喰塗とした壁が主流。柱を見せる真壁も時には用いられている。

門

敵の侵入を防ぐ重要な施設。城の玄関にあたり、威厳も求められる建物である。簡素な形のものから櫓と連結する大きなものまでさまざま。

松本城黒門（63頁）

高麗門（左）と櫓門（右）

松本城本丸に入る正門・黒門は2つの門で構成され、枡形を造る。

冠木《かぶき》

門の上部、主柱に支えられた横材。太く、立派な材が使われることが多く、門の象徴的な材の1つ。冠木や柱には補強や装飾のために部分的に鉄や銅の板が張られ、金物が付けられる。

脇戸

中央の大きな扉は、城主などが通る正式な出入口であり、日常の出入には脇に設けられた小さな扉、脇戸で行われた。

※2：26頁参照。　※3：24頁参照。　※4：26頁参照。　※5：26頁参照。

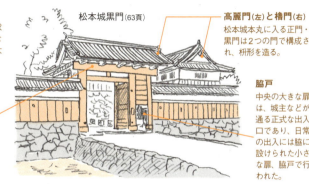

土塁《どるい》・石垣《いしがき》—防御の基本

土塁は、堀を掘った土で造られる。両者は城の防御の基本だ。土塁は戦国時代にも広く使われ、特に東日本の城では土塁による防御が発達した。石を積んだ石垣は古代から防御に使われたが、本格的な城塞への使用は16世紀後半。初めは傾斜も緩く、高く積むことはできなかったが、同世紀末に急速に発展し、簡単には上れない勾配を持った高石垣《たかいしがき》が造られるようになった。

塀《へい》—土塀が主流

石垣や土塁の上には狭間《さま》※6を設けた塀が建てられ、外からの侵入を阻止した。近世の城では漆喰塗の土塀《どべい》が主に用いられた。

堀《ほり》—空堀と水堀の2種類

堀は空堀《からぼり》と水堀《みずぼり》に分けられ、さらに底の形状で分類されている。空堀は中世から広く使われた。特に山城《やまじろ》※7で

石垣

石垣は城を見る際の醍醐味の1つである。使われる石の仕上げによって野面積、打込接、切込接に分けられ、積方には布、乱積、落積などがある。また、隅には強度を上げるための算木積なども見られる。

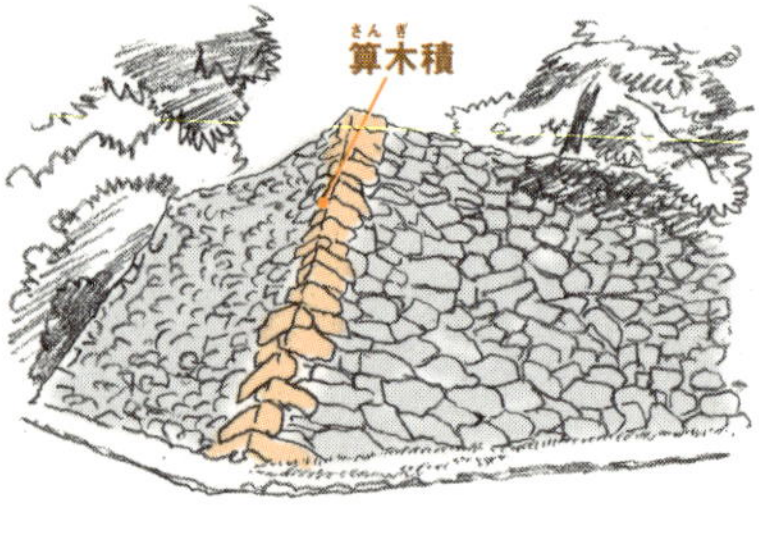
算木積《さんぎ》

小諸城天守台（43頁）

土塁

土塁は土を叩き締めて造られる。異なる種類の土や砂を層状に重ねる版築土塁と、ただ叩き固めた叩き土塁がある。また、崩（くず）れないようにする工夫もされ、芝や笹などを植えたり、低い石垣を付けたりした。

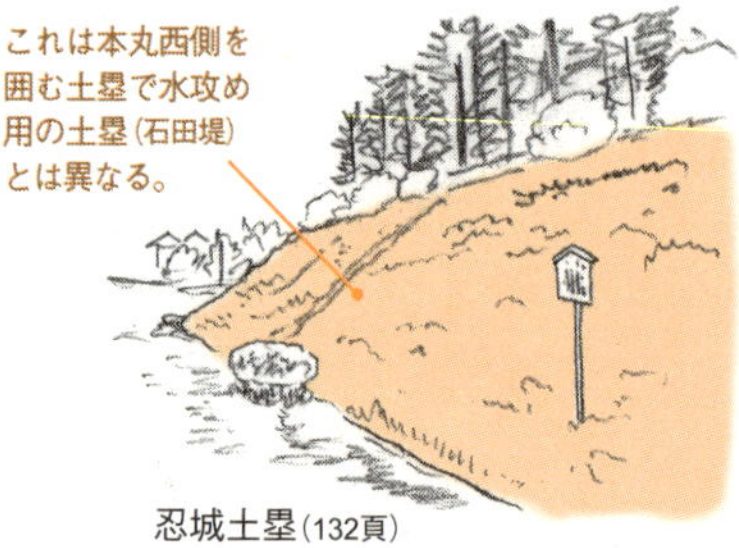
これは本丸西側を
囲む土塁で水攻め
用の土塁（石田堤）
とは異なる。

忍城土塁（132頁）

石垣の種類

		加工・仕上げ		
		野面積（のづらづみ）	内込接（うちこみはぎ）	切込接（きりこみはぎ）
積方	布積（ぬのづみ）	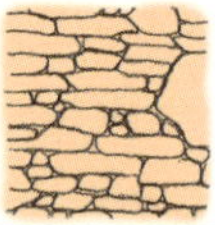 浜松城	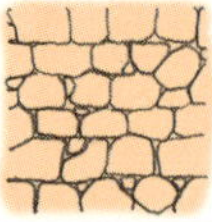 伊賀上野城	 新発田城
	乱積（らんづみ）	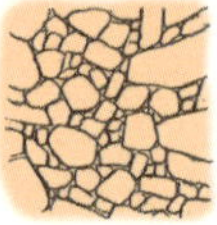 宇和島城	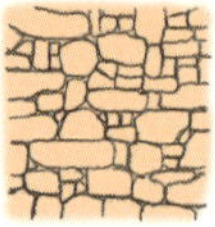 備前名護屋城	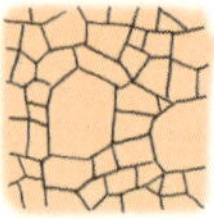 高松城

※6：54頁参照。　※7：24頁参照。　※8：24頁参照。

は、曲輪同士を独立させる堀切《ほりきり》や、斜面に設けた竪堀《たてぼり》など多様な空堀が見られる。水堀は平城※8に多く、貯水池や運河としても役立った。幅は広くとられることが多い。水軍の城では船溜まりも造られた。

橋 ─堀とセットで

堀が造られると橋も構築される。土塁や石垣で造られた恒常的な橋と、木造で籠城時には壊したり外したりできる橋に分けられる。後者には引橋《ひきばし》や跳《はね》橋《ばし》などの可動橋※9や、直進できないようにした筋違橋《すじかいばし》や折長橋《おながばし》※10などがある。

城を守る重要な構造物

橋

橋はその性質上、土橋を除いて現存する橋はほとんどなく、現在見られるものはほとんどが現代に造られたものである。

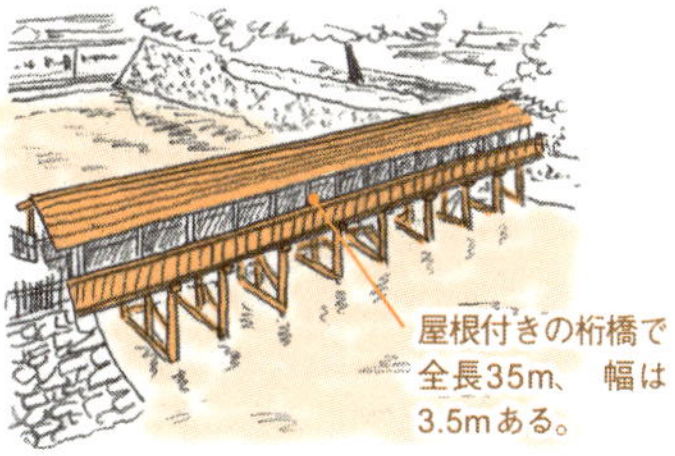
屋根付きの桁橋で
全長35m、幅は
3.5mある。

高松城鞘橋(48頁)

塀

塀は城の防御にとって大切な要素であり、土塀は裏側に控柱を入れて強度を増している。石垣や土塁の上の塀には前に犬走、裏に武者走という空間を設ける。

円形の
筒狭間
四角い
矢狭間

備中松山城三の平櫓東土塀(72頁)

堀

堀の斜面は敵が登りにくい傾斜に造られるが、土塁の堀では急すぎると崩れ易くなるため、適した傾斜が求められた。底の形も工夫され、平らな面を持つ箱堀(はこぼり)、U字形の毛抜堀(けぬきぼり)、V字形の薬研堀(やげんぼり)、畝(うね)を造った障子堀(しょうじぼり)・畝堀などがある。

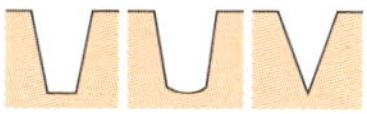
箱堀
毛抜堀
薬研堀

山中城障子堀《しょうじぼり》

空堀は底まで見通せる利点があり、さらにこの障子堀のように底に障害を設けることで敵の進みを遅らせ、迎撃に効果を上げた。

小田原城住吉堀《すみよしぼり》(130頁)

近世城郭の水堀では、斜面の崩落を防ぐため石垣を立ち上げるか、石積で護岸をすることが多い。復元された小田原城住吉堀も江戸時代に造られた石垣の水堀である。

※9:「引橋」は車輪を付けて、城内に引き込めるようになっていた橋。「跳橋」は城内側の端には蝶番(ちょうつがい)を、城外側の端には綱を付け、この綱を引いて引き上げる橋。　※10:「筋違橋」は敵の側面を攻撃するために、または地形の制約によって堀や川に斜めに架けられた橋。「折長橋」は長い橋の途中を鉤(かぎ)の手に曲げた橋。敵の側面を攻撃でき、また距離も長くする工夫。

築城

築城の流れを知る

さまざまな工程を経て完成する城

城地の選定

築城は城地の選定「土地探し」から始まる。防御、交易、交通などさまざまな要素を考え決定される。

縄張《なわばり》（設計）を行う

縄張とは、実際に縄を使って土面に間取り図を描くこと。城地が決まれば、縄張を行い、曲輪《くるわ》（区画）の配置を決め、堀、塁、虎口《こぐち》（出入口）、道が計画される。

普請《ふしん》※1（土木工事）

堀を切り、土を盛って曲輪の形を造っていく。天守台や櫓台《やぐらだい》なども土を盛って築造していく。石垣を使う城では石の切り出し、運搬、積み上げも行われ

城ができるまで

縄張

城の縄張は、絵図のほか土・木を使って造る模型（土図・木図）を使って行い、曲輪や建物の配置を検討した。縄張名人たちはこうした模型で城主たちに高低差も含めた城の守りを説明した。中世末には城下町の町割（まちわり）もあわせて考えるようになる。

石垣完成

石垣普請

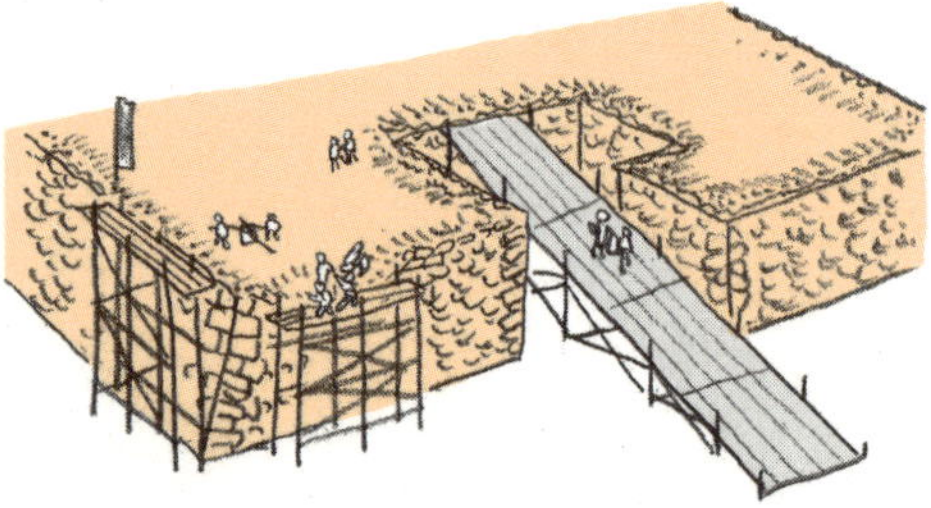

本丸の天守台など石垣を使う場所では、切り出された石を積んでいく作業が専門の技能集団（有名なのが穴太［あのう］衆）の指示のもと進められた。

※1：堀や土塁、石垣などを造る土木工事を指す語のこと。城の防御力を決めるは縄張と普請であるとして作事よりも普請を重視した。　※2：天守や櫓などの建物を造る工事のことをいう。

る。石垣の裏側に詰める栗石《くりいし》も集められ、運ばれる。

天守の作事《さくじ》※2（建築工事）

天守台の上に建物の軸組（柱と梁でできた木造の骨組み）が造られ始める。木を刻み、継手・仕口を造り、材を組み上げていく。屋根・庇には、瓦が葺かれ、大棟には鯱瓦《しゃちがわら》が上げられた。一方で壁の下地が造られ、土が塗られる。

御殿そのほかの作事

各曲輪に造られた櫓台には天守と同じように櫓が建てられ、虎口には門が、塁の上には土塀《どべい》や多聞櫓《たもんやぐら》が造られ、防衛施設が整えられる。また城主の住まい、政務の場であった御殿《ごてん》も建てられ、絵師が呼ばれ、豪華な障壁《しょうへき》画《が》、美しい水墨画が描かれる。

城下町の建設

作事と平行して、家臣の屋敷や町人の住居も造られ、城下町が整備される。

天守完成

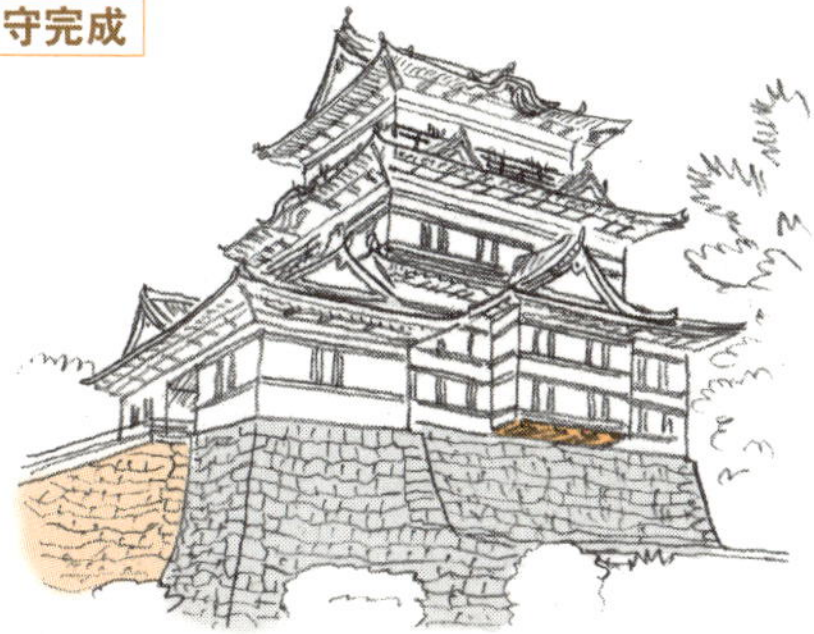

そのほかの作事

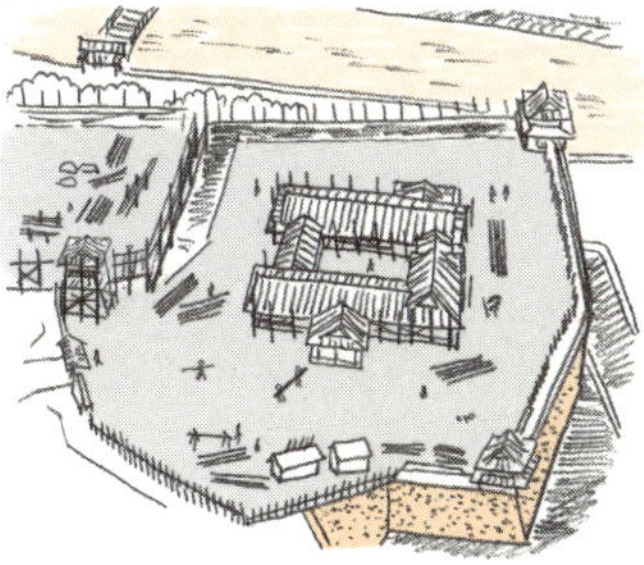

天守の作事

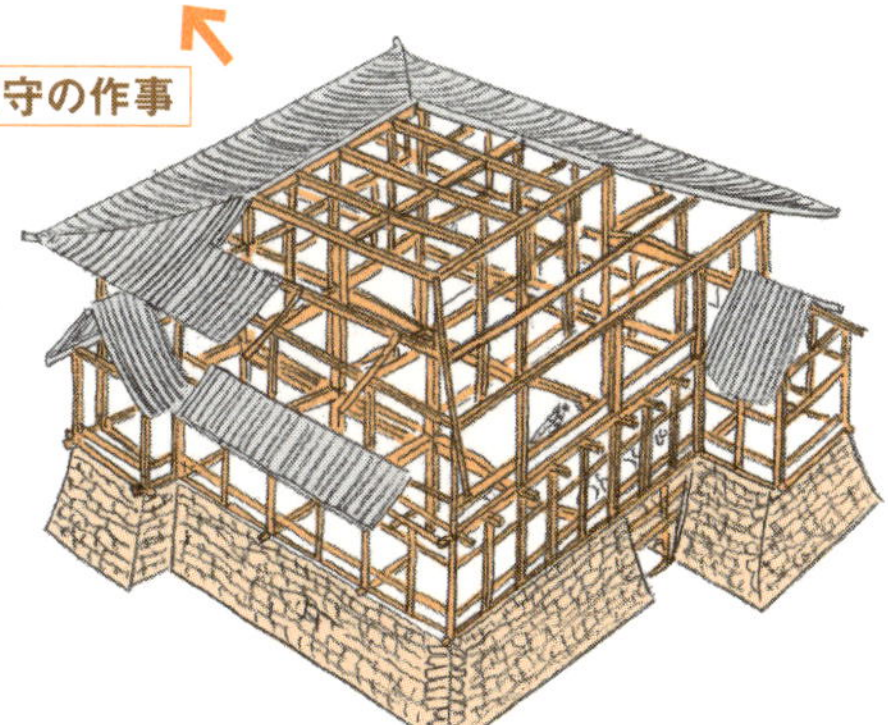

城全体では曲輪の周りの普請、土塀の建造が進められ、要所には門が建てられ、枡形（ますがた）が造られる。御殿などの建物も順次完成し、最初の縄張で考えた城の姿が現れていく。

天守の工事は寺社建築も手掛けるような工匠が行った。木材には継手・仕口を施し、これらを組合わせることで建物の軸組を造っていく。壁は縄を巻いた下地に土を塗りつけ、仕上げに漆喰が塗られた。外壁の下部は下見板張（したみいたばり）とすることも多かった。

MEMO：穴太衆は、滋賀県・穴太を根拠とした石工集団。その高い技術は石垣築造者の代名詞ともなった。

復元

現存するのはごくわずか

天守を現在の状態から4つに分類する

中世以来、数多く城が造られてきたなかで、戦国時代に城の象徴となる天守が出現する。当時は天守を持つ城は限られていたが、江戸時代初期になると全国にいくつもの天守が存在した。その後、幕府による規制や明治の廃城令※、そして戦災でほとんどが失われ、現在まで残る天守はごくわずかだ。その後、郷土の象徴として天守が再建されるようになり、近年は材料や構法も当時を再現した復元が行われている。このように、現在見られる天守の来歴はさまざまであり、それにより天守は現存・復元・復興・模擬の4つに分類される。

現在まで残る貴重な天守

現存天守

江戸時代に建築され、現在まで残る天守を現存天守という。3階櫓などと呼ばれたが実質上の天守であった櫓や、明治時代以降に倒壊したが、それらの部材をできる限り使って再建した丸岡城なども含まれる。全国に12城あり、現存12天守と呼ばれる。

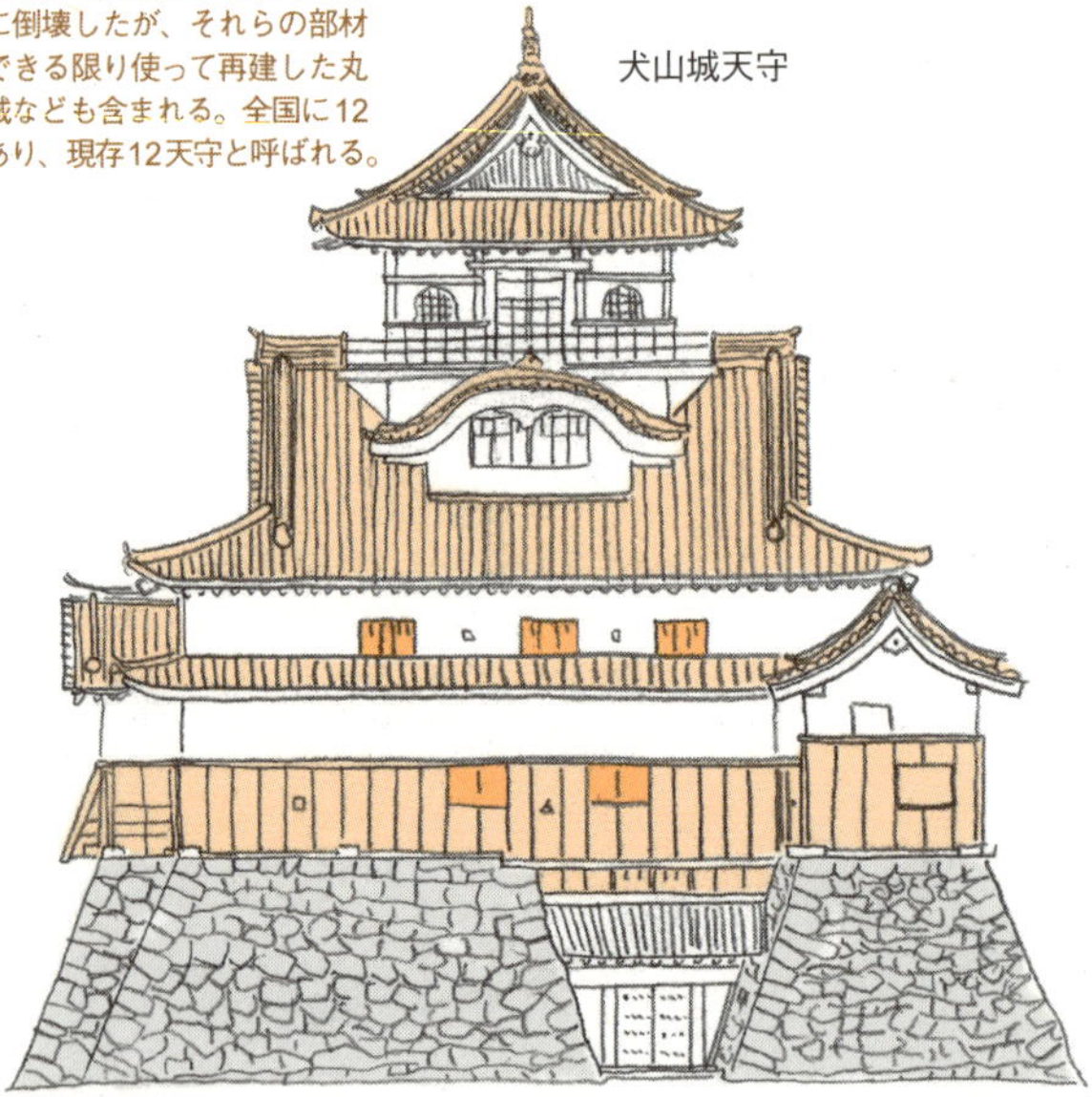

犬山城天守

現存天守例（現存12天守）
弘前城（青森［重文］）、丸岡城（福井［重文］）、松本城（長野［国宝］、64頁）、犬山城（愛知［国宝］、71頁）、彦根城（滋賀［国宝］、67頁）、姫路城（兵庫［国宝］、58頁）、松江城（島根［重文］）、備中松山城（岡山［重文］、73頁）、丸亀城（香川［重文］）、松山城（愛媛［重文］、75頁）、宇和島城（愛媛［重文］）、高知城（高知［重文］）

※：22頁参照。

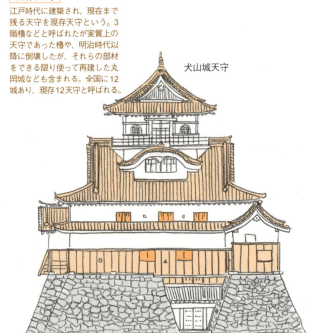

再建された天守にもいろいろある

復元天守・外観復元天守

失われた天守を、当初と同じ位置に昔の姿のまま再現したものを復元天守という。復元天守は、外観から内部構造までを絵図や文書、古写真、図面などにもとづき、当時と同様の技術・材料を用いて忠実に再現した復元天守と、元の外観を復元し、構造は鉄筋コンクリート造などにした外観復元天守とに分けられる。現在、史跡である天守台への再建はこうした木造での復元のみ（復元天守）が認められている。

名古屋城天守

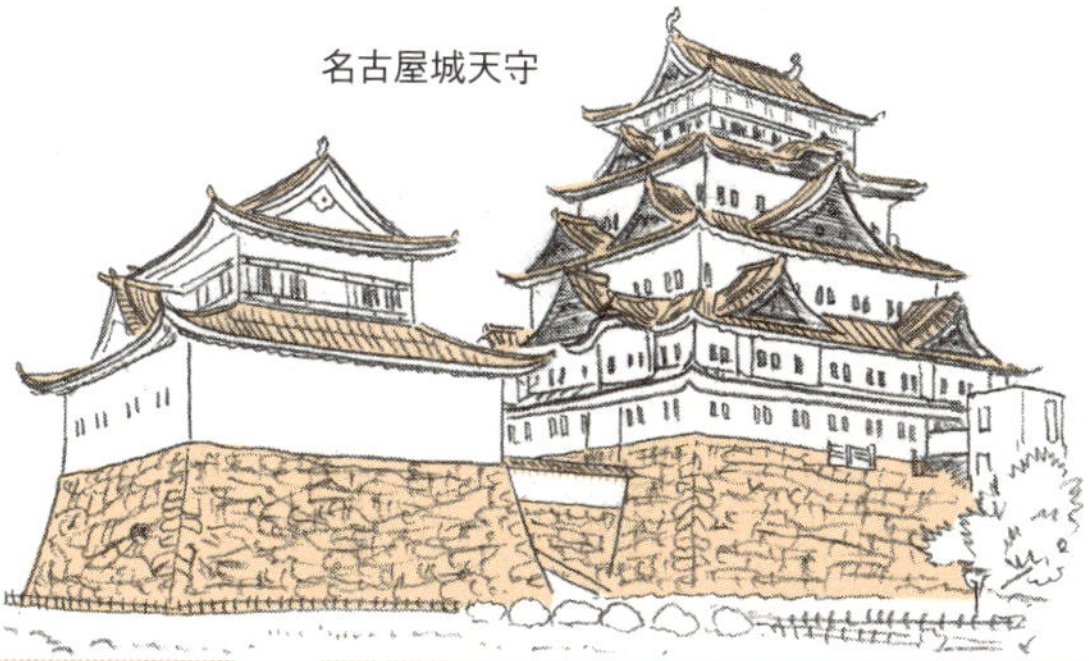

復元天守例

白石城（宮城、89頁）、白河小峰城（福島、91頁）、新発田城（新潟、94頁）、掛川城（静岡、98頁）、大洲城（愛媛、113頁）。また天守ではないが、首里城（沖縄、118頁）も復元天守

外観復元天守例

松前城（北海道）、会津若松城（福島）、大垣城（岐阜、135頁）、名古屋城（愛知、82頁）、和歌山城（和歌山、102頁）、岡山城（岡山、106頁）、広島城（広島、109頁）、熊本城（熊本、86頁）

復興天守

復興天守とは、かつて天守が存在した城に再建された天守のうち、史料の不足や、観光などの利用面から当初の天守と異なった点がある天守を指す。内部が資料館や展望台として使われることが多く、そのために窓の大きさ位置を変えることがよくある。また、外観に入母屋破風や千鳥破風を付加した例などもある。

大坂城天守

復興天守例

小田原城（神奈川、129頁）、高田城（新潟）、岐阜城（岐阜）、岡崎城（愛知）、長浜城（滋賀）、大坂城（大阪［登録文化財］、124頁）、岩国城（山口）、小倉城（福岡）、島原城（長崎）など

清洲城天守

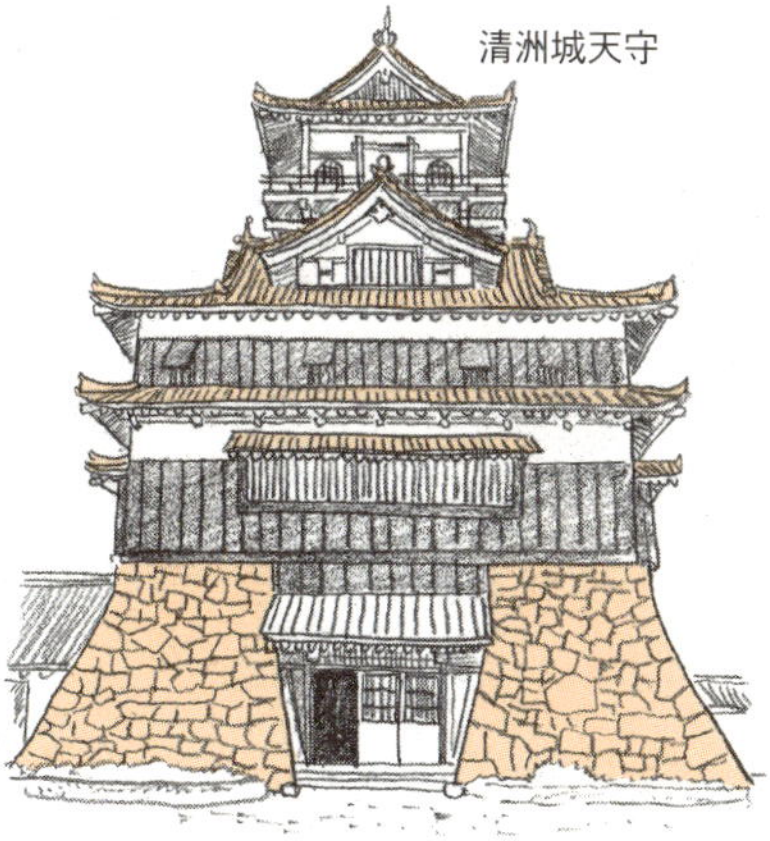

模擬天守

史料や史実にもとづかずに、位置や外観を変更して建設されたものが模擬天守である。天守があったことは知られるが、その姿を知る資料がなく、イメージで建てられた建物も多い。また、まったく天守のなかった場所に建てられた天守風建物を含むこともある。

模擬天守例

忍城（埼玉、133頁）、大多喜城（千葉）、富山城（富山）、墨俣城（岐阜）、清洲城（愛知、136頁）、伊賀上野城（三重）、洲本城（兵庫、137頁）、唐津城（佐賀）など

歴史

城の変遷を知る

起源は弥生時代までさかのぼる

古代の城 ―外敵から身を守る土塁

日本で初めての防御のために堀や柵《さく》、物見台などを備えたのは、弥生時代の環濠《かんごう》集落である。7世紀後半になると朝鮮半島の情勢を受け、古代山城《やまじろ》や神籠石《こうごいし》※1といった城塞が西日本に築かれた。また、東北地方では行政施設と防衛施設を兼ねた城柵《じょうさく》(城輪柵《きのわのさく》)※2が造られた。

中世の城と館 ―それぞれが別物

荘園が発達すると、現地で行う武士が生まれる。彼らの住まいは堀や塀に囲まれた館《やかた》であった。鎌倉時代末には襲来した元《げん》軍に対峙するため、博多湾に石築地《いしついじ》と呼ばれる長大な石塁《せきるい》が造ら

変わりゆく城のかたち①

古代山城

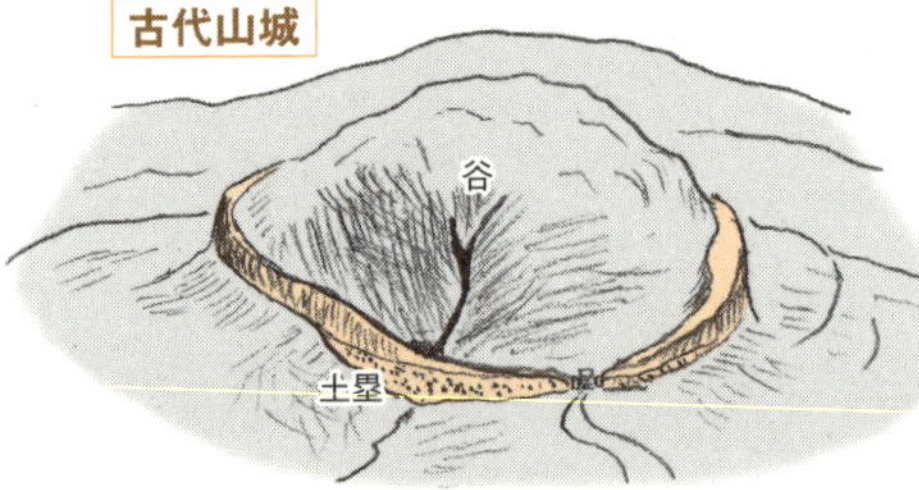

いくつかの谷を取り込むように石塁、土塁を築いて防御拠点とした城。百済(くだら)の技術を用いて造られたといわれる。

城輪柵

行政施設としての性格が強く、当時の朝廷の役所と同じように築地塀に囲まれた中に正殿などの建物が建っていた。

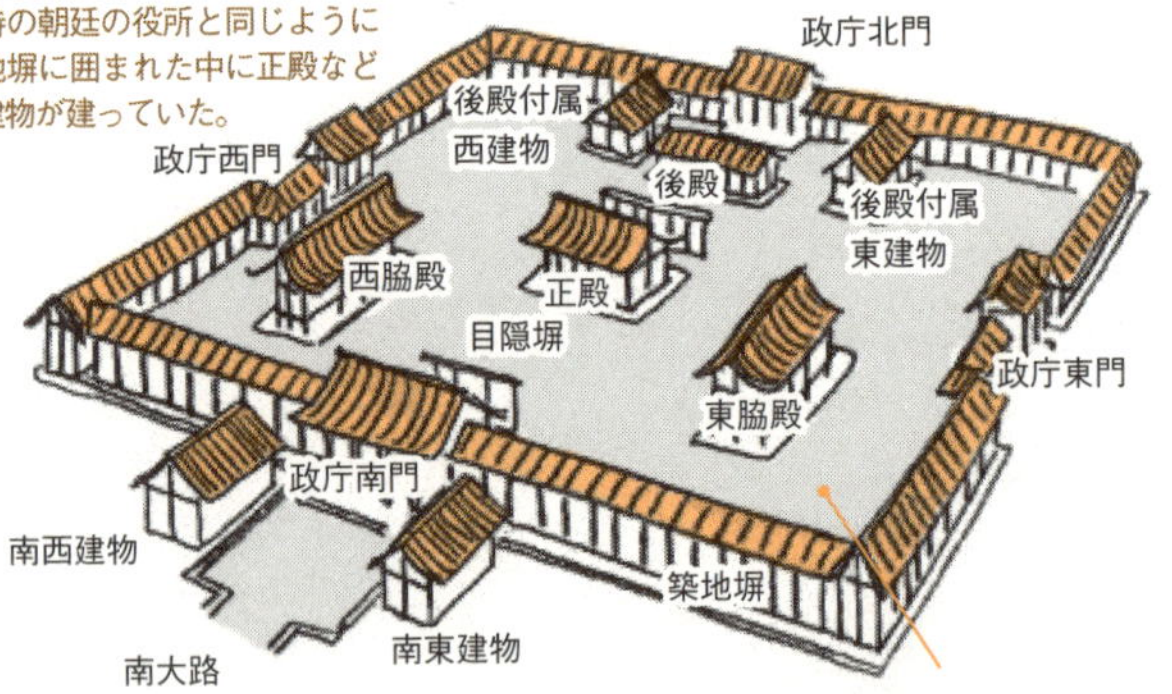

平安時代の出羽国府といわれており、地域の政治・文化の中心地だった。

※1：西日本にある古代山城の一種。　※2：山形県酒田市城輪にあった古代城柵。城柵は朝廷の辺境における軍事・行政拠点。

れた。

争乱の時代の城―天守が生まれる

南北朝の争い以後、戦が頻繁に起こるようになると、武士たちは山麓の居館と別に険峻な山頂に籠城用の「詰《つめ》の城」を築くようになる。こうした山城は地形を活かした曲輪《くるわ》の配置と、空《から》堀《ぼり》、土塁《どるい》によって高い防御力を誇った。

戦国時代には領国支配に重点が置かれ、交通・軍事上の要衝に城が築かれた。領主は城内に自身の居館を置き、周囲に家臣を住まわせた。さらにその周りには商工業者たちが住み、城下町が形成された。また、城は縄張《なわばり》が発達し、効果的な曲輪の配置が追求され、曲輪は石垣で造られた。城内には櫓《やぐら》、土塀、多聞櫓《たもんやぐら》、櫓門など防御に優れた施設が建てられ、本丸には領主の権力を示す重層の櫓・天守がそびえる。

中世の城

普段は山麓の館で政務を行い、戦の時には山上に造られた要害に籠もり、戦った。

武士の館

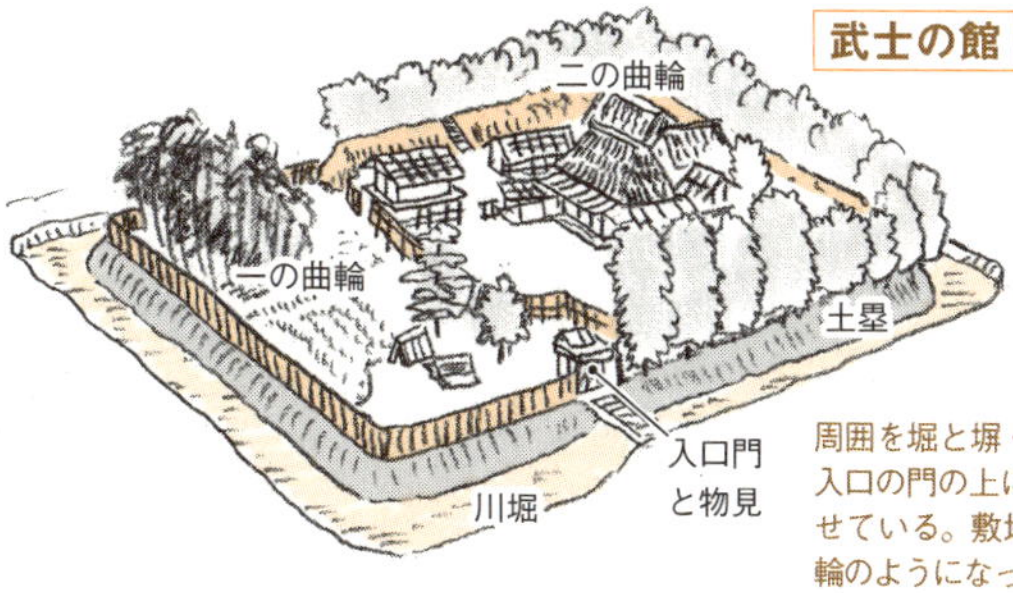

周囲を堀と塀・土塁で囲み、入口の門の上には物見をのせている。敷地も2つの曲輪のようになっている。

近世城郭の誕生

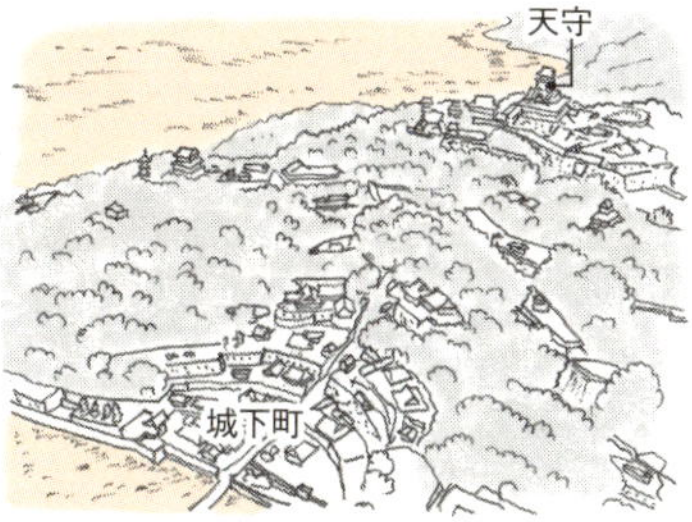

安土城《あづちじょう》(30頁)

安土城は織田信長の権力を示していた。その中心の天主(天守)は特に象徴的な建物だった。これ以降の城にはこうした象徴性が重要となっていく。

(次頁へ)

城の発達――巨大な城へ

豊臣秀吉や徳川家康は大名たちに普請《ふしん》・作事《さくじ》を命じて、豪華な天守、高石垣、多くの櫓を持つ巨城を築いた（天下普請《てんかぶしん》※3）。こうした普請により築城技術は急速に進化、普及し、特に石垣の築造技術は目を見張る発展をとげた。

江戸時代の城――停滞期

支配を確立した江戸幕府は、一国一城令※4や武家諸法度《ぶけしょはっと》により城の築造、修理を厳しく制限し、築城技術は停滞することになった。幕末に外国船が来航すると、その備えとして西洋の築城法を用いて稜堡式《りょうほしき》※5の城郭が造られた。

廃城令――再建されることも

明治時代には、いわゆる廃城令※6や廃藩置県により多くの城が廃され、建物が破却、売却された。残った建物

変わりゆく城のかたち②

江戸時代の城

新発田《しばた》城(94頁)
新発田城は幕府に遠慮して天守を造らず、三重櫓を実質的な天守としていた。

城の発展 ←（前頁より）

肥前名護屋《ひぜんなごや》城(52頁)
秀吉が九州の大名に命じて短期間で造らせた城。石垣を廻らし、5重の天守、御殿、茶室まで備えていた。

※3：江戸幕府が全国の諸大名に命じて行わせた土木工事のこと。　※4：1つの国に1つの城だけを認めたもの。幕府が大名の城の数を制限するために発令した。　※5：銃砲での迎撃に際して死角ができないように城塞の外側へ突き出す稜堡を造る築城法。
※6：明治新政府が、不平士族の反乱の拠点になることや。維持費の莫大さを理由に、城の破却を命じたもの。

の中には文化財となったものも多い。また、大坂城のように天守が再建される城もあった。

戦災と復興 ─ コンクリート城時代

太平洋戦争が始まり、城郭も戦災を受ける。特に1944年末から本格化した空襲により多くの建物が焼失した。戦後、都市・生活の再建に取り組むなか、復興の象徴として戦災で失われた天守が再建される。それらは主として鉄筋コンクリート造で外観を復元し、建設された。

厳密な復元 ─ 木造再び

その後、史跡での建物の再現には、資料にもとづいた厳密さが求められるようになる。主流となったのは、当時の材料・工法を用いての木造復元だ。また、門や櫓など多様な建物も復元されるようになった。

復元技術の進化

掛川城(98頁)
外観だけでなく、内部の構法、材料も資料にもとづいて木造復元された初めての天守。

戦後復興の城

広島城(109頁)
1945年の原爆によって倒壊した広島城天守は、鉄筋コンクリート造で復興した。内部は郷土博物館。ほかの復興天守でも城の歴史と郷土に関する展示をするところが多い。

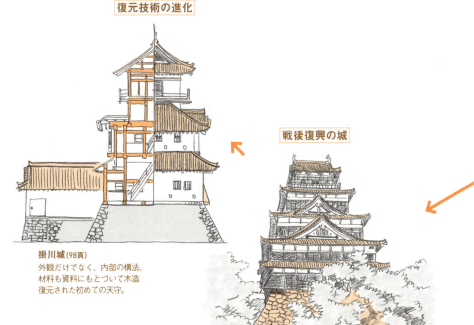

城用語解説❶

城の「計画・設計」に関する用語

城の姿の基本を表す言葉は、職人と武将の間でも使われたであろう。

【山城《やまじろ》・平山城《ひらやまじろ》・平城《ひらじろ》】

城はその建つ立地により分類される。山城は険しい山の地形を利用して建てられた城。平山城は丘陵と平地の両方を使って建てられた城で、丘の上に天守を築き、その周囲の平地にも曲輪《くるわ》を造って御殿などを建てた姿が一般的。平城は高低差のない平地に造られた城で、山城などに比べて地形による防御力が期待できないため、広い堀などを造った。

【曲輪《くるわ》（郭）】

城の一区画、建物などの防御設備が設けられるところを曲輪といい、近世の城では丸《まる》と呼ぶことも多い。周縁は土塁や石垣で下り斜面をつくり、土塁や塀で囲む。敵を容易に侵入させない防御区画である。

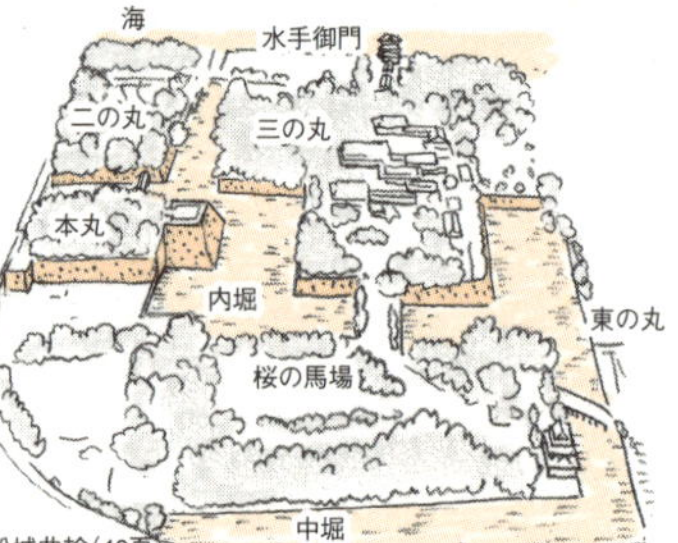

高松城曲輪（48頁）

【縄張《なわばり》】

城全体の配置計画を縄張といい、その基本となるのが曲輪（郭）の配置である。縄張の形式はさまざまなものが考案され、曲輪を並べて配する連《れん》郭式《かくしき》、主郭をいくつかの曲輪で囲う囲郭式《いかくしき》、主郭から渦を巻くように曲輪を配する渦《か》郭《かく》式《しき》、主郭の背後を要害とし、曲輪を前面に展開していく梯《てい》郭式《かくしき》などが生まれ、さらにこれらを組み合わせた複雑な縄張が造られた。こうした曲輪の配置とあわせて、堀や塁、通路や虎口（出入口）の配置が考えられた。

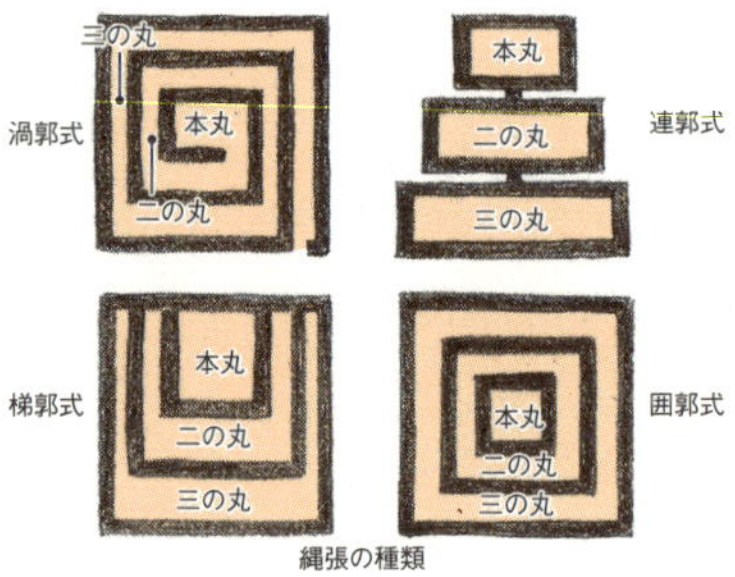

縄張の種類

【大手《おおて》・搦手《からめて》】

大手とは城の正面のことを指し、追手《おって》ともいわれる。正面の入口を大手口、そこから天守あるいは御殿までの道筋を大手道と呼ぶ。戦時には敵の主力が攻め寄せる場所と想定され、堅固な防御が施される。それに対し、搦手は城の背面を指し、天守から城外に通じる道は搦手道、そこに造られる門は搦手門と称される。城兵や城主の退路として使われた。

【虎口《こぐち》】

城の出入口のことを虎口という。出入口は防御の弱点となるから、厳重な防御が考えられたが、一方で、出撃口ともなるので、攻撃の利便も考えられ、城郭が大型化すると共にさまざまな工夫がなされた。土塁や堀、坂などで防御や攻撃の機能を強化し、中を見通せず、守備状況や出撃準備を悟らせない工夫や、敵兵を多方向から迎撃できる配置が考えられ、枡形《ますがた》や馬出《うまだし》（63頁）が発達した。また、虎口は城の守りの要であるため、早くから石垣で造られた。

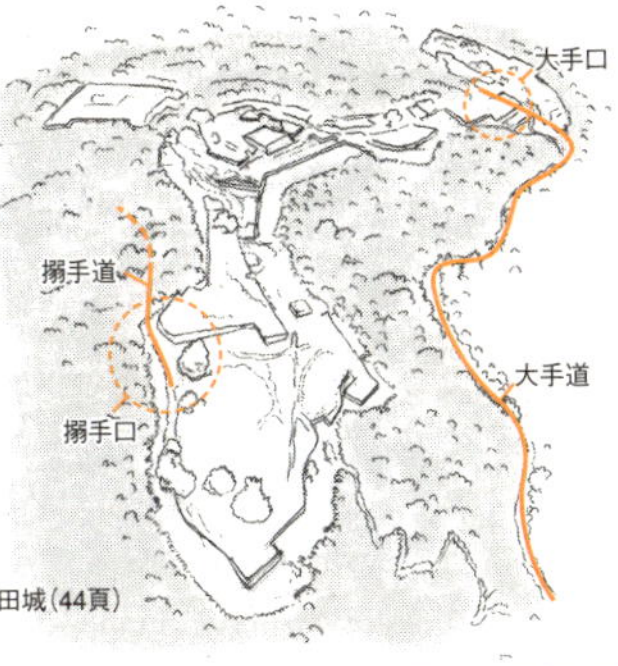

竹田城（44頁）

小諸城二の門跡（42頁）

【雛形《ひながた》】

天守建築の造営や修理の計画にあたり造られた模型を雛型という。図面などと違い、柱と梁・桁の組合わせ方など、三次元で構造を把握できる利点があり大工によって製作された。現在、大洲城天守、小田原城天守、松江城天守などの雛形が残り、前二者では天守復元の重要な資料となっている。

小田原城天守雛形（129頁）

【重《じゅう》・階《かい》】

天守や櫓などの重層建物は、屋根の数（外から見た時の階数）と内部の床の数（内部の階数）が一致しないことも多く、建物の規模を表す時、それぞれ別に数えて記すことになっている。外観の屋根は「重」で数え、内部の床の数は「階」で数え、天守台の中に位置する地階は別に数える。結果、「3重5階地階1階」というようになる。なお、外観の屋根の数を「層《そう》」とするものもある。なお、古記録では内部階数に地階を加えることもあり、また重、階、層の使い方も一定しないので、注意が必要である。

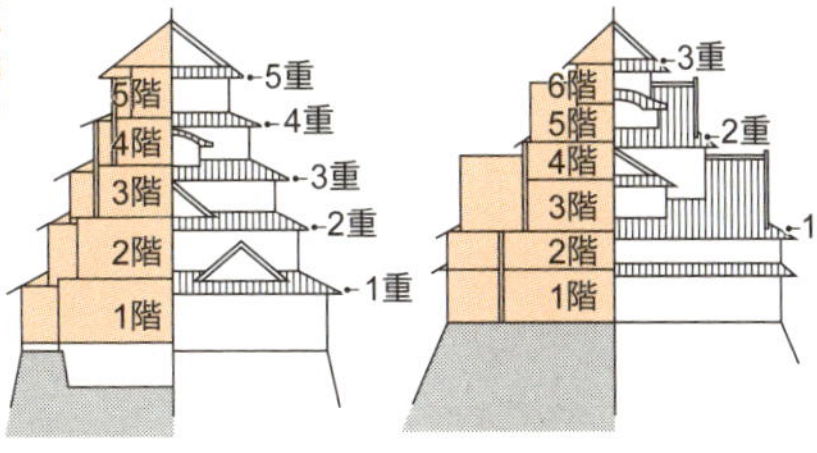

「重」・「階」の違い

【書院造《しょいんづくり》】

城の中でも城主の居室、日常の政務となる場所は居心地とともに威厳を兼ねそろえた建物とする必要があり、その時に用いられたのが書院造。書院造は身分の上下関係を明確に示す対面の儀式に即した形式で、床《とこ》、違棚《ちがいだな》、付書院《つけしょいん》などの座敷飾を備えた建物。室内には畳が敷き詰められ、天井は棹縁天井や格天井となり、長押が打たれ、襖などには障壁画が描かれた。こうした建物を用途毎に建てて連結することで御殿を形成している。

名古屋城本丸御殿内観（83頁）

城の「攻撃・防御」に関する用語

城本来の機能、攻撃と防御に関する工夫は名前も独特。

【枡形《ますがた》】

土塁や石垣で四角に囲った虎口のことで、馬出と共に発達した形式である。二重に門を構え、入城時、出撃時に敵につけ込む隙を与えず、また万一敵に侵入された時はこの枡形の中で敵を四周から攻撃できるようになっている。内側の門を大きく造ることが多く、櫓門《やぐらもん》となることが多い。枡形が城内側に造られる内枡《うちます》形《がた》と城外に飛び出る外枡形《そとますがた》がある。

【横矢《よこや》】

虎口や塁に寄せる敵に側面から攻撃できるようにした工夫。土塁や石垣を雁行型《がんこう》に配したり、凹凸を付けたりすることや、櫓を張出すなど防御施設に工夫を凝らしたほか、敵兵が側面を見せるように通路や橋を造ることもされた。

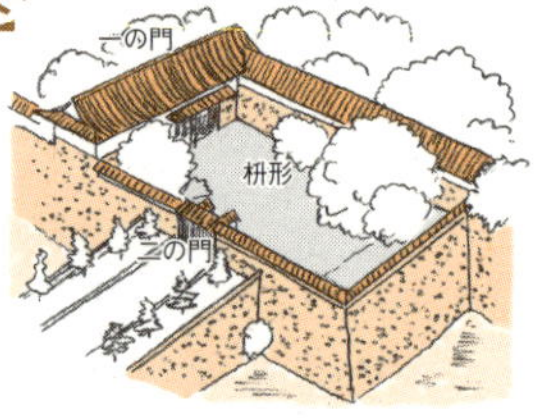

枡形虎口

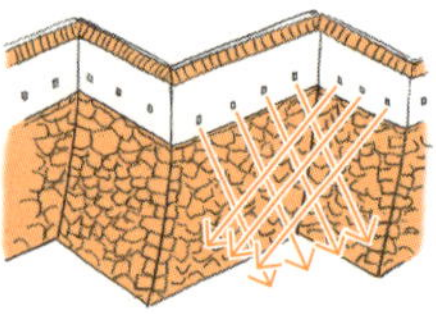
雁行型

【門《もん》】

城にはさまざまな種類の門がある。櫓門《やぐらもん》は石垣と石垣の間に門を造り、その上部に櫓（渡櫓《わたりやぐら》）を渡した城郭特有の門。棟門《むなもん》は、2本の丸柱を冠木（主柱の上部にかけ渡した横木）でつなぎ、女梁《めばり》（肘木）と男梁《おばり》（腕木）で軒桁を支え、切妻屋根をのせた門。薬《やく》医門《いもん》は、主柱の裏側に控柱《ひかえばしら》を建て、それら全体を覆う切妻《きりづま》屋根をかけた門。高麗門《こうらいもん》は主柱と城内側に建てた控柱から なり、主柱上の切妻屋根に加え、主柱と控柱の上にも小さな屋根をかけた門。埋門《うずみもん》は石垣や土塁、築地塀《ついじべい》などに埋め込まれるように造られた門。冠木門《かぶきもん》は主柱と冠木だけで構成された門。

1章

城跡を解剖する

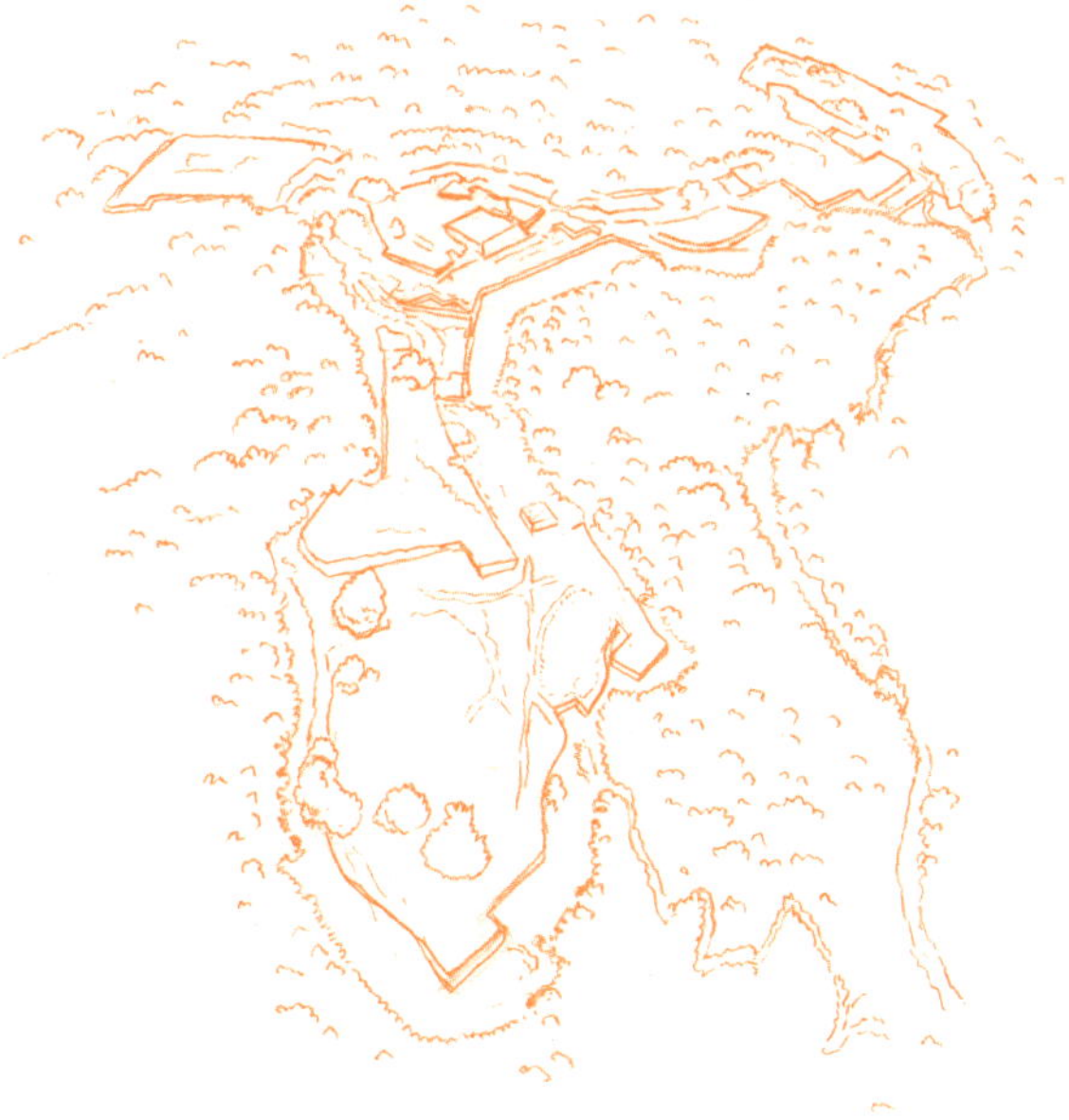

国特別史跡

滋賀

安土城《あづちじょう》

天下布武の証

織田信長の安土城は、周囲を湖と沼に囲まれた標高100mほどの小高い丘に築かれた。頂上には5重7階※1の特異な天守※2があり、能舞台も備えた御殿《ごてん》、寺院、家臣の屋敷などが建ち並んでいた。

特に1576年に完成した天守の壮麗さは、当時のキリスト教宣教師らによりヨーロッパにも報告されるほどだったが、そのわずか3年後に起きた本能寺の変で主を失い、同年中に焼失する。この天守の姿は諸説唱えられているが、人々を驚嘆させるものであったことは確かであろう。

本丸

発掘調査で建物があったことが確認され、平安京内裏（だいり）の清涼殿に似た平面との説もある。

城内の石垣は当時のものの保存を最優先とし、安全のために必要な箇所のみ当時の工法で復元。

天守台跡

不整形な天守台は八角形。天守の平面復元との関わりで話題。野面積（のづらづみ、14頁参照）の石垣で造られている。

発掘により建物は岩盤を整地した上に建てられていたことがわかり、地階にあたる土蔵の規模・柱位置が判明した。

黒金門（現存＋復元）

発掘により虎口が明らかになった。一の門は櫓門であったと考えられる。

他箇所に比べ大きな石が使われており、重要性をうかがわせる。

菊紋、桐紋の金箔瓦が出土した。

築城年：天正4年（1576）、形式：山城、築城主：織田信長

※1：「重」は屋根の数、「階」は内部の階数を表す。安土城のように初期の望楼型天守は屋根裏階を持つことがあるため、「重」＝「階」とならないことも多い。※2：安土城では天守について「天主」の字が使われていたことが文献から知られている。

天下人の威厳を誇示

安土城にあったいくつもの虎口(出入口)と幅広い道。防御面だけからみると、相反する性格が見て取れる。これはこの城がただの防御施設ではなく、信長の権威・天下布武を見せつけるための施設でもあったことを示している。

信長廟

旧二の丸にあり、秀吉によって造られた。

本丸虎口

本丸には東西南北の4箇所に虎口が設けられ、さらに大手道からの入口には黒金門、搦手(からめて)道には搦手門が造られ、厳重に囲われていた。

摠見寺《そうけんじ》

信長の菩提寺。三重塔、仁王門など安土城築城時からある建物が残る。

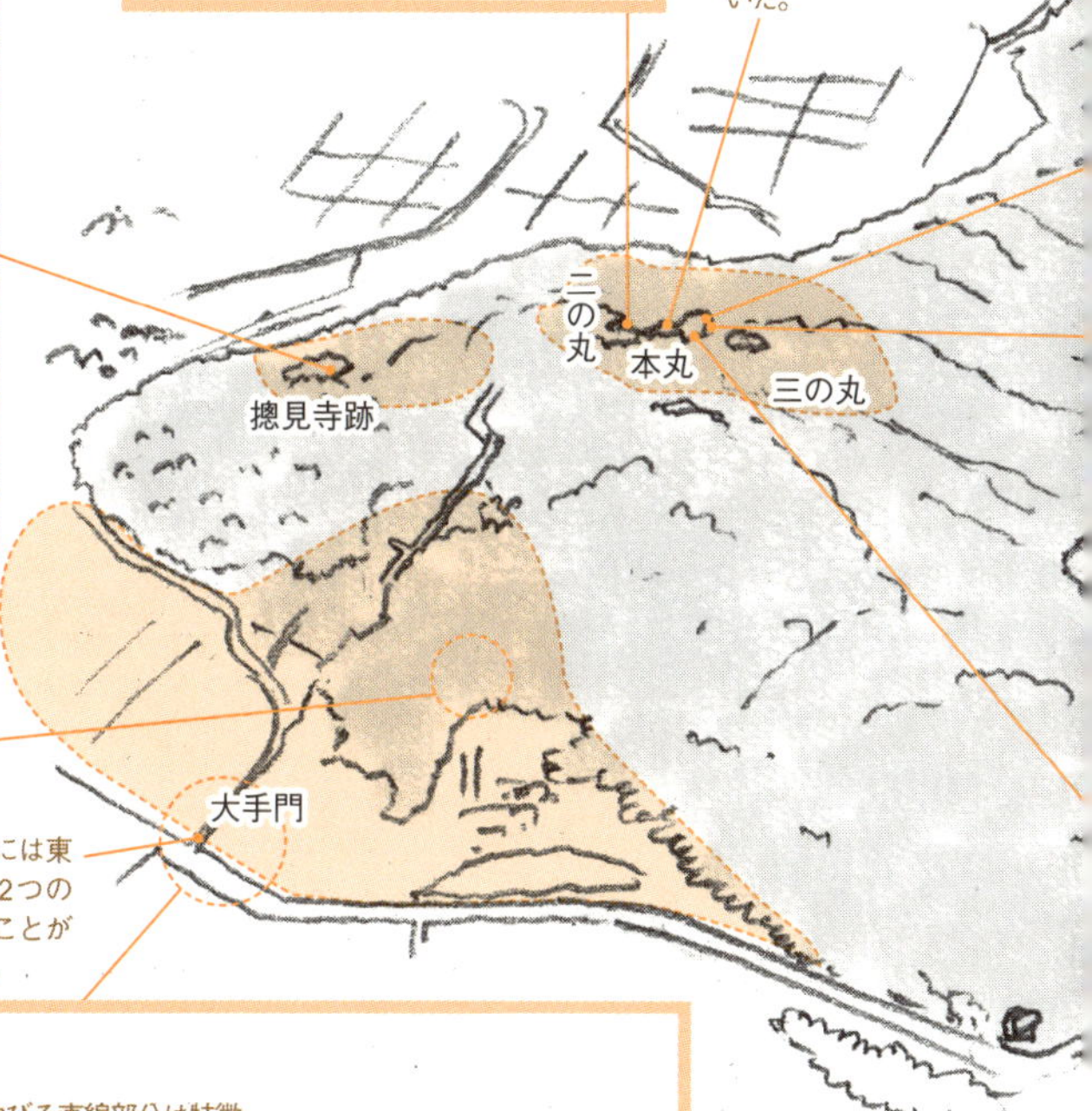

屋敷跡

大手道の両側には重臣の屋敷があった。

大手門跡

大手門の両脇には東に1つ、西に2つの虎口があったことがわかっている。

大手道跡

大手口から城内までの道。特に南北に伸びる直線部分は特徴的。この道に沿って大名や重臣の屋敷があったといわれる。発掘により、道筋や大きさが判明し、整備が行われた。

西側

伝羽柴秀吉邸跡
伝徳川家康邸跡
(現・摠見寺)

東側

伝前田利家邸

大手道の両脇には石敷の側溝がある。

直線部分で道幅は8mもある。

MEMO：城郭建築が残っていない安土城は、戦前から発掘・整備が行われ、城の姿を知る手がかりが徐々に見つかってきている。特に平成元年～20年に展示と保全を考えた調査整備事業が行われ、現在は城下町など周辺の整備に着手している。

琵琶湖畔に建つには意味がある

安土は北国街道、東海道、東山道の交点に近く、琵琶湖を渡れば京に向かえる。交易・軍事上の要衝だ。信長は、遠くまでその姿を見せ、天下人としての威信を示すため、小高い山上に築城したのだろう。総石垣に5重7階・総瓦葺という巨大な重層建築を備えた城は画期的。石垣と高層の天守を持つ近世城郭の始まりと位置付けられる一方、6階は八角平面。7階は寺院風デザインなど特異な外観は空前絶後で、信長の美意識と独創性が伺える。

摠見寺《そうけんじ》
東の尾根の先にあった。信長を礼拝するための寺といわれる。三重塔、仁王門は近くの寺院から移築された。

琵琶湖
京都・大阪などの近畿方面、北陸方面への重要な交通路であった。

本丸
本丸付近の通路には多くの門や武者隠しがあり、防御に気が使われていた。

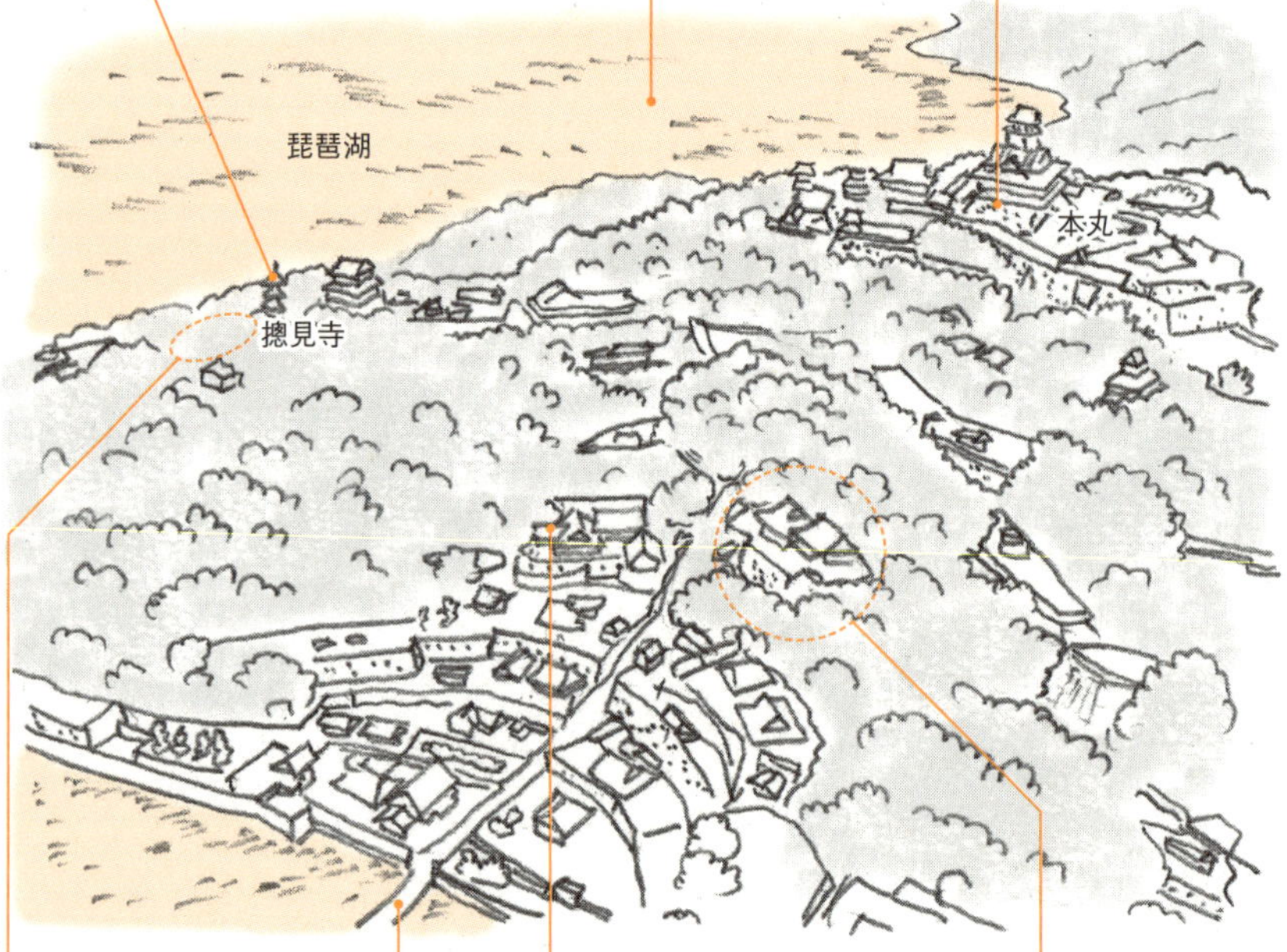

百々橋口道《とどばしぐちみち》
城下町と城をつなぐ道で、摠見寺境内を通って本丸に至る。文献上唯一確認できる道。

伝羽柴秀吉邸
上下2段の曲輪からなり、櫓門、巨大な馬屋、主殿、隅櫓などがあった。

家臣の屋敷
山の尾根や谷には家臣の屋敷が建ち並んだ。

大手筋
安土城には虎口や多くの曲輪は見られるが、大手筋は直線でほかの城のように曲げたり細くしたりといった防御の工夫が見られない。総石垣の縄張、幅広い道、豪華な天守はそれを見た者に信長の権力と財力を見せつけ、敵わない相手と思わせただろう。

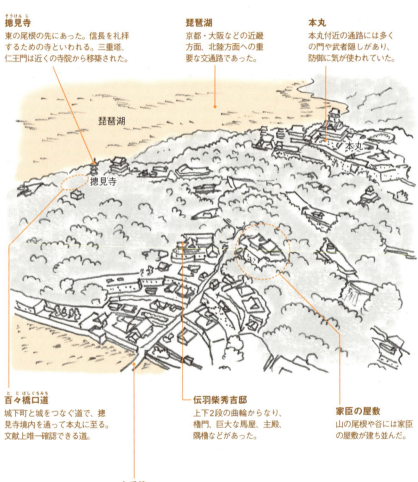

5重7階の巨大天守

失われた天守は宣教師や家臣たちの記録、江戸時代に描かれた図面に残されている。これらによりいくつかの復元案が出されている。城内には畳敷で襖の入った書院造の座敷があったとされ、きらびやかな信長の御殿となっていた。

7階
高欄付の縁が廻る望楼。唐様（からよう）であったと書かれており、寺院風であった。

6階
八角形の特異な平面に縁側が廻っていた。外壁には龍が描かれていた。

柱(内)
座敷の柱は漆で布が貼られ、その上をさらに黒漆が塗られていた。

外観
1重から3重までは黒い下見板張、4、5重は真壁で、柱はそれぞれ朱色、金色だったという。

2、3、4階
畳敷の座敷。ここで使者や客人をもてなしたのか。

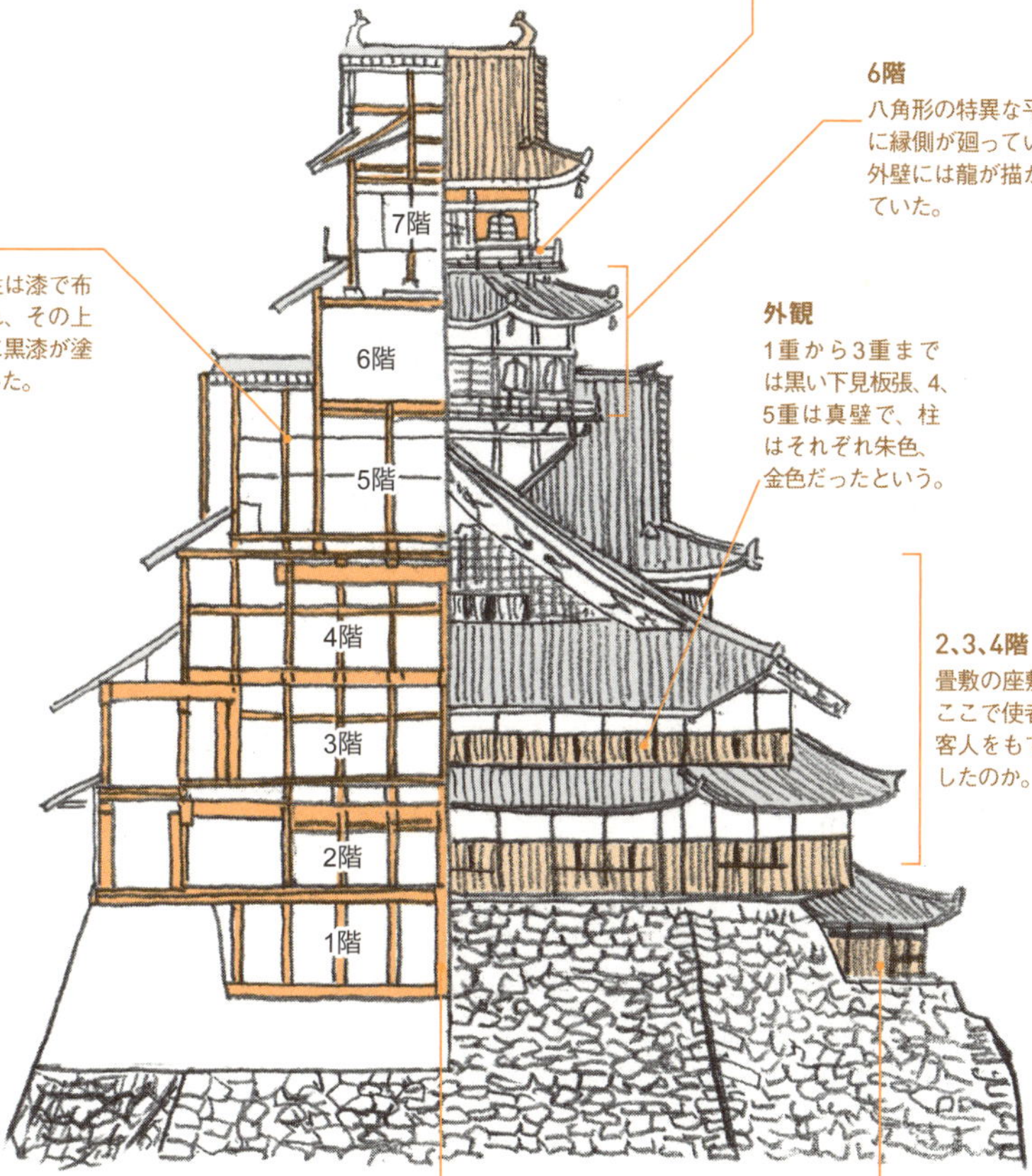

通し柱
1階から3階までは太さ1尺6寸(60.6cm)角の通し柱であったと記録される。

1階
地階となり、土蔵であった。

data

安土城
所在地：近江八幡市安土町下豊浦
行き方：JR安土駅から徒歩約25分
主な遺構：天守台、枡形虎口、石垣(以上現存)

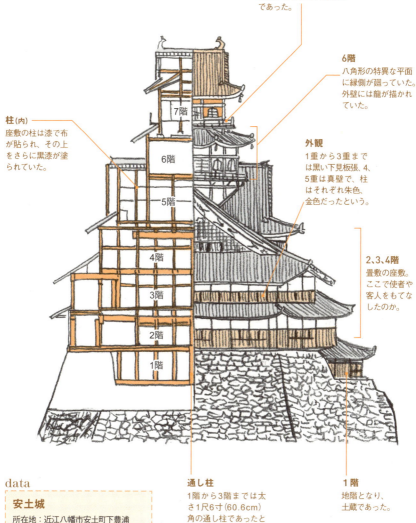

重文・国特別史跡

東京

江戸城《えどじょう》

天下太平、城が将軍の威光を示す

築

城の名手・太田《おおた》道灌《どうかん》が造った城を、天下にふさわしい城としたのは徳川家康・秀忠・家光の徳川将軍だ。家康は関ヶ原の合戦※の後、全国の大名に命じ巨城を築かせた。その後も増改築され、最盛期には櫓が70基以上、門は120棟以上の威容を誇った。将軍の威光を示す天守は3度建てられたが、1657年の焼失後は再建されなかった。そのほかの建物は火災、関東大震災、空襲などで失われ、現在は櫓、門、番所がいくつか残るのみだが、切込接《きりこみはぎ》の精緻な石垣は、かつての姿を伝える。

江戸城に現在も残る遺構

将軍の本城としての姿を伝えるものに、規模、精度ともに目を見張る水堀、石垣、天守台などの土木的遺構が挙げられる。建物では田安門(たやすもん)など3棟の門、富士見櫓(解体復元)など3棟の櫓、ほかに百人番所や大手門(戦後復元)などがある。

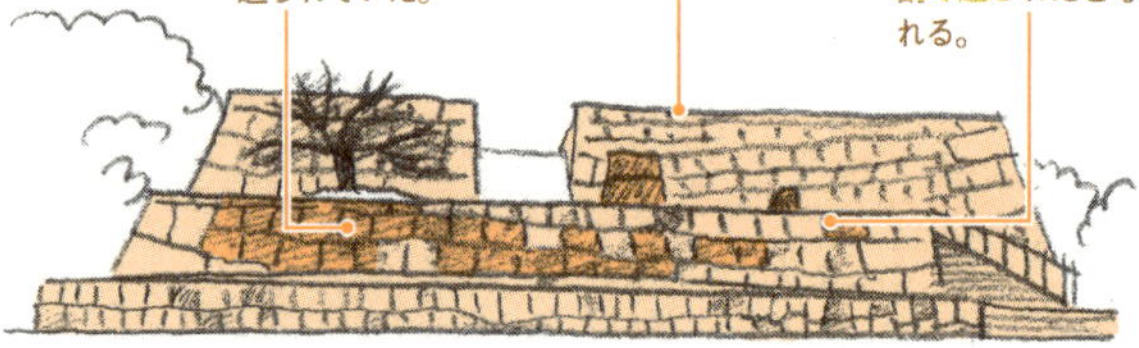
天守台
現在の天守台は、明暦の大火(1657年)で天守が焼失した翌年に加賀・前田家が石を取り替え積み直したもの。石は花崗岩の切込接。この上に天守が建てられることはなかった。
伊豆石
小天守台に使われている黒っぽい石は伊豆石。以前の天守台は伊豆石で造られていた。
広さ
東西約41m、南北約45mの大きさ。
小天守台
天守台の手前にある小天守台。焼失した天守は独立式で、ここは階段の踊り場のような役割で造られたと考えられる。
高さ
元の天守台は約13mの高さがあったが、城外から見えないように高さを6間(約11m)に抑えて再建された。

百人番所《ひゃくにんばんしょ》
大手三の門の警護番の詰め所。鉄砲百人組がその番に当たったことからこの名がある。江戸時代の遺構。
長さ
番所には与力20人と同心100人が詰めるため、50m以上の長い建物となった。
庇
入母屋造の建物の三方に庇が付く。正面と向かって右側面は庇の下が土間。
銅板張
入母屋屋根の破風、破風妻面、懸魚(げぎょ)共に銅板張となっている。田安門(次頁)とは異なり銅板に模様はない。
落縁《おちえん》
庇の下が土間となっている部分には落縁が付き、屋内との出入りや、通行人の見張りに便利な造り。

築城年：慶長8年(1603)、形式：平城、築城主：徳川家康

※：1600年、徳川家康らを中心とする東軍と、石田三成率いる西軍が、豊臣秀吉死後の天下の実権を求めて戦った天下分け目の決戦。この戦いに勝った徳川氏が、その後、覇権を確立した。

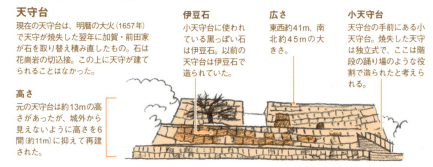

北の丸への入口、田《た》安門《やすもん》

櫓門と高麗門の組合わせで虎口を形成する田安門は、1607年には存在が確認できる古い門。現在の門は1636年に再建されたもので、明暦の大火以前から残る唯一の遺構だ。

田安門・櫓門

関東大震災の被害を受け、櫓門の渡櫓と続櫓は取り除かれていたが、1967年の修理で復元された。平面の復元は、残存部材から判明した柱の間隔と、文書の記述をあわせて行われた。高さ、外観は古写真や、名古屋城に移築した蓮池御門（戦災で焼失）の図面から復元された。

鯱《しゃち》

鯱は東京国立博物館に収蔵されている旧江戸城のものを参考にして造られた。鋳銅製で、目に金箔が押され、瞳は漆で描かれている。

桁

約37mある長い建物であるため、桁は5本の材をつないで造られている。

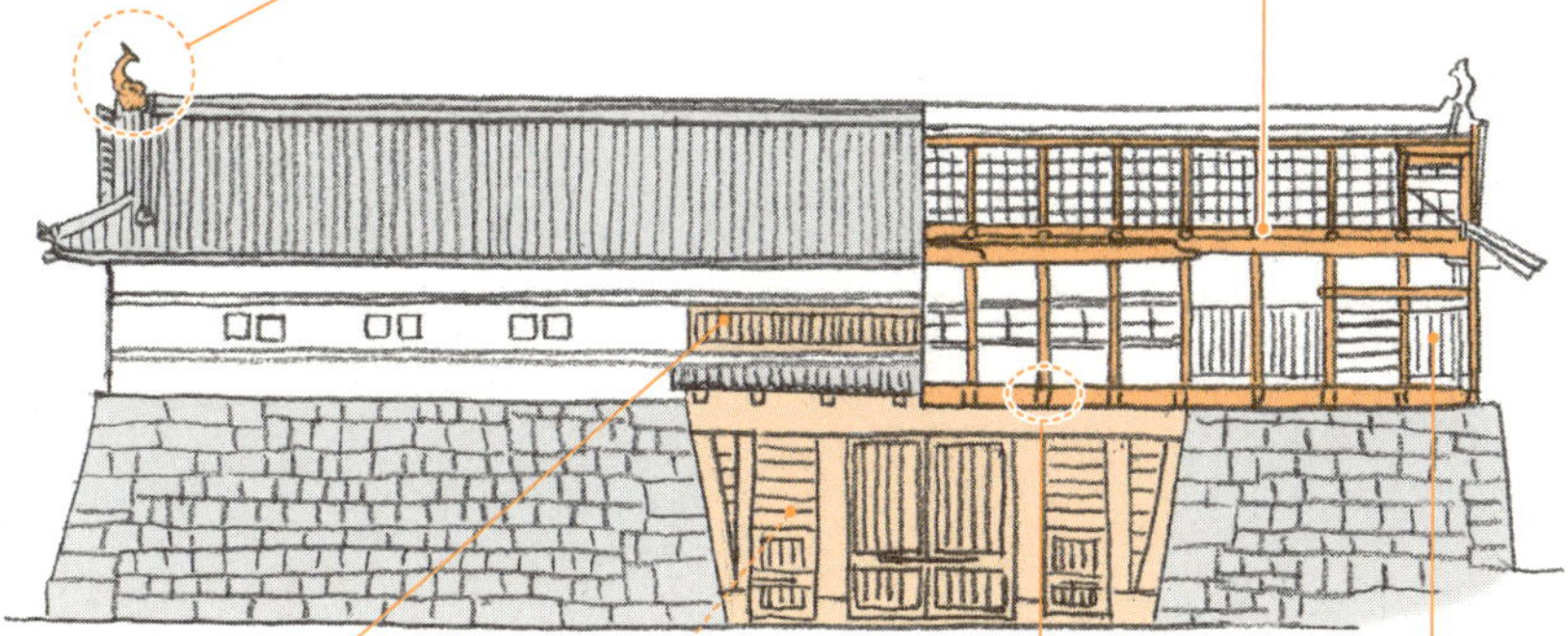

格子窓

門上方にある窓の格子は銅板包み。外側には同じく銅板で包まれた突上戸がついている。

番所

門を通った左右には奥行の浅い番所がある。入って左側の番所には格子戸が入り、右側には戸がない。

石落《いしおとし》

通路の上に当たる部分には石落がある。

窓

脇の窓は内側に塗籠（ぬりごめ）の格子窓があり、外は塗廻の片引戸になっている。

田安門・高麗門

関東大震災後も残っていたが、腐朽が激しかったため修理された。

土塀

両脇の土塀も江戸時代からのもの。後ろに控柱が付く。

筋金物《すじかなもの》

扉に付けられた筋金物は、修理時には鉄製のものが残っていたが、当初は銅製だったと推定されたため、現在は銅製のものが補われている。

礎石

礎石は当初のものがそのまま使われている。

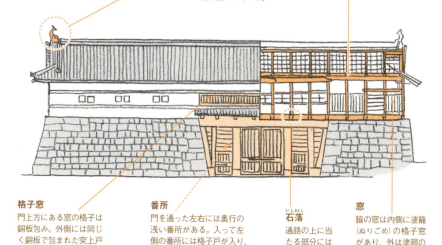

復元された櫓

富《ふ》士《じ》見《み》櫓《やぐら》

本丸の南に建つ3重3階の櫓で、天守の代用にされたともいう。1606年に建てられ、江戸時代中に幾度か修復された。関東大震災で損壊した後に旧来の材を用いて復元された。

軒
軒は出桁で支えられ、漆喰が塗り廻されている。

破風妻
3重の入母屋屋根の妻面は青海波(せいがいは)模様の銅板張。1重の出窓の切妻屋根の妻面は模様なしの銅板が張られている。

構造
層塔型の整然とした姿をしている。

裏甲《うらごう》
裏甲は銅板で包まれ、黒く塗られている。軒先を引き締めて見せる効果がある。

出窓
堀に面した壁面の中央に出窓を造る。床面に石落(いしおとし)、側面には狭間(さま)を備えている。2つある出窓の片方は唐破風、もう一方は切妻と屋根の形が異なる。

位置
本丸の中で一番高い地点(海抜約21m)に築かれている。

伏《ふし》見《み》櫓《やぐら》

西の丸西南隅に建つ層塔式、2重2階の櫓。伏見城の櫓を移築したとの話があり、それにちなんだ名。関東大震災で破損したが、富士見櫓と同様に解体、復元された。唐破風を二重橋の掛かる堀側に向けており、正面を意識した意匠。

十四間《じゅうよんけん》多《た》聞《もん》櫓《やぐら》
伏見櫓は独立櫓。多聞櫓とは直接つながずに、間に土塀を挟んでいる。

長押
窓の上下に長押を廻らせ、格式を示す。壁面に陰影もつき見栄えもよくなる。

壁
関東大震災からの復旧時には白モルタルが塗られたが、戦後の修理時に白漆喰に戻された。

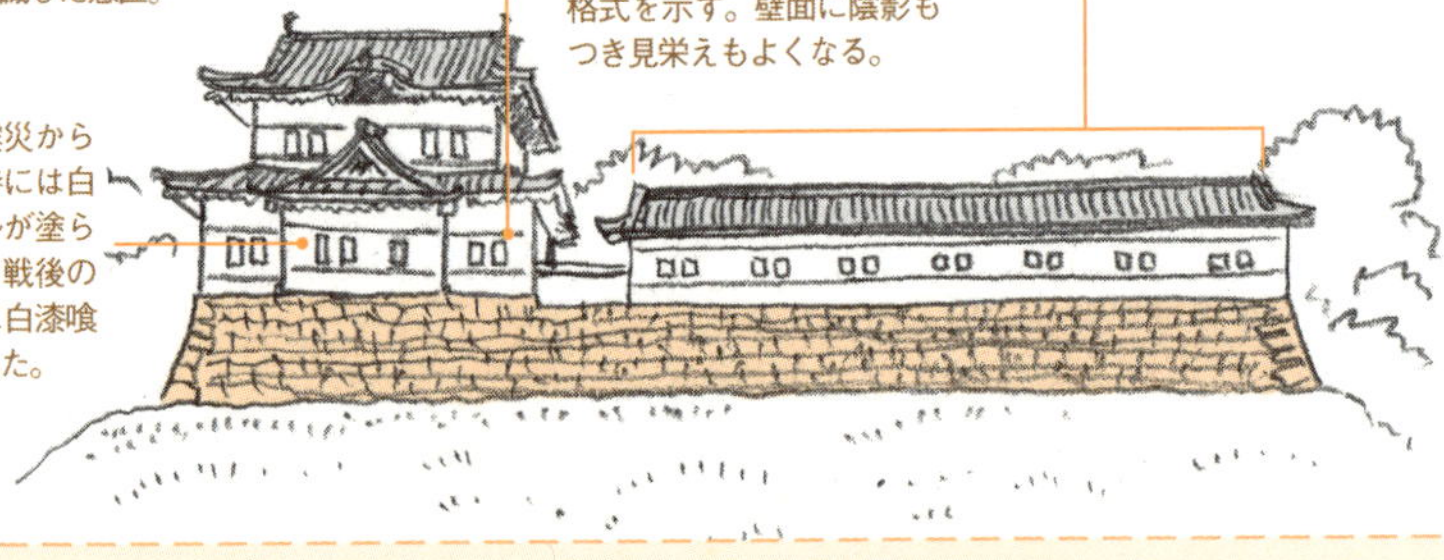

column | 安土・大坂・江戸、天守の大きさ比較

織田信長、豊臣秀吉、徳川家康の3人の天下人が建てた天守の大きさを比較してみよう。いずれも現在は失われているため、推測の値ではあるが、高さはそれぞれ安土城(信長):約32.5m、豊臣大坂城(秀吉):約30m、慶長期江戸城(家康):約45mまたは約48mといわれる。1階の面積は安土城と豊臣大坂城がほぼ同じで、慶長期江戸城はおよそその倍とされる。江戸城の大きさがよくわかる。この背景には築城技術の発展があったことは想像に難くない。

2 家光時代の江戸城天守(寛永期天守)

江戸城の天守は徳川家康、秀忠、家光と代々の将軍によって3度建てられている。家康の建てた天守(慶長期天守)は、5重の屋根を持ち、層塔型とも望楼型(10頁)ともいわれる。秀忠の天守(元和期天守)は層塔型5重で、廻縁(まわりえん)を持たず、下見板張の壁、破風(はふ)には金の飾金物を付けていた。家光の天守(寛永期天守)は詳細な図面が残されており、5重5階の層塔型、小天守や付櫓(つけやぐら)などを持たない単立天守で、各重の逓減は一定であったことが知られる。

金鯱《きんしゃち》
江戸城天守にも金鯱が上げられ、大きさは10尺(約3m)もあった。
構造
上下の重で柱の位置は合い、逓減も等しいため、整然と合理的に柱・梁・桁が組まれていた。
唐破風《からはふ》
秀忠の天守では二方向にしかなかった唐破風の掛かった出窓を四方に付けている。
屋根
屋根は銅瓦が葺かれており、軒先瓦には金箔が貼られていた。
軒
腰壁の上から軒裏の垂木(たるき)、軒先まで白漆喰で塗廻されていた。
千鳥破風《ちどりはふ》
千鳥破風の妻面は青海波(せいがいは)模様の銅板が張られていた。
入口
天守への入口は地階に設けられ、石垣の間を通って入るようになる。
腰壁
銅板張りでチャン塗(エゴマ油や松脂を使った顔料で塗る方法)を施し黒色に仕上げたと考えられる。

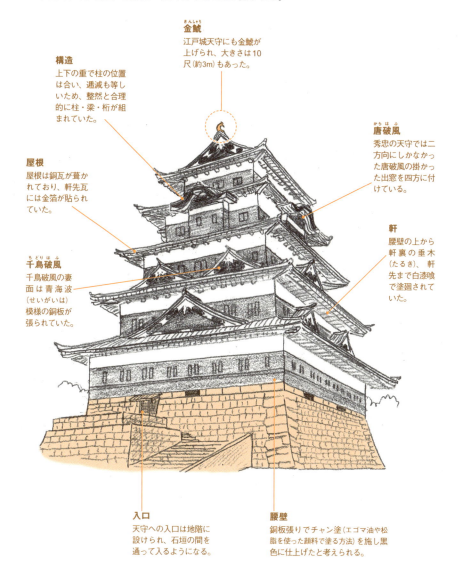

家光時代の江戸城本丸

江戸城は近世最大の城郭の1つ。本丸、西の丸、紅葉山、二の丸、三の丸、吹上、北丸などいくつもの曲輪(くるわ)から構成された。なかでも本丸には天守と御殿が置かれ、最も重要な一郭であった(天守と御殿が両方存在したのは築城から最初の50年程だけ)。本丸には建物が所狭しと建ち並び、御殿がいくつもの建物がつながりあった複合体であった。

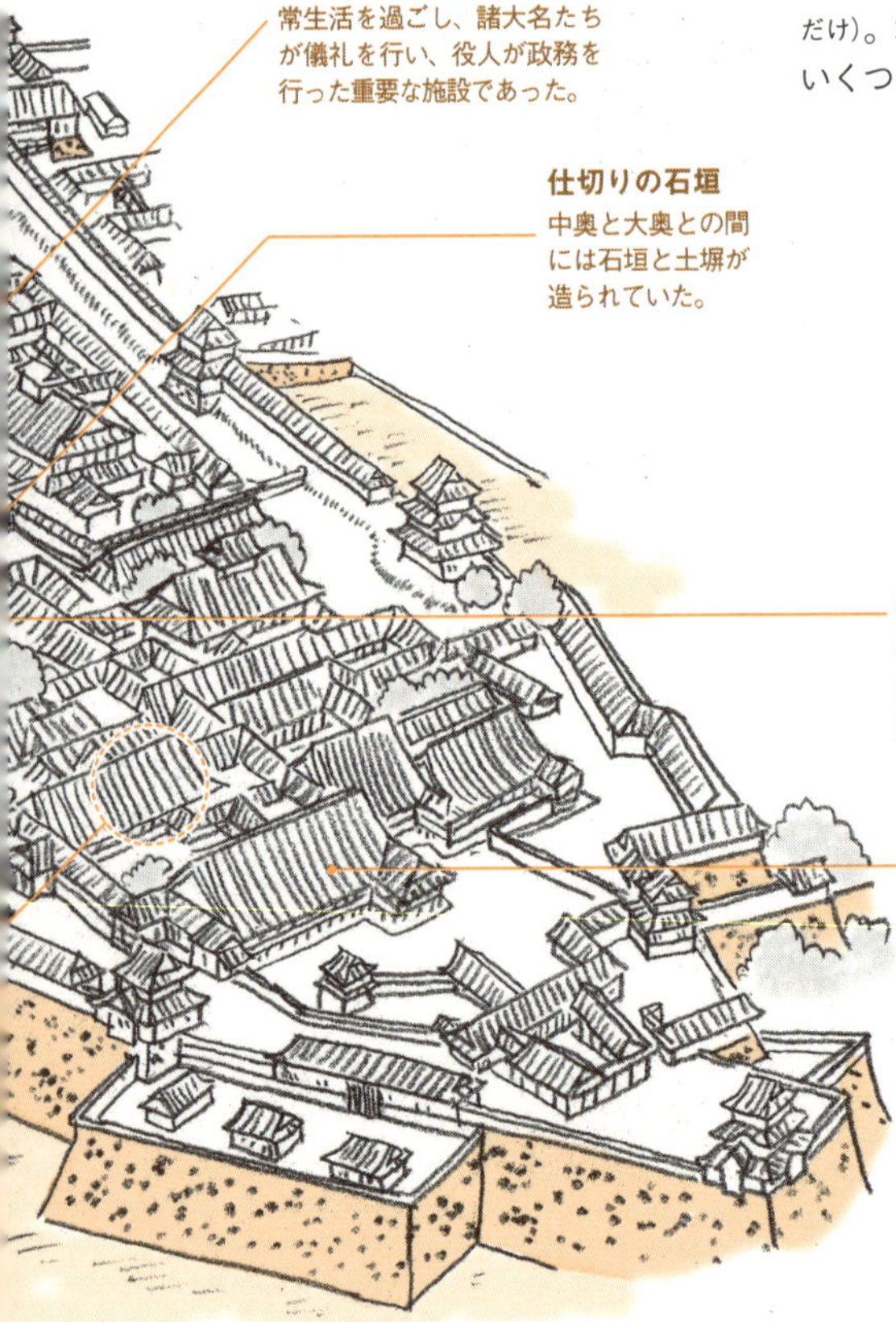
本丸御殿
江戸城中で最も多くの建物から構成されていた。将軍が日常生活を過ごし、諸大名たちが儀礼を行い、役人が政務を行った重要な施設であった。
仕切りの石垣
中奥と大奥との間には石垣と土塀が造られていた。
御座之間《ござのま》
中奥での政務の場。6部屋から構成され、100畳以上の広さがあった。
大広間
対面のための御殿。主要な部屋は上段・中段・下段・二の間・三の間・四の間からなり、総広さは500畳ほどにもなった。

column | 城外に残る江戸城御殿

江戸城の御殿は失われてしまったが、その一部といわれる遺構が埼玉県川越市の喜多院(きたいん)に残されている。これは三代将軍家光の命で紅葉山御殿の一部を移築し、客殿・書院・庫裏(くり)としたもので、家光誕生の間、春日局(かすがのつぼね)化粧の間などがある。家光誕生の間は床の間と違い棚を備えた書院で、天井は格(ごう)天井とするなど格式高い意匠となっている。

大奥

将軍夫人や女中たちが生活をしていた場所。限られた人しか立ち入りはできなかった。

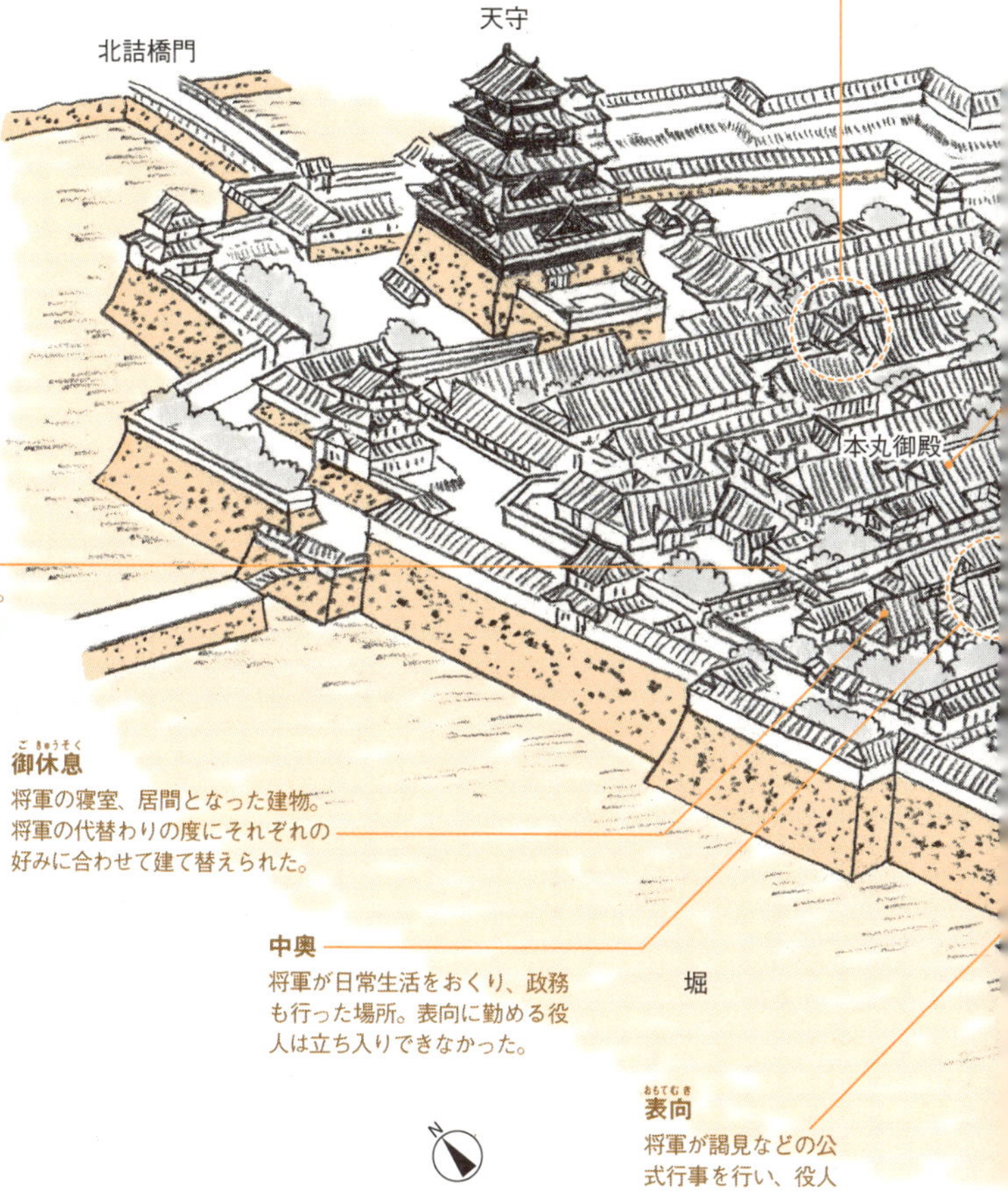

御鈴廊下《おすずろうか》

大奥と中奥をつなぐ唯一の廊下で、将軍のみが通れた。将軍が大奥に入るときに鈴を鳴らして合図したためこの名がある。

御休息《ごきゅうそく》

将軍の寝室、居間となった建物。将軍の代替わりの度にそれぞれの好みに合わせて建て替えられた。

中奥

将軍が日常生活をおくり、政務も行った場所。表向に勤める役人は立ち入りできなかった。

表向《おもてむき》

将軍が謁見などの公式行事を行い、役人が仕事をする場所。

data

江戸城

所在地：千代田区千代田
行き方：地下鉄大手町駅またはJR東京駅から徒歩約10分
主な遺構：田安門、清水門など（以上重文、現存）、櫓、番所、城門（以上現存）、大手門（再建）

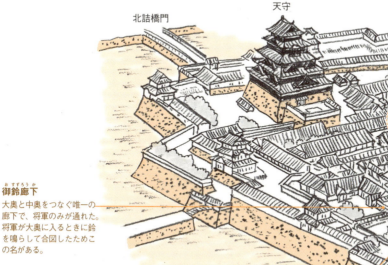

国特別史跡

北海道

五稜郭《ごりょうかく》

星形が印象的な西洋式城郭

明治維新時に箱館政府※の本拠となった五稜郭は、ヨーロッパの築城術を用いて築かれた。特徴的な星形の城郭は銃・大砲への備えとして考案され、星形の凸部（稜堡《りょうほ》）は砲撃の死角をなくすために有効だった。

城壁は砲撃に耐えられるように石垣と土塁をあわせて使い、幅の広い堀が巡る。城内には奉行所、蔵、長屋などが建てられていた。外国からの攻撃に備え、函館湾からの砲撃が届かない場所が選ばれたが、大砲の発達はそれを上回り、箱館戦争では艦砲が城内に着弾した。

ヨーロッパで生まれた稜堡式

稜堡式城郭は小銃兵による城塞の防御に適し、特徴的な星形は、迎撃の死角をなくすための工夫から生まれた。攻めてきた敵には2つの稜堡から攻撃する。さらに星形の凹部に半月堡（はんげつほ）を造ることで、稜堡間の距離を短くして防御力を高めた。

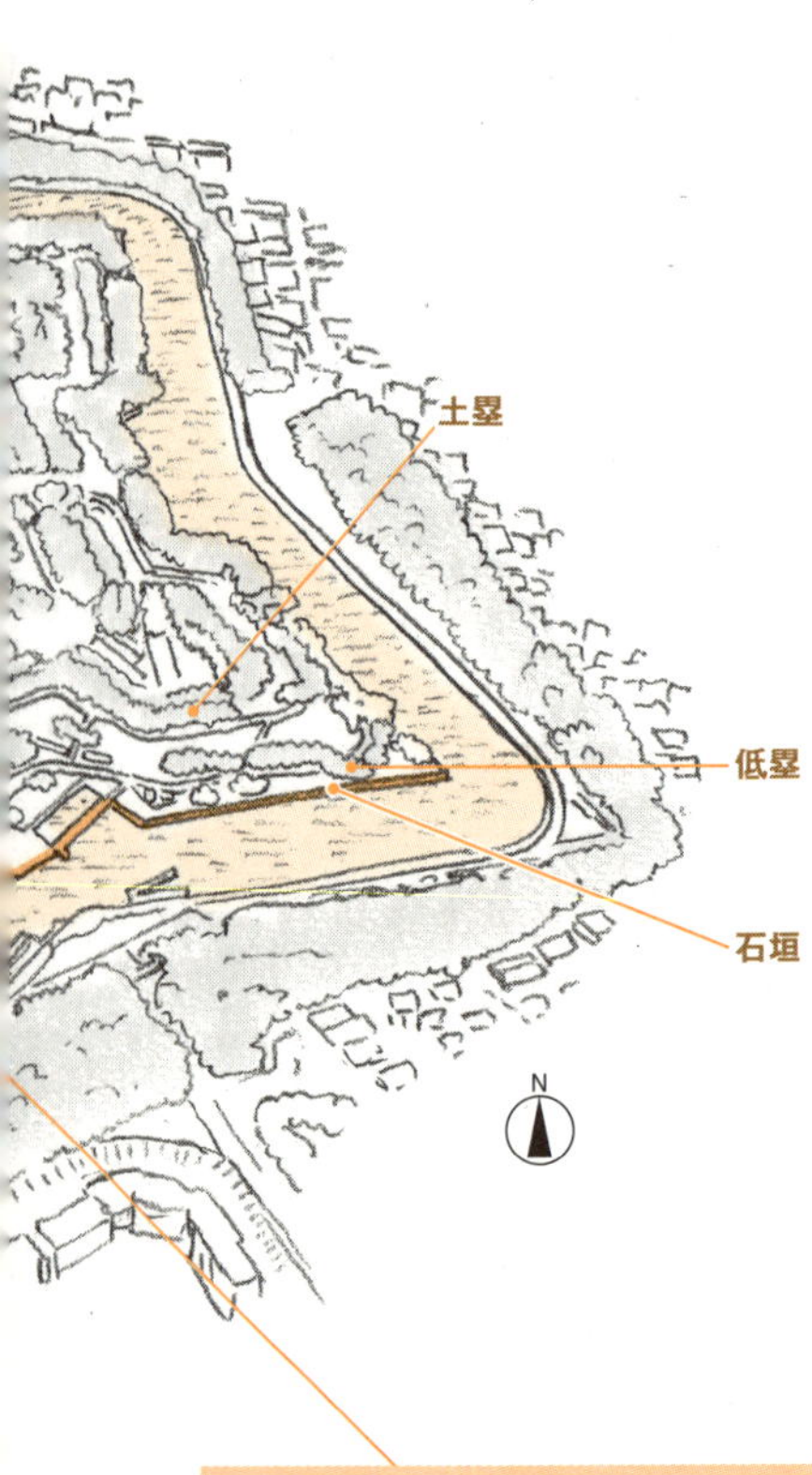

見隠塁《みかくしるい》
城内への入口の正面に設けられた石垣。内部の様子を見えなくし、敵の射撃を防ぐ。

築城年：安政4年（1857）、形式：平城、築城主：江戸幕府
※：大政奉還により、行き場を失った徳川家の家臣や、明治政府の処遇に不満を持つ者たちが新天地を求めて蝦夷地にわたり、五稜郭を本拠に新政権（箱館政府）を樹立し、維新政府軍と戦った（箱館戦争）。

長斜堤《ちょうしゃてい》

イラストは長斜堤を城側から見たもの。土塁の上に生える木の向こう側は下り坂になっていて、敵兵はこの坂を上って城に近づいてくるようになる。守備側が敵兵を射撃しやすくする工夫である。

松林

城内の目隠しとして松の苗が植えられたが、箱館戦争の時には十分に育っておらず、その役目を果たさなかったといわれる。

堀

幅は30mほど。

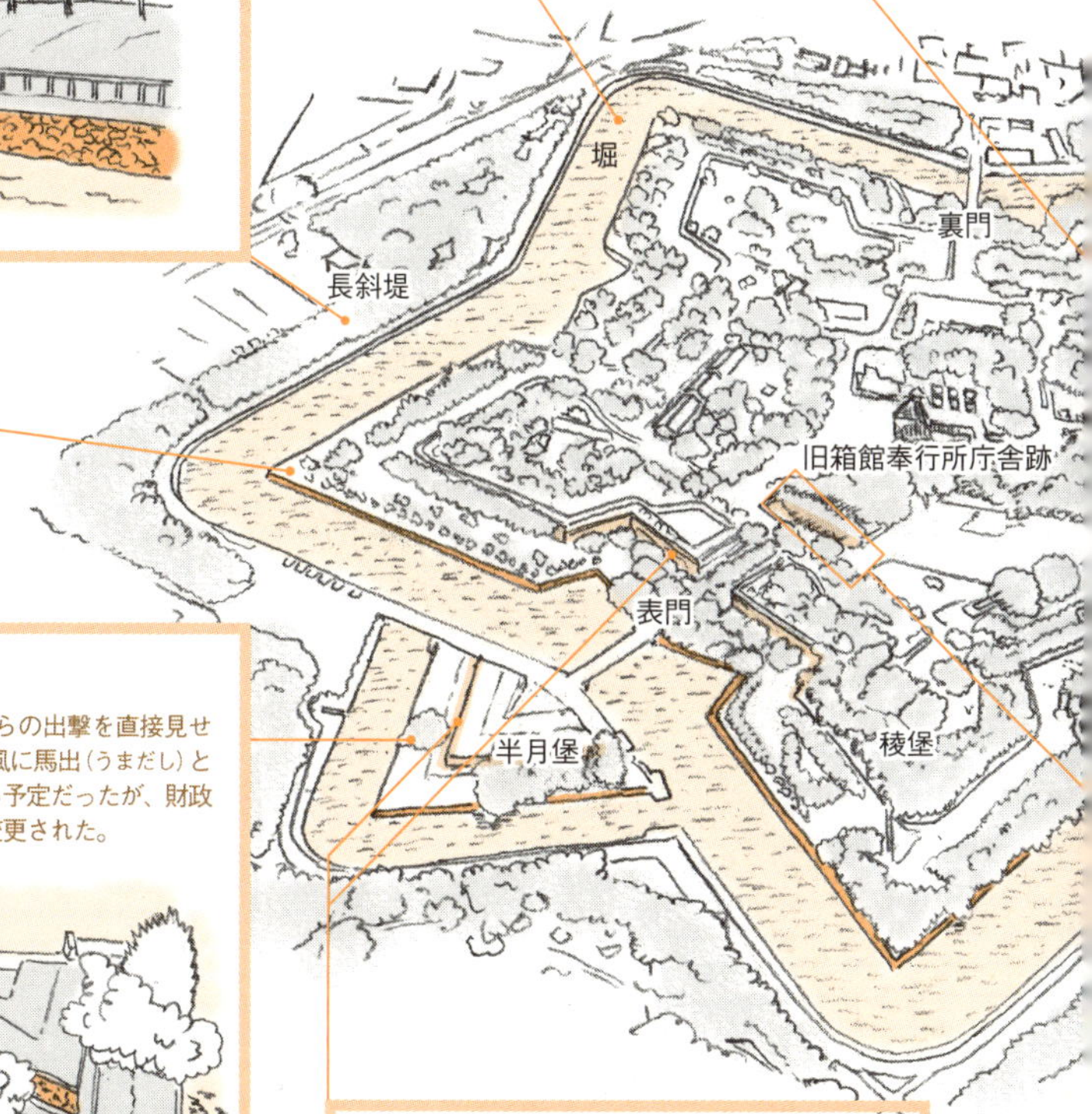

犬走《いぬばしり》

土塁・石垣と堀の間に犬走を設けた。

半月《はんげつ》堡《ほ》

稜堡の死角を補い、城内からの出撃を直接見せないように造られた。日本風に馬出（うまだし）ともいわれる。初めは5つ造る予定だったが、財政難から現在ある1つのみに変更された。

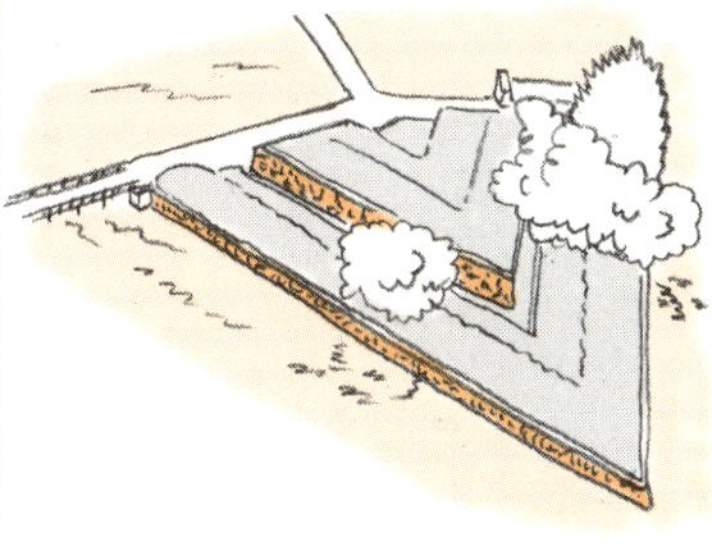

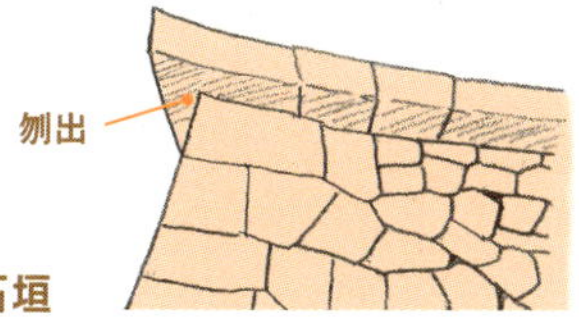

石垣

半月堡と城内入口付近の石垣は、一番上の石が張出し、容易に上れない。刎出（はねだし）・武者返（むしゃがえし）といい、日本の伝統的な石垣にも見られる。函館では、冬に凍った土が雪解けと共に崩れてしまうため、土塁だけではなく、石垣も用いている。五稜郭では、石垣を用いているのは水堀と半月堡、城内入口付近のみで、そのほかの塁は土塁である。

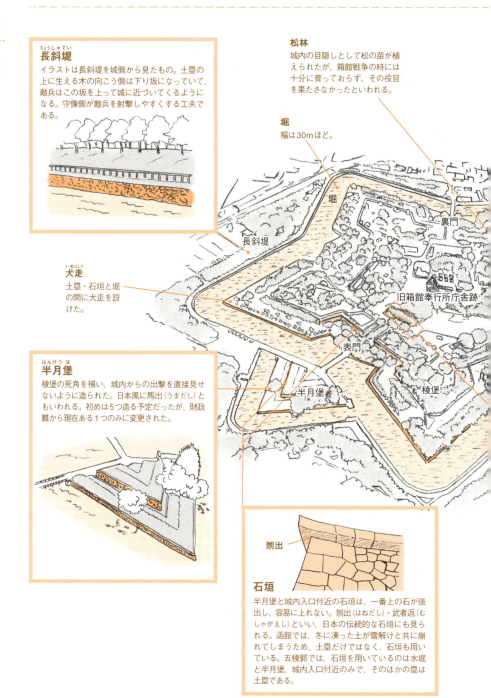

「砲撃への備え」が鍵

砲撃の目標となるものを減らし、相手を迎撃しやすくすることが全体のテーマとなっている。土塁が多いのも砲撃の衝撃を吸収するためで、建物も土塁より低く造られた。

奉行所
奉行所の太鼓楼のみが土塁より高く、箱館戦争の時には海上からの砲撃の目標となってしまった。
松林
城内の目隠し。
土塁
城内が見えない高さに築かれた。稜堡式の城では砲弾の威力を吸収するために柔らかい土塁が用いられた。
低塁
犬走
堀
長斜堤
城外に造られた斜面で、迎撃のための工夫の1つ。

箱館《はこだて》奉《ぶ》行所《ぎょうしょ》

現在見られる建物は写真や図面、発掘調査をもとに復元されたもの（2010年公開）。全体の1／3が復元された。

大広間

壱之間から四之間の4部屋からなり、間仕切りの襖を取り外すと72畳の大広間となる。奥にある表座敷と共に当時の空間を体験できる。

太鼓櫓

奉行所の象徴ともいえる太鼓櫓では、定刻を告げる太鼓が鳴らされた。函館湾を見渡す見張り台でもあった。

瓦

独特な赤色が特徴の瓦は越前赤瓦。

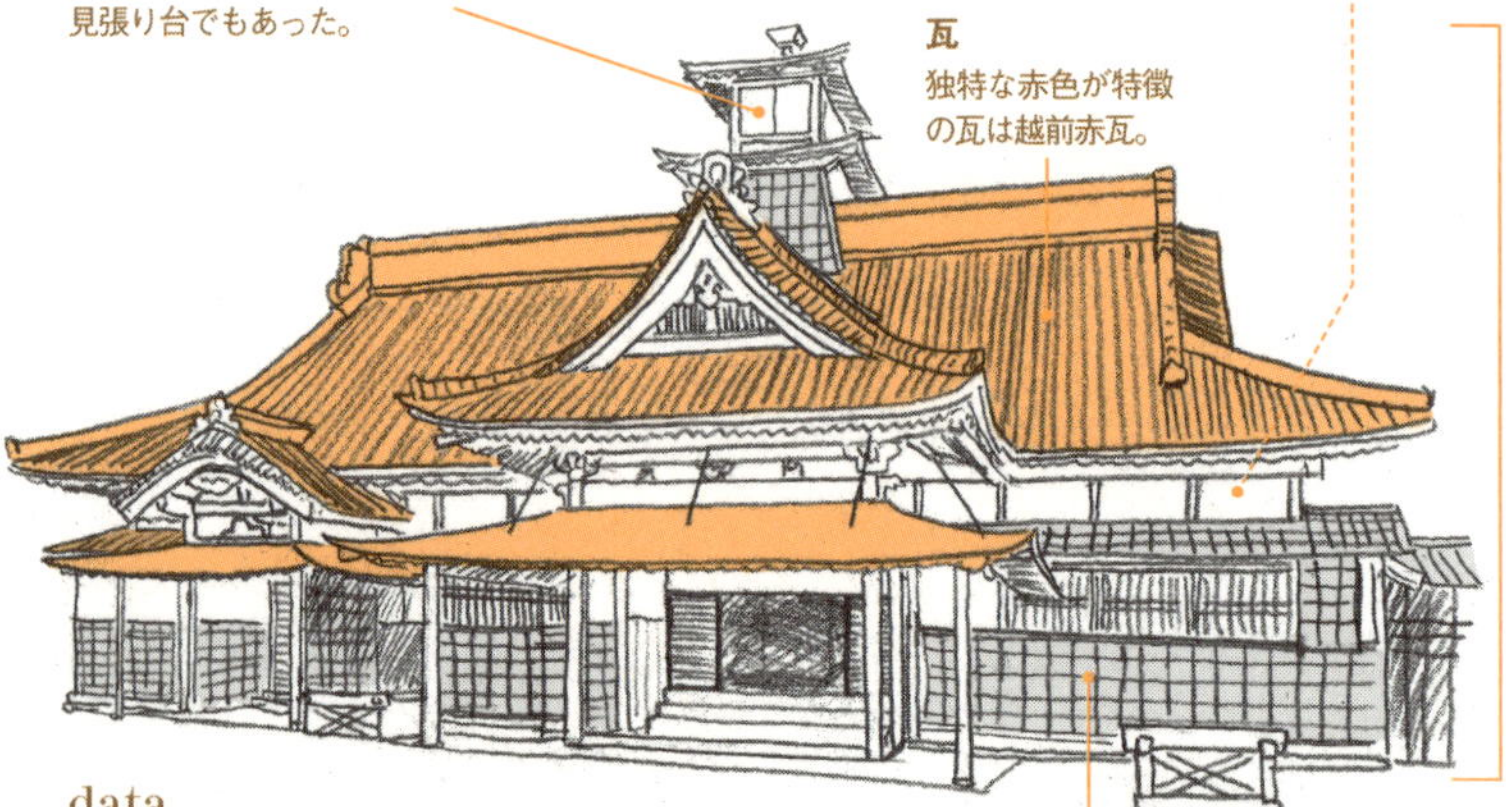

高さ

屋根までが約12m、太鼓櫓頂上までが約16.5m

下見板張

外壁の下見板は黒色。柿渋に松煙（松を焼いた煤）を混ぜた渋墨で塗られている。

data

五稜郭

所在地：函館市五稜郭町、本通
行き方：市電五稜郭公園駅から徒歩約20分
主な遺構：土塁、石垣、堀（以上現存）、箱館奉行所（復元）

MEMO：復元された箱館奉行所では、当時の奉行所の空間を体験できるほか、復元の過程を示したパネルが展示されている。

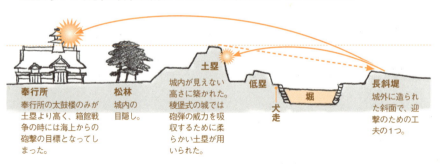

column | そのほかの稜堡《りょうほ》式城郭

龍岡城《たつおかじょう》(長野)

長野県佐久市にあり、1863年に西洋式城郭の試作として造られたといわれ、龍岡藩の藩庁が置かれた。その後荒廃していたが、住民の力により復旧され、現在は国指定史跡となっている。石垣や土塁、当時から残る台所櫓が見所。

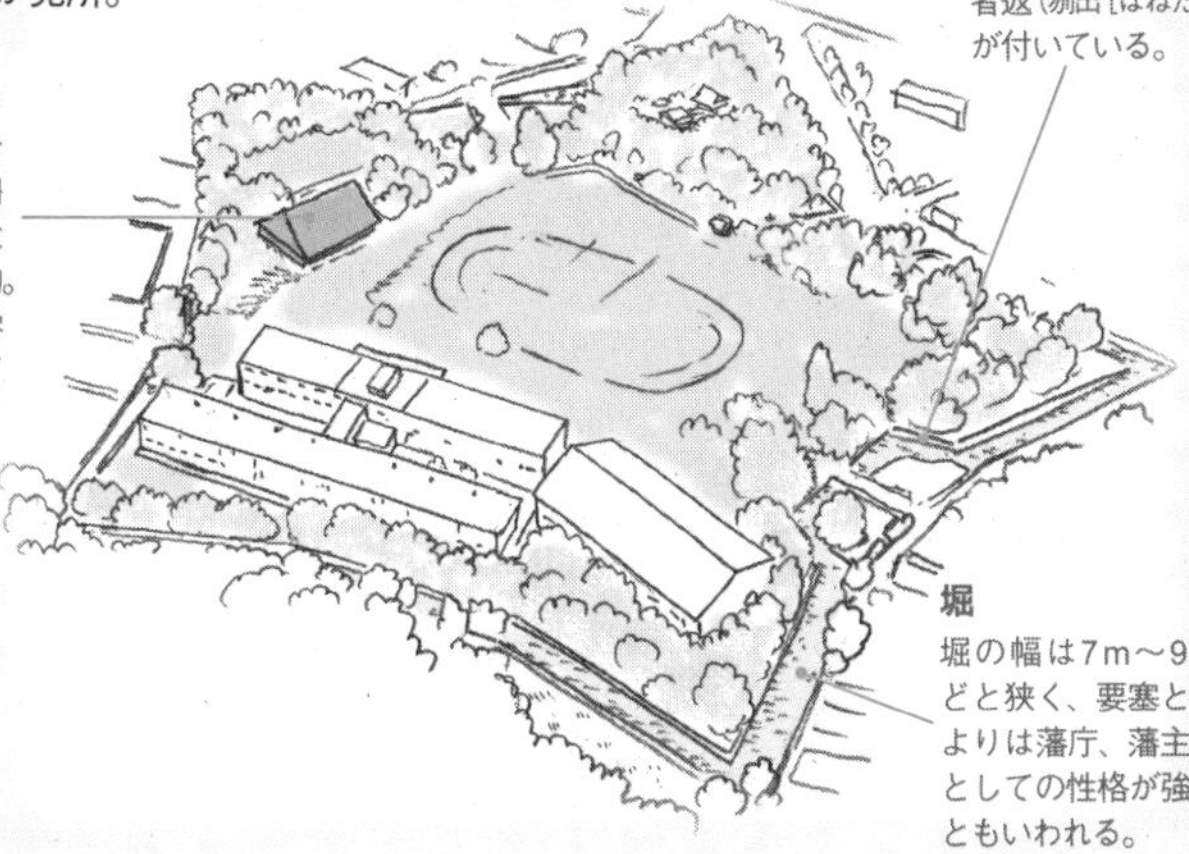
石垣
堀に造られた石垣には五稜郭と同じく武者返(刎出[はねだし])が付いている。
台所櫓
藩政時代からの唯一の遺構である台所櫓は切妻造、瓦葺の大屋根が印象的な建物。廃藩後は倉庫や小学校の建物に使われてきた。
堀
堀の幅は7m〜9mほどと狭く、要塞というよりは藩庁、藩主居館としての性格が強い城ともいわれる。

四稜郭《しりょうかく》(北海道)

五稜郭の北東に位置し、4つの稜堡(りょうほ)が造られている。1869年に兵士・住民300人ほどが突貫工事で完成させた。それだけに石垣はなく土塁で囲まれ高さは3mほど、堀の幅も3m弱と五稜郭に比べると防御力は劣る。その後は耕作地となり一部が壊されていたが、1973年に復元された。国指定史跡。

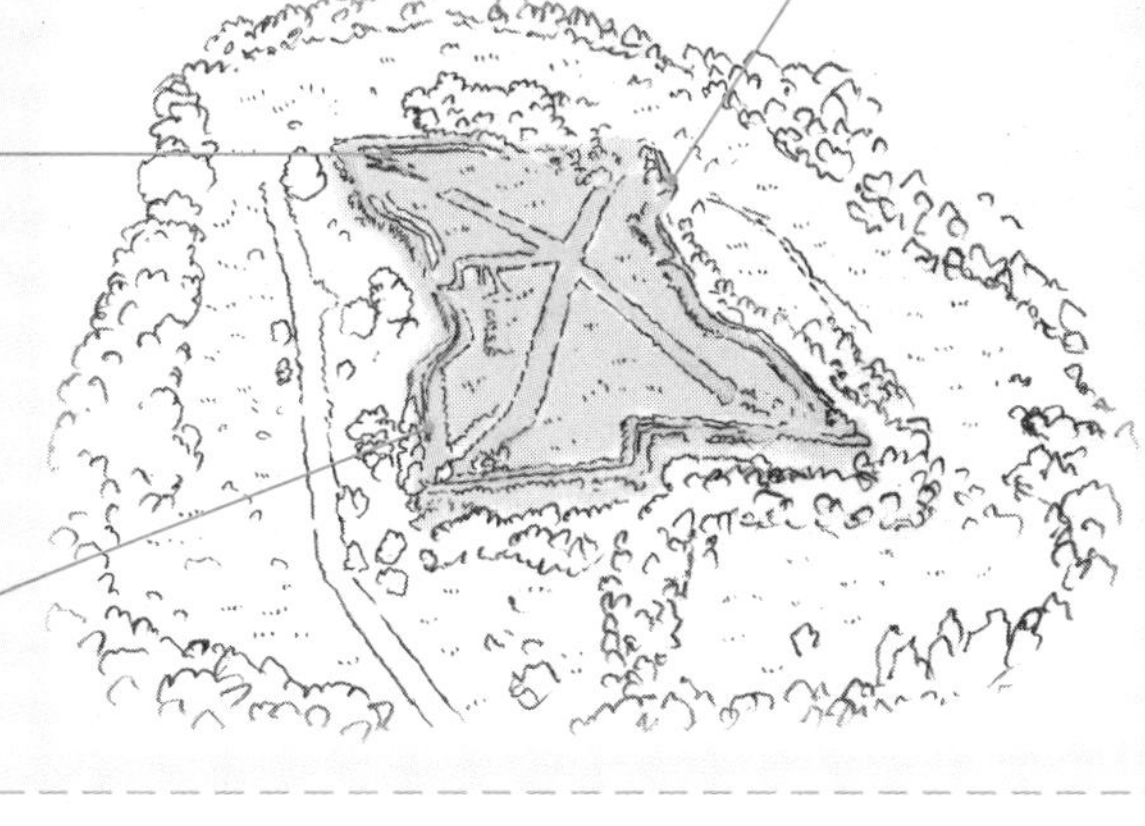
土塁
四稜郭の主要な防衛設備で、郭内と空堀を掘った土を盛って造られた。
砲座
四隅の稜堡は中央部より高くなっており、大砲が据えられた。大砲の移動のためスロープが造られている。
武者走
土塁の内側には段が造られており、守備兵の移動、射撃に使われた。

重文

長野

小諸城《こもろじょう》

信玄の西への備え、世にも珍しい「穴城《あなじろ》」

小諸城は、城下町よりも低い位置にある穴城と呼ばれる形を持つ。曲輪《くるわ》は田切《たぎり》という小諸地方の特徴的な地形と千曲《ちくま》川の崖を巧みに使って造られており、見て周ると面白い。

この優れた縄張をしたのは山本《やまもと》勘助《かんすけ》※と馬場信房《ばばのぶふさ》。現在見られる石垣の城は仙石秀久《せんごくひでひさ》が元の縄張を活かしつつ、石垣や天守、門などを整備したもの。天守は江戸時代に落雷で焼失、明治の廃城後には門や御殿が競売に付された。城址は「懐古園《かいこえん》公園」となり、近年大手門が再移築・修理された。

地形を活かした縄張

田切は浅間山の噴火物による堆積地を千曲川とその支流が削り生み出した凹型の地形。これを天然の堀切とし、台地を囲うように堀をつなげ曲輪を形成。そのため各曲輪の独立性が高い。東にある町側から見れば低い位置にあるが、西の千曲川から見れば川向こうの断崖の上に建つ要害なのである。

二の門跡
小規模ではあるが虎口があった(出入口)。門に近づく敵は二の丸から攻撃を受ける。

本丸
河岸段丘の際にある。正面側の南の丸、北の丸との間は堀となり、周囲を石塁で囲う。

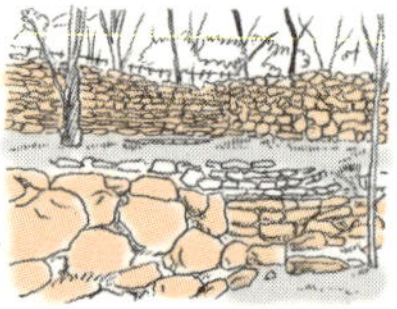

主郭部をめぐる谷を天然の堀切として、強固な守りを築いている。

天守
現在は天守台のみ残り、懐古神社の境内となっている。

黒門
本丸側にあった門。かつての建物は市内の正眼院の山門になっており、薬医門形式(26頁)。

帯曲輪
本丸と千曲川の崖との間に細長い曲輪があり、川側にもにらみをきかせている。

南の丸
通路が蛇行するように造られている。

黒門橋
本丸と南の丸を結ぶ唯一の橋。算盤橋(そろばんばし)という取り外し可能な橋だったと伝わる。曲輪の独立性の高さがわかる。

築城年:天文23年(1554)、形式:平山城、築城主:武田信玄
※:山本勘助は、武田信玄の軍師にして、縄張の名人といわれる。

4 小諸城の姿を伝える遺構

三の門

最初に造られた門は大水によって流出、現存のものは1765年に再建されたもの。寄棟造などほかの城の門に比べ珍しい特徴を持つ。低い位置にあるため、門に近づく人をすべて見ることができる。

鯱瓦
寄棟の両端には鯱がのっている。

寄棟造《よせむねづくり》
城門で寄棟造は珍しい。

真壁
城の建物は柱を壁で覆う大壁が多いが、柱が見える真壁になっている。

額
「懐古園」の字は政治家・徳川家達の揮毫（きごう）。

脇壁
鉄砲狭間（さま）がある。

大手門（瓦門）

慶長年間（1596-1615）の仙石秀久による整備の時に江戸の大工によって建てられた。明治以降は島崎藤村が教鞭を執った小諸義塾や店舗として使われた。その後旧地に移築再建、2007年に建設時の姿に復元された。

瓦屋根
建設時には珍しかった瓦屋根が瓦門の別名の由来となっている。三河産といわれる。

格子窓
横長の格子窓も珍しい。

構造
2階を支える梁も下重の柱のみで支えており、石垣とは独立して造られている。

鏡柱
中央の扉の付く長方形断面の柱は鏡柱（かがみばしら）といい、太い。

長押
木の長押が打たれる。

真壁
大手門も柱を見せる真壁。

2階内部

2階は畳敷の座敷で、長押が打たれ、猿頬天井（さるぼおてんじょう）となっており、居室の仕上げがされている。

猿頬天井

天守台

天守は焼失した後、再建されず、天守台のみが存在する。高さ約5mの高石垣で野面積（のづらづみ）。

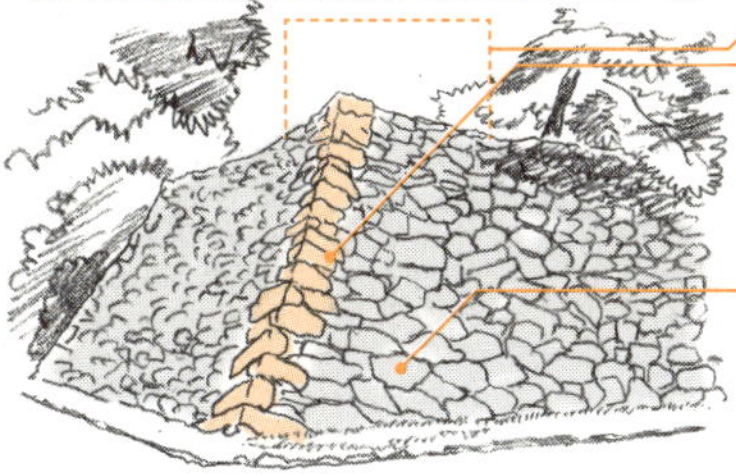

天守
3重の天守があった。

算木積《さんぎづみ》
角部は横長の石を交互に積む工法で強度を上げている。

石
ほかの石垣よりも大きめの石が使われている。

data

小諸城

所在地：小諸市丁311
行き方：しなの鉄道、JR小諸駅から徒歩約５分
主な遺構：大手門、三の門（以上重文、現存）、石垣、天守台、空堀（以上現存）

国史跡

兵庫

竹《たけ》田《だ》城《じょう》

雲海に浮かぶ神秘的な城

竹田城は、近くを流れる川から立ち上る霧に浮かぶ幻想的な姿で有名である。標高350m余りの虎臥《とらふす》山のほぼ頂上に天守台を設け、斜面、尾根を利用し石垣の曲輪《くるわ》を配した険しい山城《やまじろ》だ。

室町時代に山名氏が城を築き、城主に任じられた太田垣《おおたがき》氏が代々支配したが、織田氏による占領で赤松広秀《あかまつひろひで》が新たな城主となり、この頃に現在の石垣が構築された。その広秀は鳥取城攻め※の際の焼き討ちの責を負わされ切腹、まもなく竹田城も廃城となった。建物は残らないが石垣は見応えがある。

周囲を見下ろす城郭

独立した山の頂上に築かれ、高低差を活かした梯郭式（ていかくしき、24頁）の曲輪を廻らし、折れ曲がった通路、枡形を持った虎口（出入口）を備える。石垣が造られた時代には隅や要所に櫓が建てられ、土塀が廻らされていたと考えられている。

花屋敷
天守の西側に広がる曲輪。

天守台
高さは10mほどもあり、この上に建った天守は麓からもよく見えたであろう。

北千畳《きたせんじょう》
城の大手口にあたると考えられる曲輪。

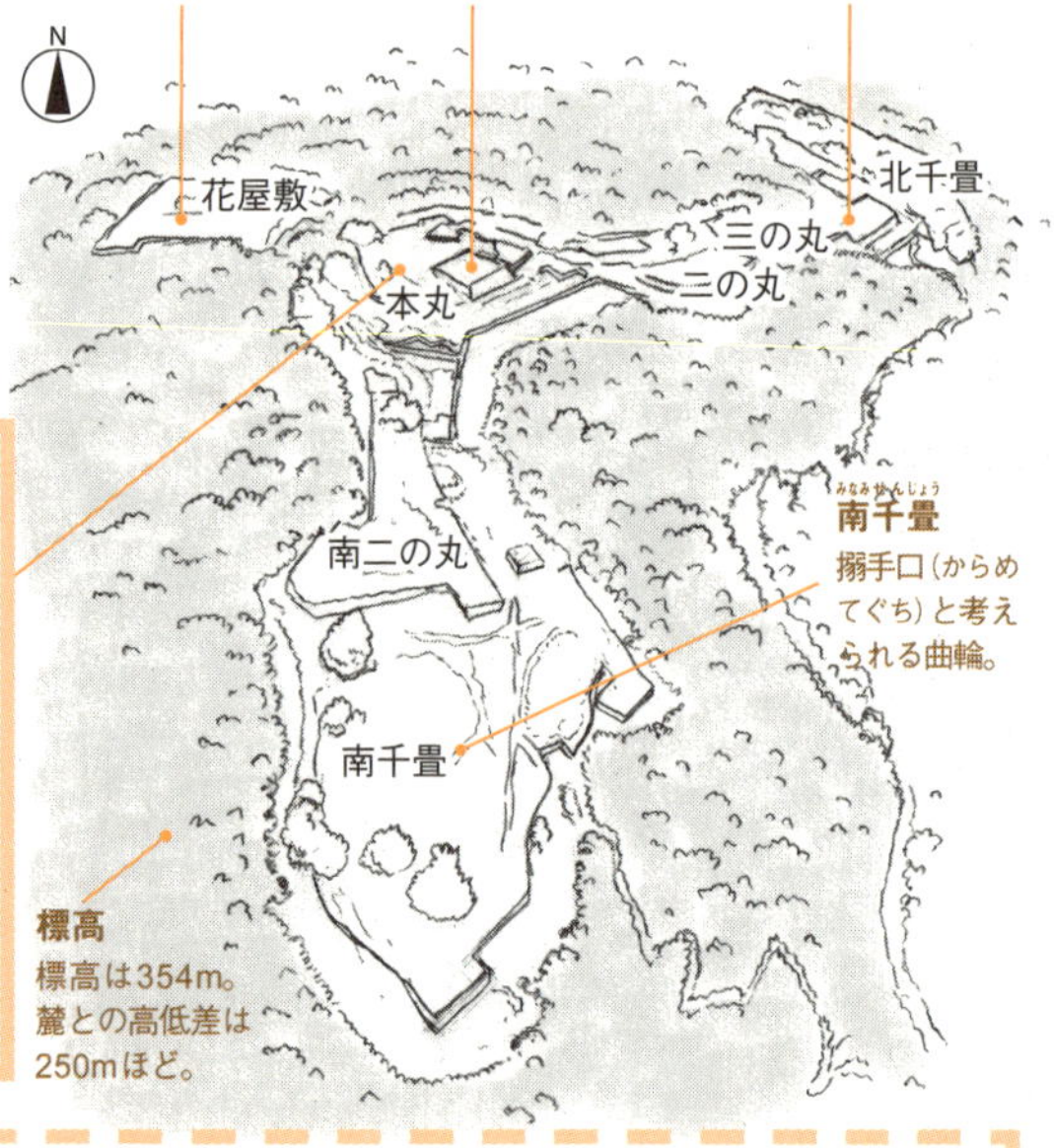

南千畳《みなみせんじょう》
搦手口（からめてぐち）と考えられる曲輪。

標高
標高は354m。麓との高低差は250mほど。

本丸
城の中央部に位置し、天守台を持つ。ここから梯郭式に曲輪が造られる。

遺跡の現状
現在城跡に建造物はなく石垣のみが残り、曲輪や虎口、通路がよくわかる。石垣は1970年代に修復され、2014年現在も再び修復中。

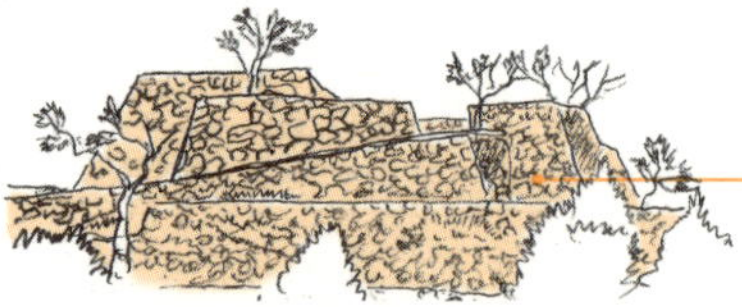

野面（のづら）積の石垣がよく残る。安土城の石垣とよく似ており、同じ穴太（あのう）衆の特徴を持つ。

築城年：文禄・慶長年間（1592～1615）、形式：山城、築城主：赤松広秀
※：関ヶ原の戦いで城主・宮部氏が西軍に属した鳥取城は、東軍に攻められ、開城した。

5 かつての建物を想像する

かつての建物の姿を知る手がかりはほとんどない。発掘された礎石からは建物の規模が、出土する大量の瓦からは建物が瓦葺であったことなどがわかる程度だ。ただし、石垣の残存状況はよく、曲輪の様子が見て取れる。現在、石垣の維持など遺跡の保存についての問題が浮上してきている。

天守
建物形式はわからないが、天守台には階段などがなく、付櫓から天守に入る形式だったと考えられる。
北千畳
三の丸
花屋敷
本丸
二の丸
建物の復元について
1600年に廃城となった竹田城には、絵図など建物の外観を知る手がかりがなく、正確な復元は現在のところできない。
南二の丸
山頂に建てた理由
険しい山上に城を築いたのは、その防御力が高いことに加え、街道の合流点が近く、往来を見渡すことができ、また街道を行く人々にその姿を誇示できたからであろう。
南千畳

data

竹田城

所在地：朝来市和田山町竹田字古城山
行き方：JR竹田駅から徒歩約30分
主な遺構：石垣

MEMO：近年観光客の急増で地面が踏み固められた結果、天守台などでは雨で表土が流出し、地中の礎石・遺物が出てしまったり、石垣の根石の間に土がつまり排水が悪くなり石垣崩落の危機が起きたりしている。石垣は現在も修復が進められている。

国史跡

萩城《はぎじょう》

山口

西国の雄、毛利家の本城

関ケ原の戦いで敗れた毛利輝《もうりてる》元《もと》は、領国を減らされ、広島城に代わる新たな本拠を造ることになった。幕府への伺い立てのうえ、萩の指月《しづき》山を城地として、山上に詰《つめ》の城（21頁）、山麓に5重の天守を備えた城を築いた。

この城は、1863年に山口へ藩庁が移るまで藩政の本拠だった。藩庁移転時には、萩城の建物も一部が山口へ移築された。残った建物も明治時代の廃城で壊され、現在は石垣、土塁、堀などが残る。山上の詰の丸、海沿いの石垣など地形を活かした縄張《なわばり》が見所だ。

詰の丸を備えた平山城

江戸時代に幕府の許可を得て造られた城だが、詰の丸を持つなど実戦を意識した造り。本丸には天守のほかに藩主の館と藩庁があり、二の丸には役所、寺社、庭園などが、三の丸には重臣の屋敷があった。山上の詰の丸は2つの曲輪（くるわ）からなり、土塀と櫓を備えていた。

N
詰の丸
天守などは確認されていないが、平時でも海陸を見張る兵が詰めていた。
本丸
中心に御殿が建てられた。南側の本丸門には高麗門と櫓門からなる虎口（出入口）があった。
日本海
詰の丸
指月山
潮入門
日本海に面した二の丸東側には、櫓門形式の潮入門や、埋門が造られていた。現在は石垣のみ残る。
本丸
本丸門
二の丸
三の丸
天守台
扇の勾配といわれる下方が緩く上方が急な美しい曲線を持つ。
二の丸
東と南にあった門にはコの字形の虎口があったが、現在は石垣が見られるのみ。
二の丸の東側に鉄砲狭間（さま）を持った土塀が1965年に復元。

築城年：慶長9年（1604）、形式：平山城、築城主：毛利輝元

在りし日の5重の天守

2重の建物に3重の望楼を上げた望楼型天守(10頁)であり、最上階の高欄や火燈窓(かとうまど、11頁)などの装飾や石垣の多用などからは、豊臣時代以来の西国大名としての誇りを感じさせる。一方で総塗籠(ぬりごめ)の壁や窓の突上戸に張られた銅板など、時代の先端技術も取り入れ防御力も考えられた天守であった。

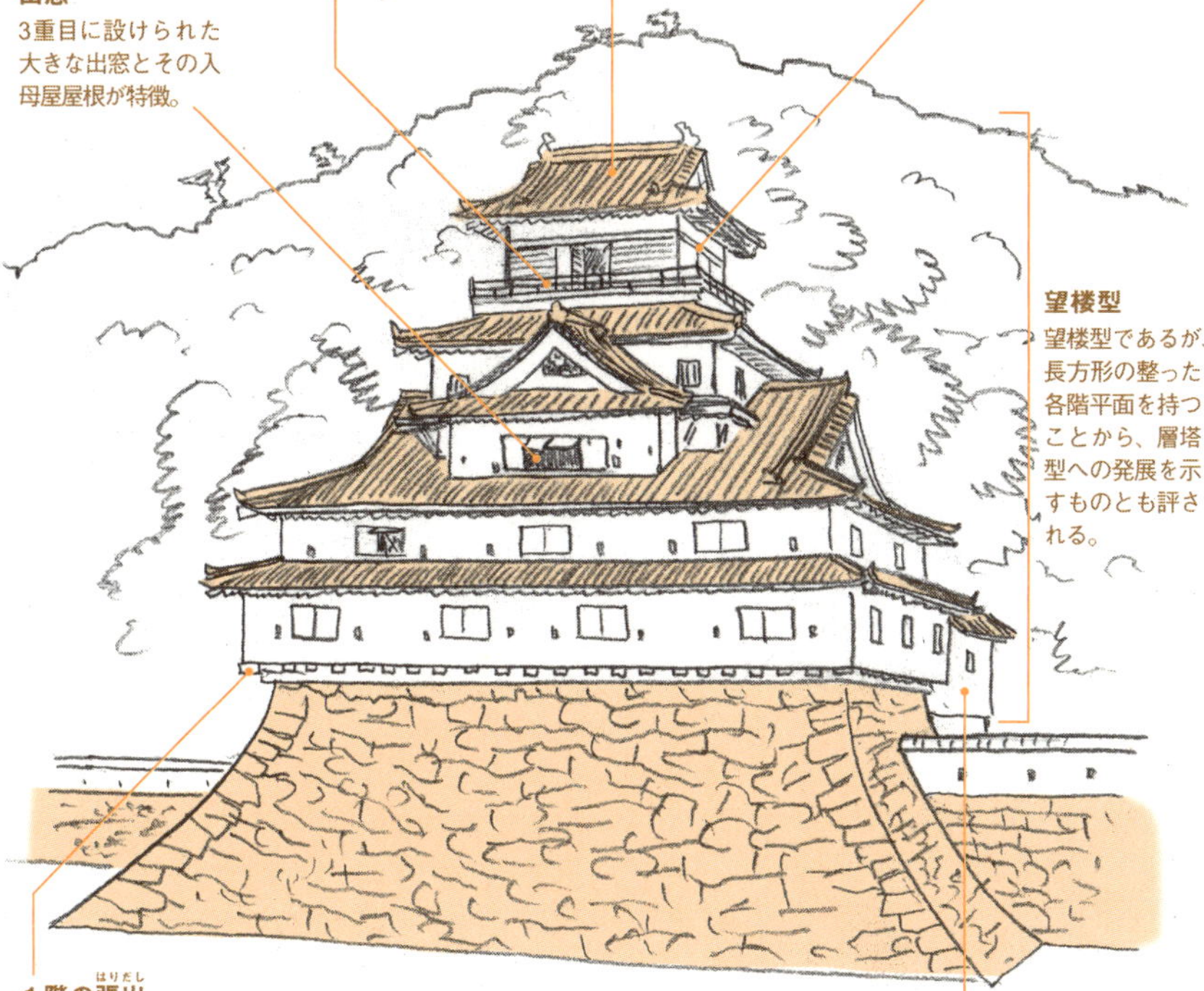
瓦
建築当初は普通の瓦であったが、1768年の修理に際して凍害に強い赤瓦に替えられた。
構造
平面は長方形で柱の本数も少なく整然としており、架構技術の進化と近世的な空間を感じさせる。
廻縁・高欄
最上階の廻縁と高欄は華やかさを沿え、桃山風を引き継いでいる。
出窓
3重目に設けられた大きな出窓とその入母屋屋根が特徴。
望楼型
望楼型であるが、長方形の整った各階平面を持つことから、層塔型への発展を示すものとも評される。
1階の張出《はりだし》
1階は四周すべて天守台より1間(約180cm)張出しており、石落(いしおとし)が設けられた。
付櫓《つけやぐら》
天守への入口。外観は1重だが、内部は2階建て。天守へは2階から入った。

data

萩城

所在地：萩市堀内字旧城1－1
行き方：JR玉江駅から徒歩約20分、JR東萩駅から徒歩約25分
主な遺構：天守台、石垣、櫓台、堀など(以上現存)、土塀(再建)

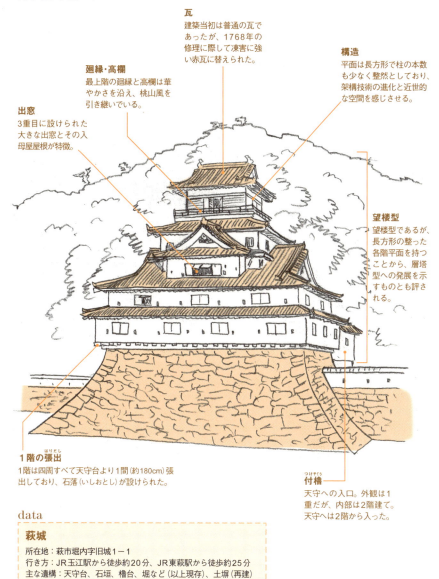

重文・国史跡

香川 高松城《たかまつじょう》

海と共にある城

高松城は、秀吉配下の武将・生駒親正《いこまちかまさ》が讃岐の領主となった時に築いた城だ。海際の地形を活かす縄張《なわばり》をしたのは黒田官《くろだかん》兵衛《べえ》とも細川忠興《ほそかわただおき》※1ともいわれる。

1642年に領主となった松平氏は、石垣の積み直し、3重4階の天守の建造、曲輪《くるわ》の増設などの大改修を行い、この天守は1884年に取り壊されるまで建っていた。参勤交代にあたり、城主がここから海路江戸へ向かったという水手御門《みずてごもん》周辺や、水堀に突き出た天守台など、海城《うみじろ》※2ならではの特徴を持つ遺構は必見。

海城の守り

高松城は北を瀬戸内海に面し、内堀、中堀共に海からの水を引き入れている。内堀は水門が設けられ、水位が調整できるようになっている。外堀には舟入がつくられていた。陸側の入口である大手門には虎口(出入口)が造られ防御を固めている。緊急時には本丸への橋を落として籠城し、海からは包囲されにくいので攻め難い城であった。

鞘橋《さやばし》

鞘橋とは屋根が掛かった橋をいい、1971年に架けられたこの橋も銅板葺の屋根がある。

水門

石造の水門があり、堀の水位を調整した。干潮でも水をたたえた状態に保ったのであろう。

披雲閣《ひうんかく》

旧三の丸にあり、旧藩主・松平家が別邸として建設した。1917年に完成。江戸時代には同じ場所に同名の藩主の御殿が建っていた。

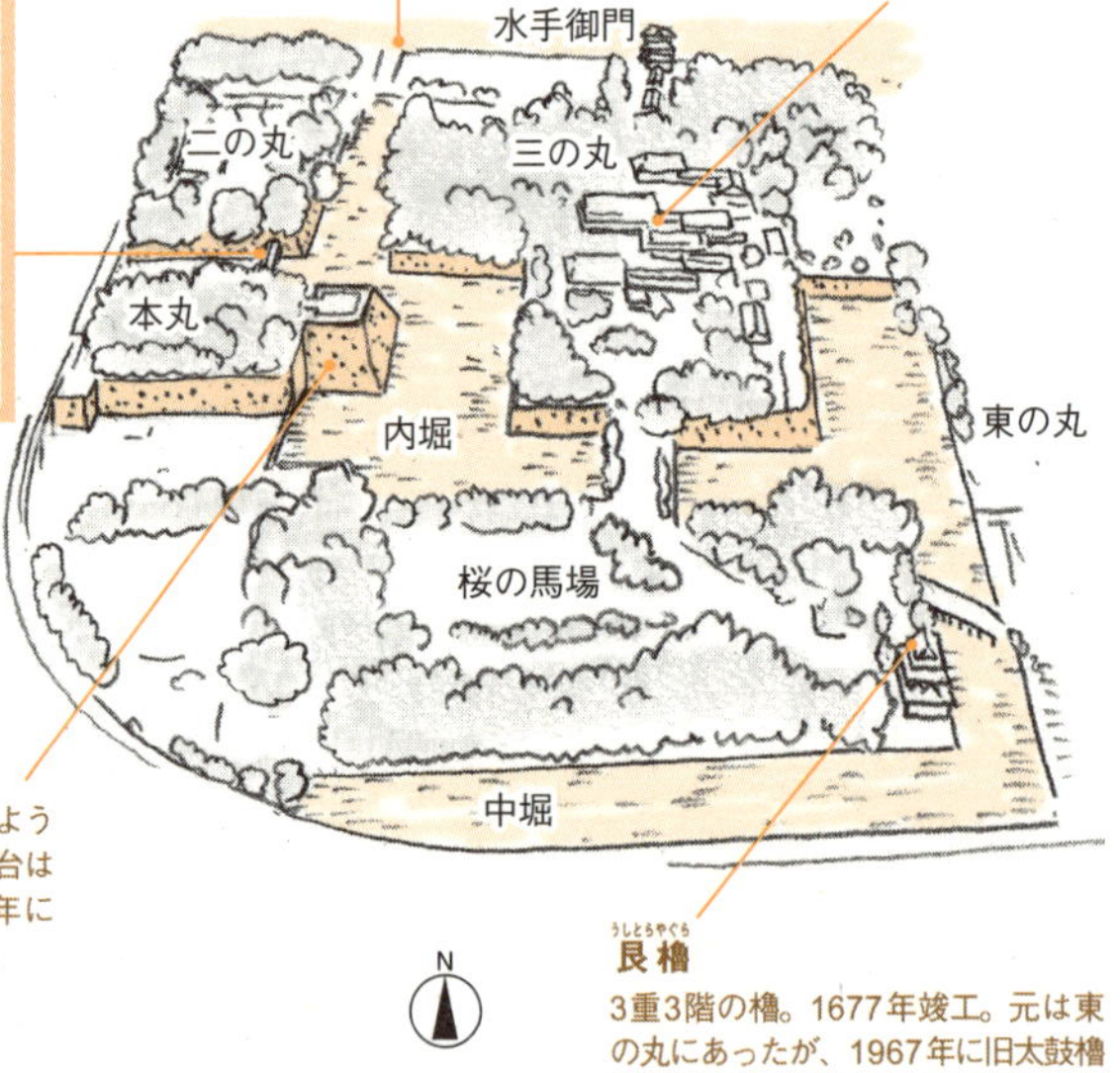

天守台

水堀に突き出すように造られた天守台は乱積で、2013年に修復が完了した。

艮櫓《うしとらやぐら》

3重3階の櫓。1677年竣工。元は東の丸にあったが、1967年に旧太鼓櫓跡の現在地に移築された。

築城年:天正16年(1588)、形式:平城、築城主:生駒親正

※1:黒田官兵衛の名は孝高。秀吉の軍師として知られ、築城家としても名高い。細川忠興は戦国から江戸時代にかけての武将、大名。千利休の高弟でもあった。※2:海に面して建てられ、海を天然の要害とした城。特に水軍・水運の拠点であった城のこと。

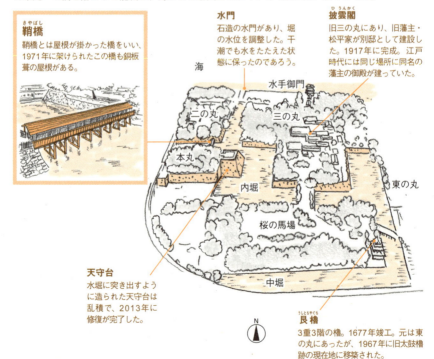

海城の門と天守

海への門、水手御門

城主はこの門から小舟に乗り込み、沖に止まった大船へと向かった。正式な出入口としての性格を持つ門。水手御門周辺は月見櫓や渡櫓も残り、城の特徴を現代まで残す一郭となっている。

月見櫓
藩主の舟が着くのを見る、「着き見」が名の由来といわれるように海上を見張る役目があり、層塔型3重の高さのある櫓。

渡櫓と続櫓
門を挟むように左右対称に平櫓が造られている。

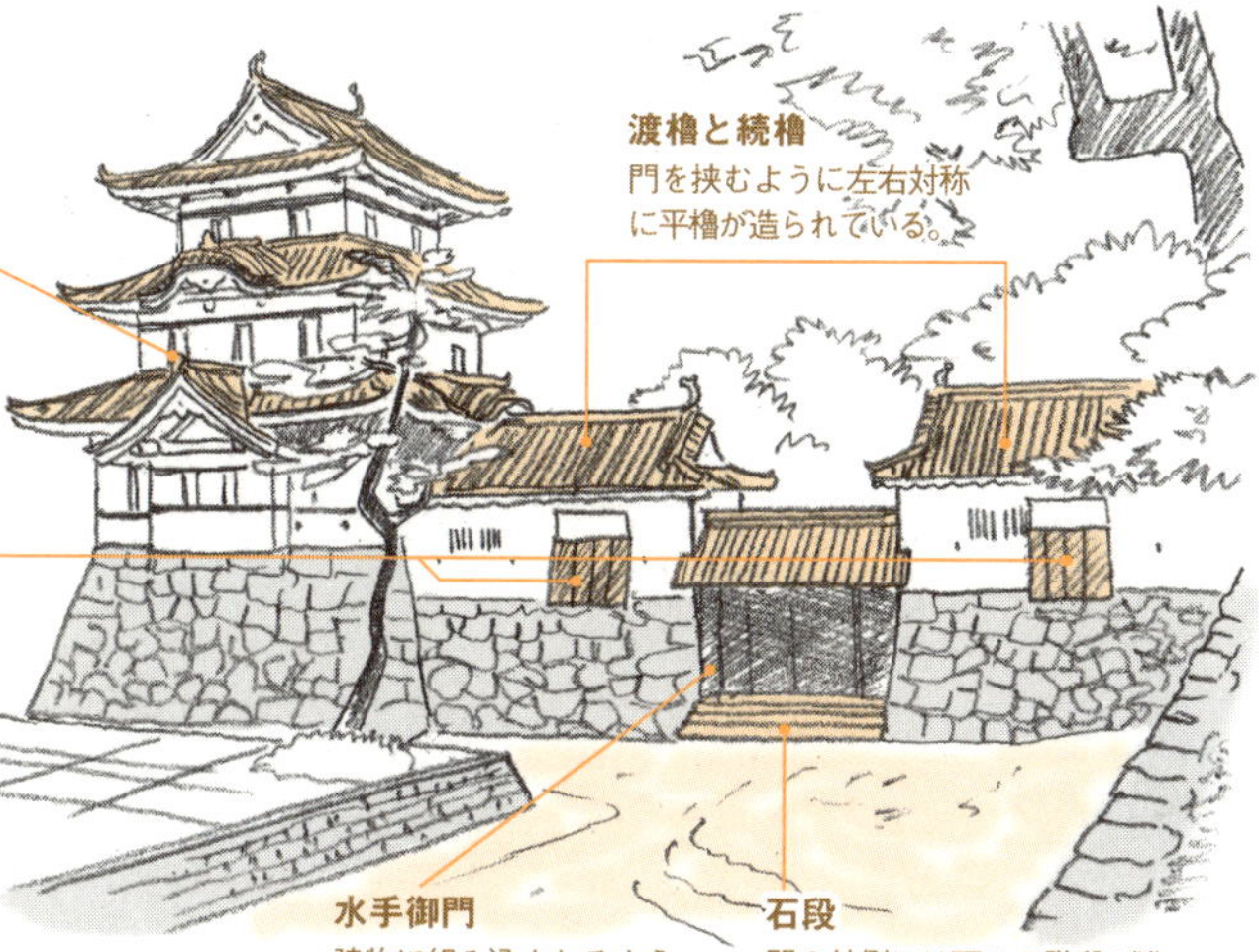

石落《いしおとし》
水手御門の両側の櫓には下見板張の石落が付けられている。また、鉄砲狭間や漆喰塗廻の格子窓など門周辺の防御を固めている。

水手御門
建物に組み込まれるように造られている高麗門。

石段
門の外側には下りの階段が造られ、船着き場となっていた。

南蛮造の天守

生駒氏時代にあった3重天守に代わり、1669年頃に上棟した層塔型の新たな天守は3重の外壁の一部が2重よりも外に張出す南蛮造といわれる特徴的な形をしており、1重も天守台から張出していた。ほかの南蛮造の天守は小倉城が知られ、高松城天守の再建時に大工が小倉城の天守を写し取りに行ったとの言い伝えも残されている。

火燈窓《かとうまど》
最上階に廻縁（まわりえん）はないが中央の窓が火燈窓であった。

南蛮造
最上階の床が下階の壁より張出している造り方。張出し部分は腕木と頬杖で支えられる。

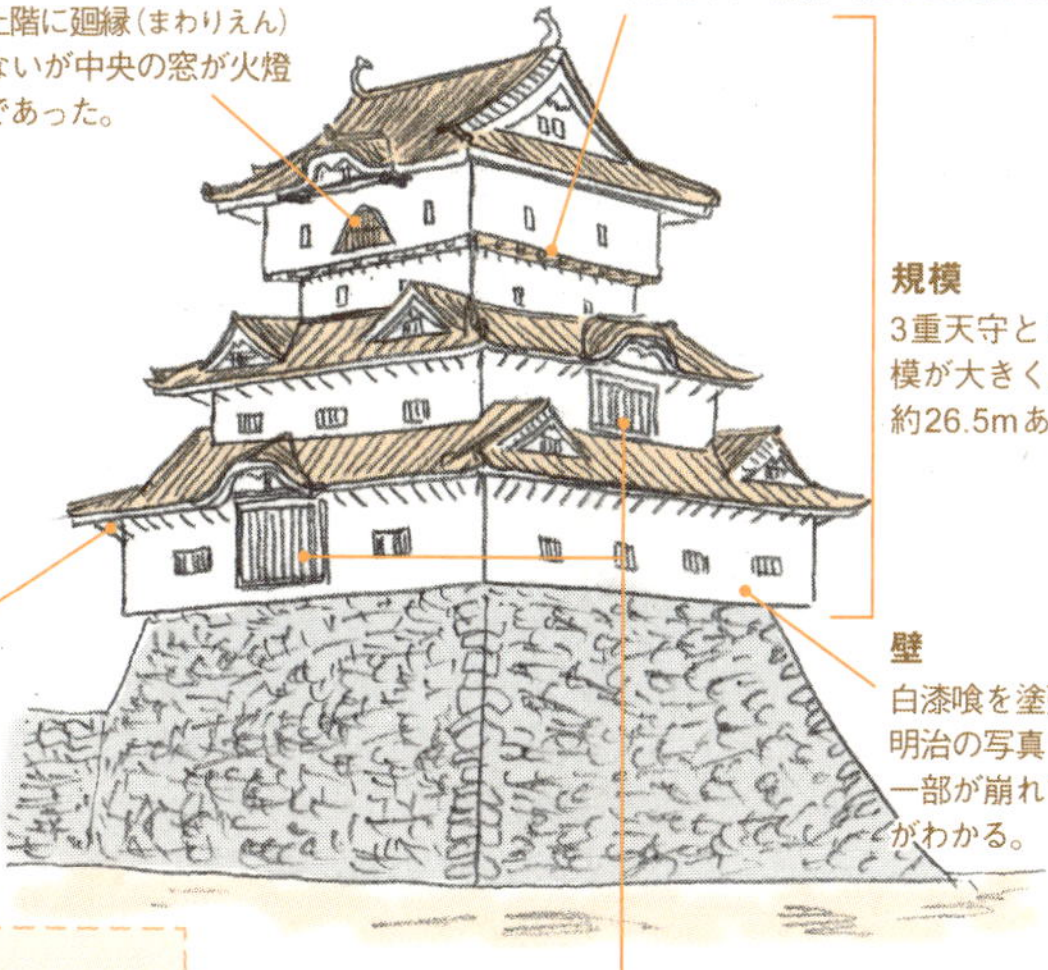

規模
3重天守としては規模が大きく、高さは約26.5mあった。

材木
天守の建設には生駒氏時代の天守を解体した古材が使われている。

壁
白漆喰を塗廻ていて、明治の写真では壁の一部が崩れていたのがわかる。

出窓
東西面は1重目、南北面は2重目に格子窓が造られ、その上の屋根は唐破風となっている。

data

高松城

所在地：高松市玉藻町
行き方：JR高松駅から徒歩約5分
主な遺構：艮櫓、月見櫓、水手御門、渡櫓（以上現存、重文）、石垣（現存）

国特別史跡

肥前名護屋城《ひぜんなごやじょう》

佐賀

秀吉の権勢を誇る壮大な本陣

名護屋城は豊臣秀吉の命により朝鮮出兵※の本陣として築かれた。普請《ふしん》は多くの大名を動員した突貫工事により、1591年秋の着工から8カ月程で完成した。城は総石垣で、5重天守、本丸御殿、多くの櫓を有する大城郭となった。山里丸《やまさとのまる》には茶室や能舞台を備えた秀吉の居館があり、ここで茶の湯などを楽しんだという。また城の周囲には有力大名が屋敷を構え、城下町も造られた。

天下有数の規模を誇った名護屋城だったが、1598年に秀吉が死ぬと、朝鮮から撤兵、本陣のこの城も廃された。

7年あまりの短かき栄華

名護屋城の栄華は「肥前名護屋城図屏風《びょうぶ》」からうかがえる。本丸には豪華な御殿が建てられ、5重の天守や、天守台の高石垣は技術力と財力の高さを誇示している。城下町には、各地の大名が率いてきた兵たちをはじめ、多くの人が集まり、10万人を越える人がいたともいわれる。

大手門
2重の楼門が建っていた。廃城後、伊達政宗が仙台城へ移したとの伝承がある。

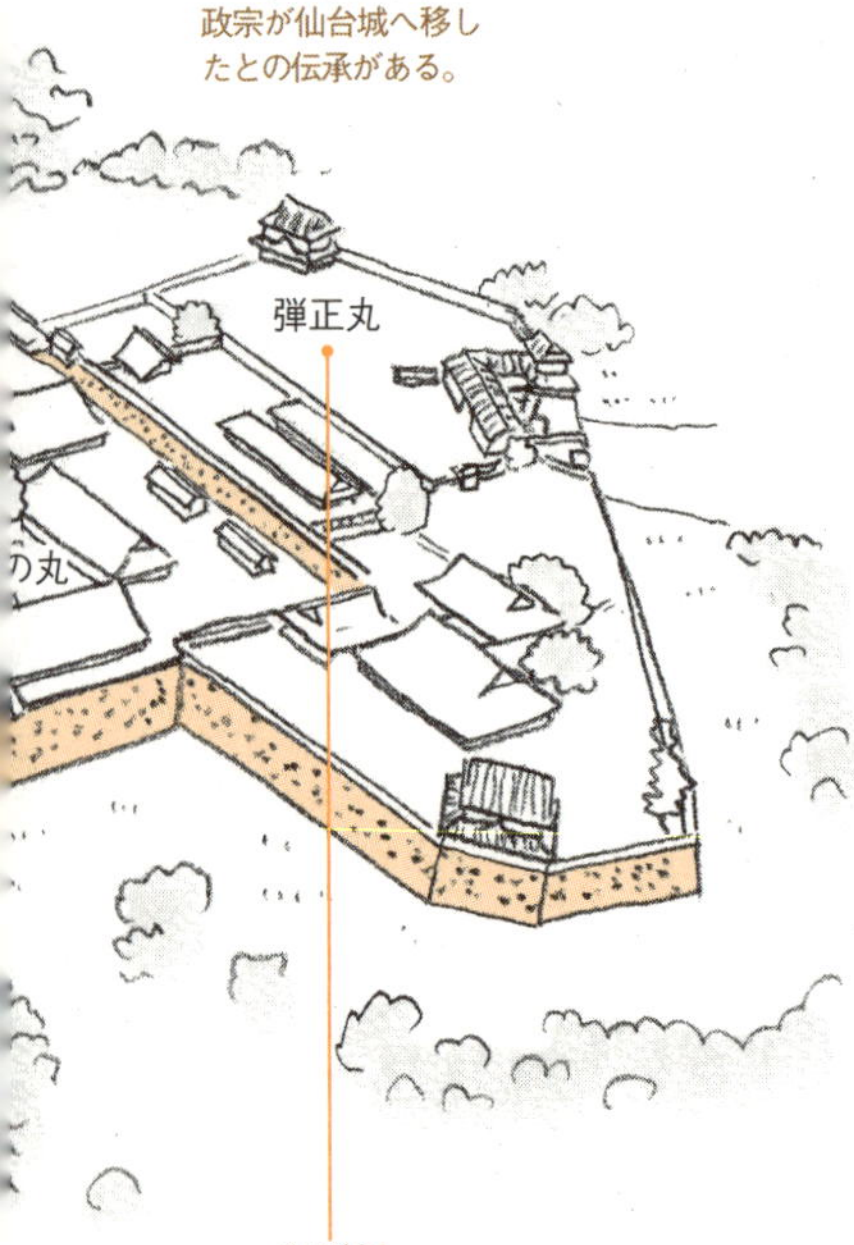

弾正丸《だんじょうまる》
城の搦手（からめて）に位置する重要な曲輪（くるわ）。浅野弾正長政がここに居館を構えたことに由来。

築城年：天正19年（1591）、形式：平山城、築城主：豊臣秀吉
※：52頁のcolumn参照。

山里丸《やまさとのまる》
秀吉の居館があった。2畳敷の草庵茶室、能舞台もあった。現在は広沢寺が建っている。

本丸御殿
明の使節との交渉を行った正式な儀礼・政務の場。檜皮葺(ひわだぶき)の建物が建ち並び、京都の聚楽第(じゅらくてい)にも劣らないと評された。

天守
5重6階、地階1階の望楼型天守で、高さは25m〜30mほどだったとされる。

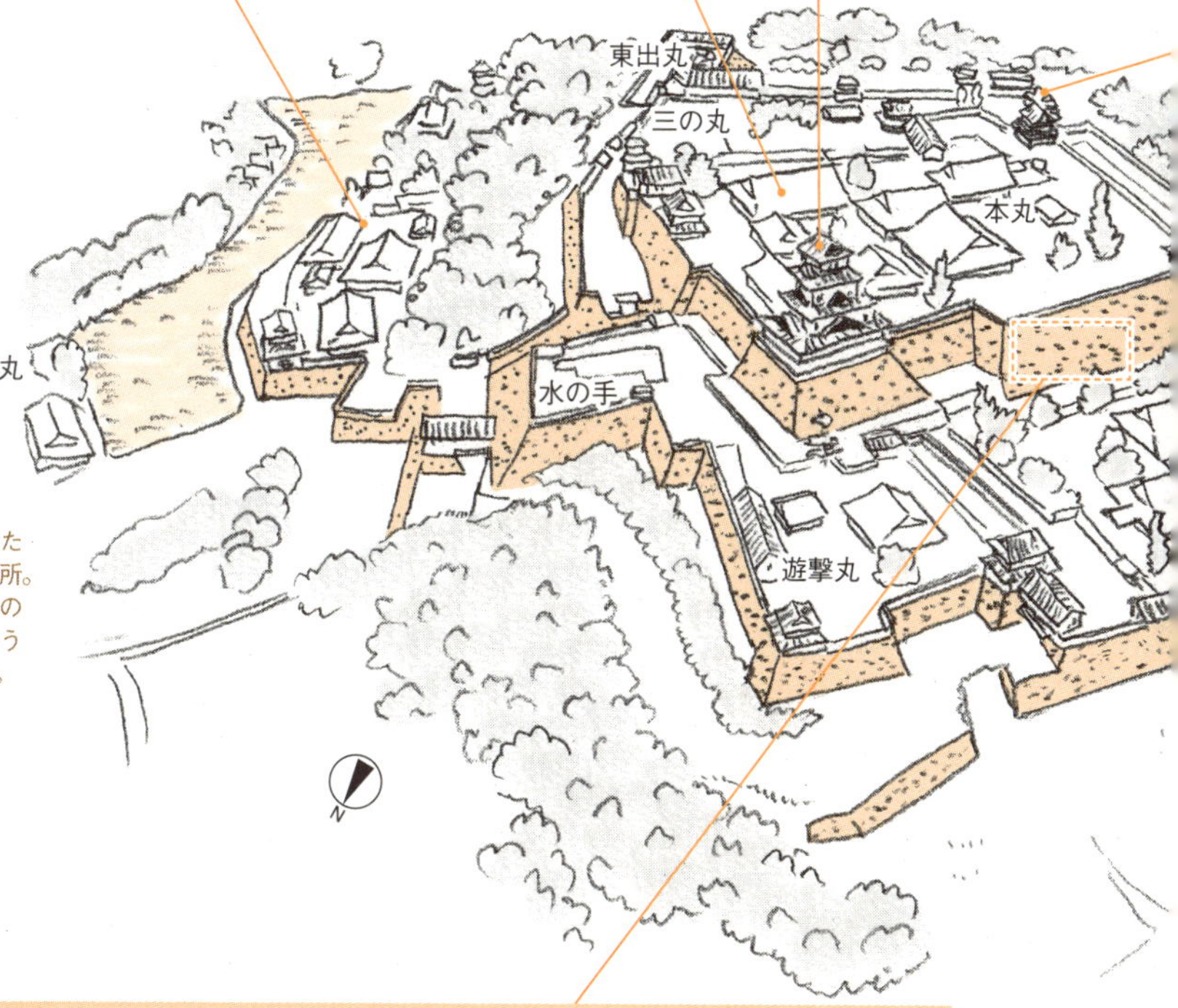

台所丸
食料を賄っていたと考えられる場所。近くに秀吉もその水を飲んだという太閤井戸がある。

崩落した石垣

名護屋城の石垣を見ると崩れている箇所が多いことに気がつく。廃城後の長い年月で自然崩落した箇所もあるだろうが、人為的な破壊の跡があることがわかっている。それは、島原の乱が起きたことで、石垣の残る城跡が一揆の根拠地になることを恐れた江戸幕府が、城跡の破壊を行ったためである。名護屋城もそうした城の1つと考えられたのである。

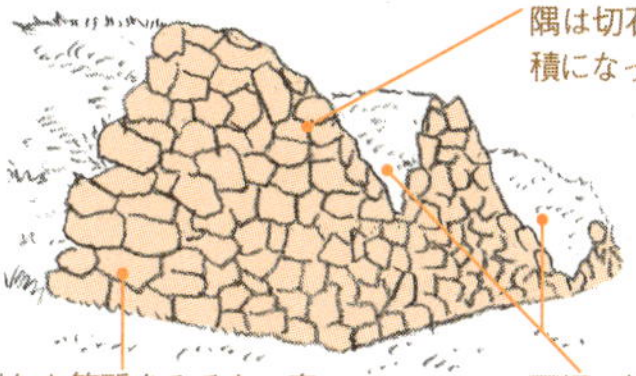

石垣は乱積でできていて、隅は切石ではないが、算木積になっている。

崩れた箇所をみると、表面の石の裏に小石が詰められ、その奥に土盛がある石垣の構造がわかる。

石垣は等間隔で崩されていて、また隅部も壊されていることから、人為的な破壊の跡と考えることができる。

幻の天守の姿

わずかな期間のみ壮麗な姿を見せた名護屋城の天守はどのような姿をしていたのか、それを伝えるものは少なく、謎も多い。当時城を訪れた人の記録、城を描いた屏風絵から望楼型5重6階に地階があったと考えられ、天守台の発掘から地階から天守内へ入ったこと、1階は長方形の平面で柱が24本建っていたことがわかっている。

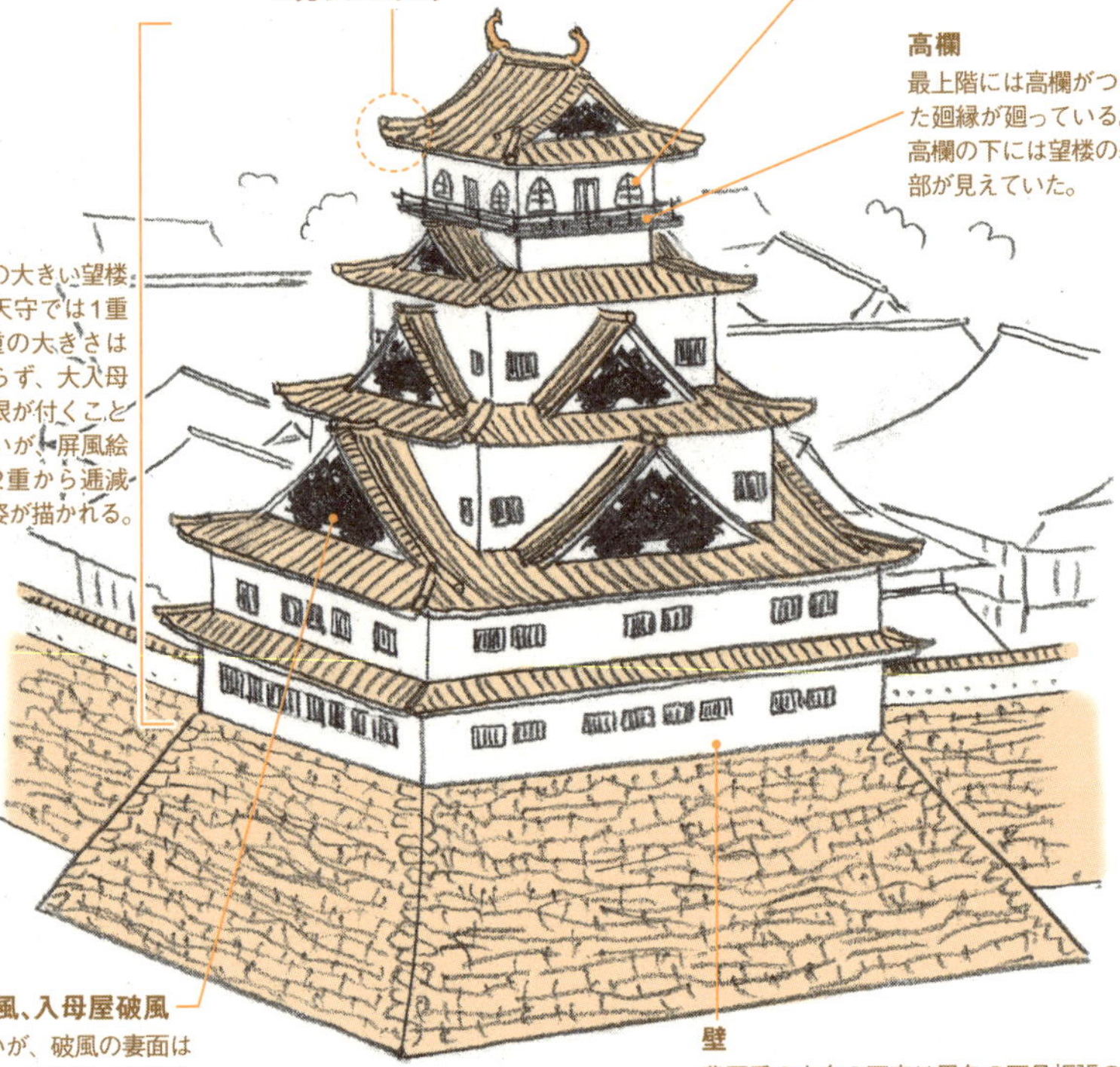
金箔瓦
屋根の軒先瓦には金箔が押されていた。織豊系の大きな天守に見られるもの。
火燈窓《かとうまど》
最上階には火燈窓が付いていたと考えられる。
高欄
最上階には高欄がついた廻縁が廻っている。高欄の下には望楼の基部が見えていた。
逓減
規模の大きい望楼型の天守では1重と2重の大きさは変わらず、大入母屋屋根が付くことが多いが、屏風絵では2重から逓減した姿が描かれる。
千鳥破風、入母屋破風
壁は白いが、破風の妻面は黒色となっており、木連（きつれ）格子のようである。
壁
豊臣系の大名の天守は黒色の下見板張の天守が多いが、この天守は白漆喰壁に描かれる。

column ｜朝鮮出兵　文禄《ぶんろく》・慶長《けいちょう》の役《えき》

天下を統一した秀吉は、明（みん）の征服を企み、朝鮮に服属と案内を命じたが拒否されたため、朝鮮に兵を送った。これが1592年に始まった文禄の役である。総勢15万人ともいう秀吉軍は緒戦で勝利を重ねたが、明の参戦もあり釜山まで後退、和平交渉を行った。しかし、この交渉は決裂、1597年に再び出兵した。これが慶長の役であり、1598年に秀吉の死去によって中止されるまで続いた。この戦における朝鮮での築城の経験が国内の築城にも活かされ、登り石垣などが造られるようになった。

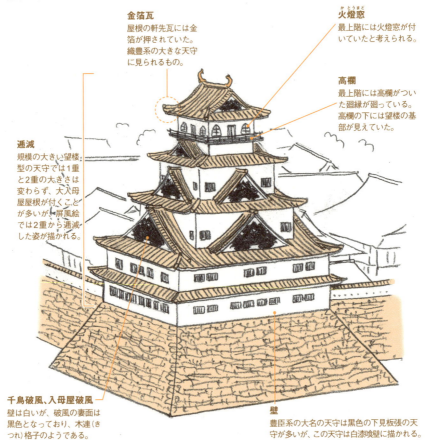

居住性の高い大名の陣

名護屋城に兵を引き連れて集結した大名たちはそれぞれ陣を構えた。これらは仮設の戦陣ではなく、御殿や広間を備えた居住性の高いもので、陣によっては漆喰壁の2重櫓を備えていた。ここでは、その1つとして様子がよくわかっている堀秀治(ほりひではる)の陣を見てみる。秀治の陣は名護屋城から南西へおよそ1kmのところにある小高い丘の上に造られ、6個の曲輪から構成される大規模なもの。中心となる本曲輪には広間、御殿、能舞台などの建物が建っていた。

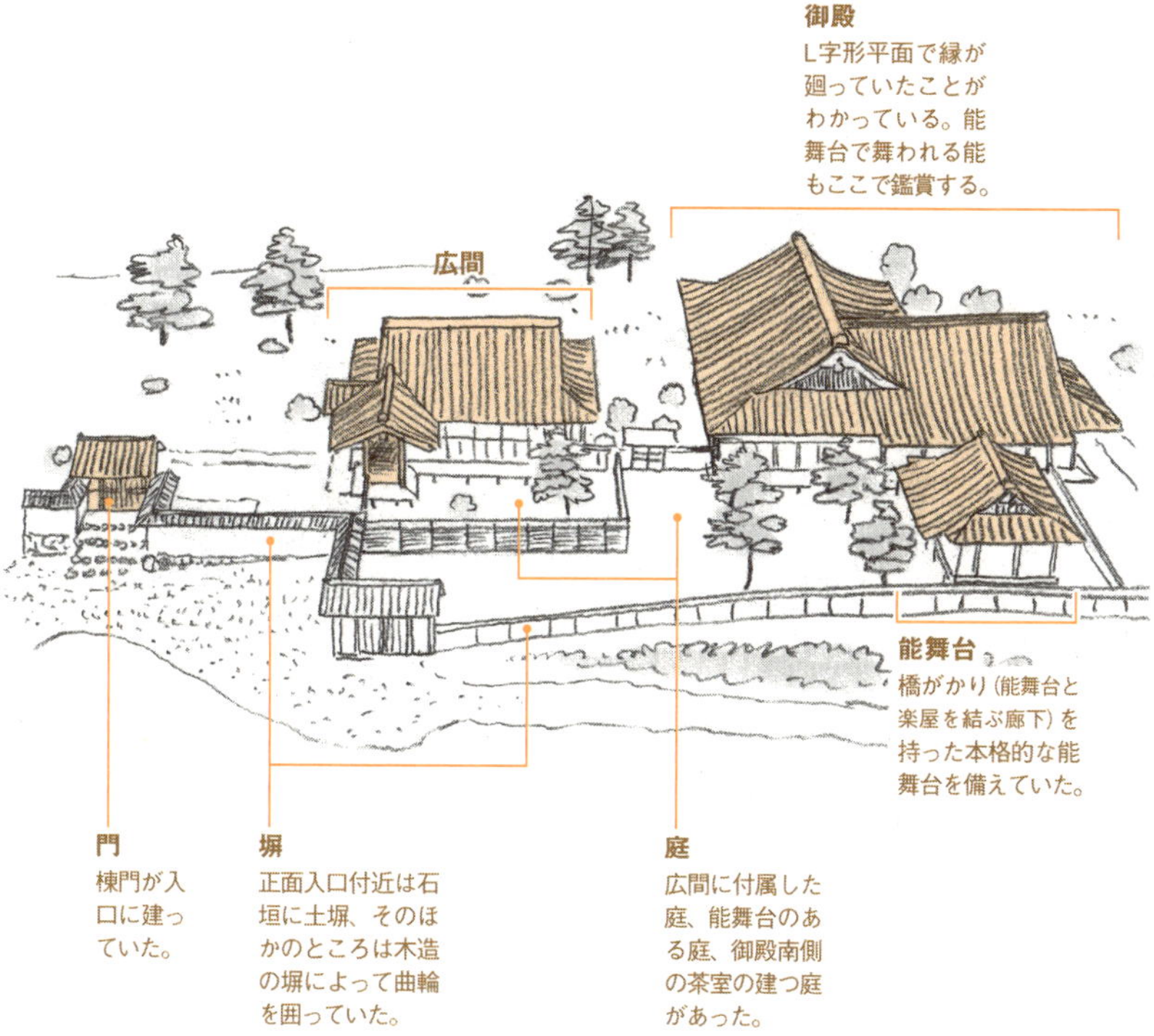
御殿
L字形平面で縁が廻っていたことがわかっている。能舞台で舞われる能もここで鑑賞する。
広間
能舞台
橋がかり(能舞台と楽屋を結ぶ廊下)を持った本格的な能舞台を備えていた。
門
棟門が入口に建っていた。
塀
正面入口付近は石垣に土塀、そのほかのところは木造の塀によって曲輪を囲っていた。
庭
広間に付属した庭、能舞台のある庭、御殿南側の茶室の建つ庭があった。

data

肥前名護屋城

所在地：唐津市鎮西町名護屋
行き方：JR唐津駅からバス名護屋城博物館入り口下車、徒歩約5分
主な遺構：石垣(現存)など

城用語解説 ❷

城の「攻撃・防御」に関する用語

【狭間《さま》】

天守や櫓などの建物や塀に開けられた、鉄砲や弓を射るための穴。用いる武器により弓狭間、鉄砲狭間がある。弓狭間はその射撃法から縦に長く造られ、鉄砲狭間は丸、三角、正方形などの形に造られた。たいていの場合、建物の内側に広がるように穴が開けられ、広い範囲を攻撃でき、外からは攻撃を受けにくく造られる。

備中松山城
三の平櫓東土塀狭間（72頁）

【石落《いしおとし》】

狭間と同じく、建物や塀に設けられる防御施設で、壁の一部を石垣よりも張出すように造ったもの。床板を外してそこから弓、鉄砲を射掛けたり、石を落としたりして土塁や石垣を登ってくる敵を攻撃した。外観意匠の特徴ともなっていて、下見板張で裾広がりに造られる袴型《はかまがた》や、出窓を造ってその床を石落としにする出窓型などがある。

熊本城大天守石落（86頁）

column | 築城の名手　加藤清正《かとうきよまさ》（1562－1611）

羽柴秀吉（後の豊臣秀吉）に仕え、勇将の名を馳せた加藤清正は、築城の名人としても知られる。秀吉や徳川家康の命じた天下普請（てんかぶしん）では要所の石垣普請を担った。清正の城は実戦の経験にもとづいた工夫を盛り込んだ複雑な縄張が特徴。特に名高いのが「清正流（せいしょうりゅう）」とも称される石垣の築造法である。これは、勾配を付けて石を積む方法で、下部では緩い勾配が、高くなるにつれ急になるようにされ、反り返った美しい曲線を描く石垣となる。敵兵が石垣を登り始めても、次第に上れなくなるように造られ、武者返（むしゃがえし）ともいわれた。

清正流の石垣

寺勾配（てらこうばい）ともいわれる石垣の組み方で、下部は勾配が緩く、上方に行くにつれ急勾配になる。

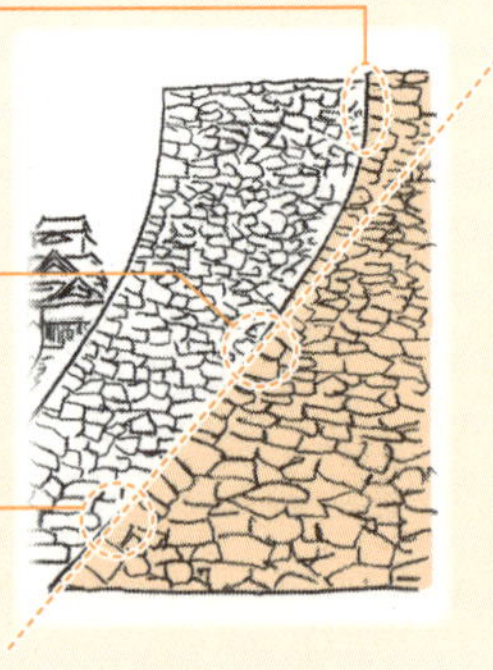
上部の傾斜
最終的には垂直近くになるように積まれる。
反りの始まり
石垣の高さの半分より上の点から反りが始まる。
下部の傾斜
45度前後の勾配でほぼ反りがなく積まれる。

2章

現存天守を読み解く

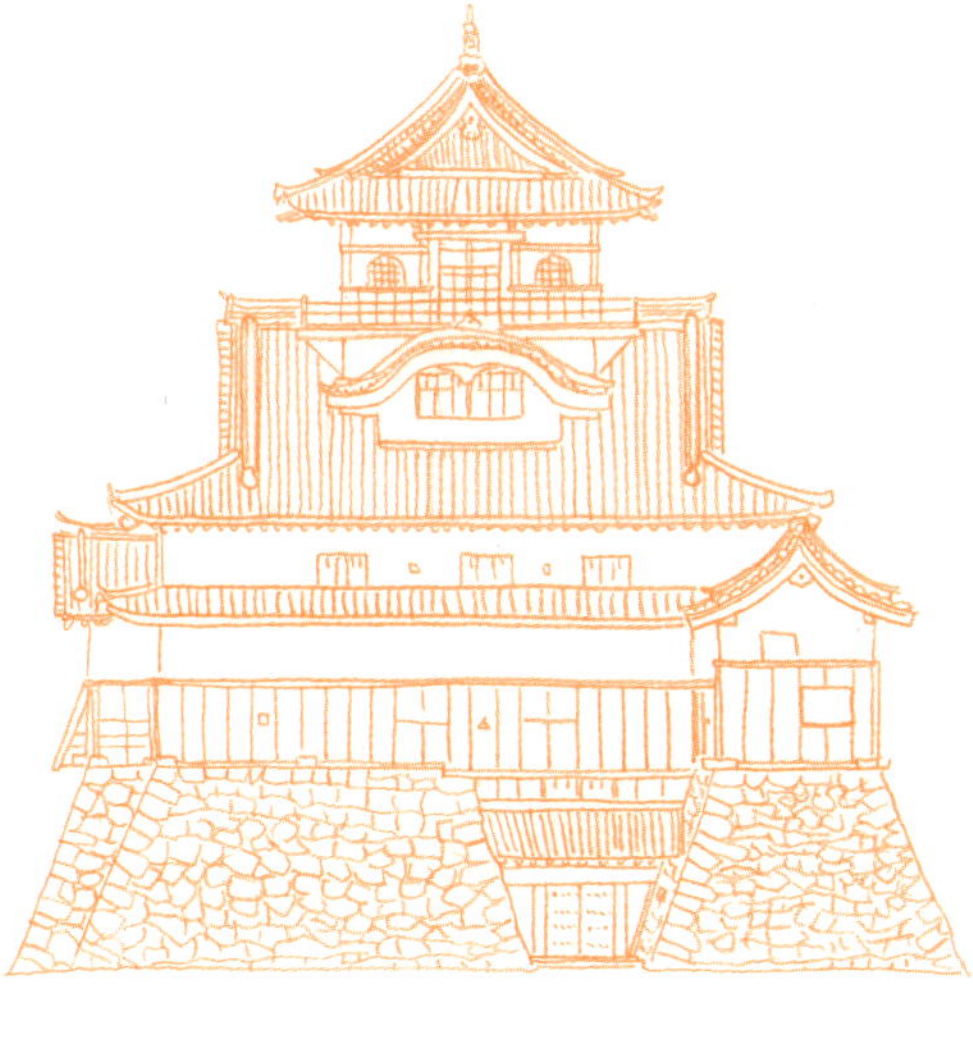

世界遺産・国宝・重文・国特別史跡

兵庫

姫路城《ひめじじょう》

現存最大を誇る白鷺城《しらさぎじょう》

南北朝の砦《とりで》から発した姫路城は、羽柴秀吉により3重天守を備えた本格的な近世城郭となった。関ヶ原の戦い後に城主となった池田輝政《いけだてるまさ》が大規模な拡張・改修を行い、1609年に連立式天守を持つ城を造り上げ、10年後には本多忠政《ほんだただまさ》により西の丸が造られ、城の形が完成した。

明治期に大手門や御殿が失われたが、残った建物の保存修理が行われた。その後は大きな戦災も受けず、昭和、平成の修理を経て現在に至っている。1993年に日本初のユネスコ世界遺産に登録。世界的に知られる名城である。

文化財の連なる城

現在、姫路城には8棟の国宝と74棟の重要文化財がある。城内で見られる建物の大半は、江戸時代初期に建設されたもの。これらの建物は、腐食部材の取り替えや構造補強を行った明治の大修理、昭和の解体修理などを経て、大切に保存されてきた。こうした経験は、ほかの城の修理や復元に役立てられている。

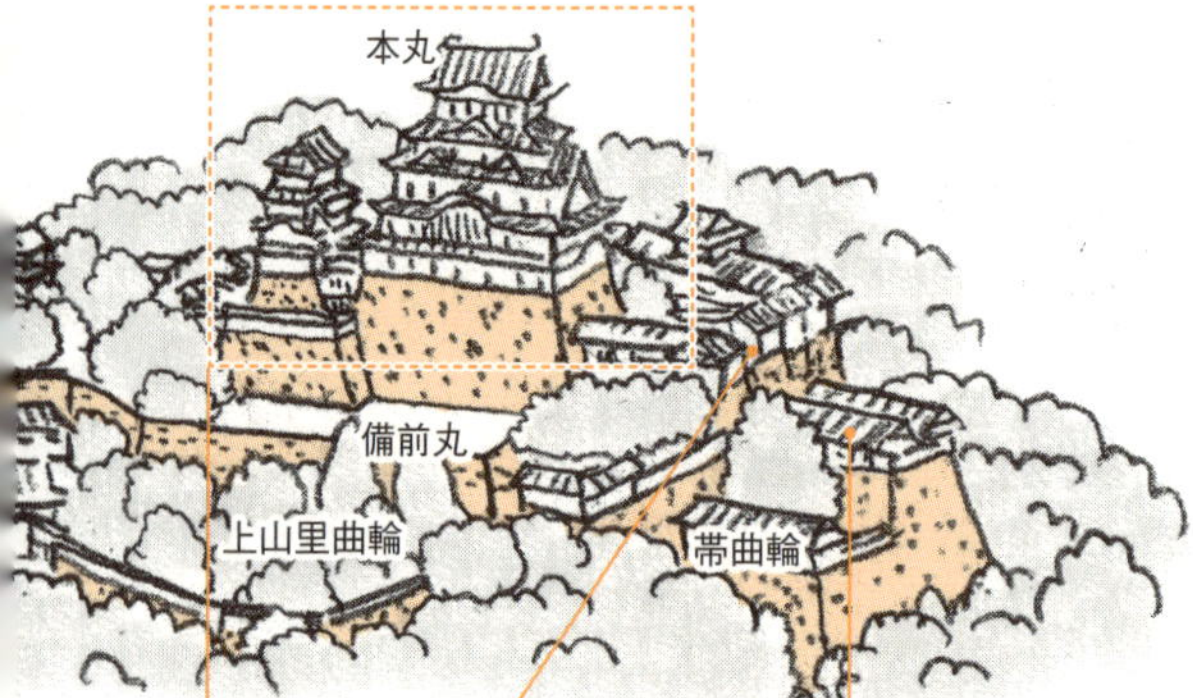

備前門
備前丸への入口となる櫓門で、矩の手に折廻櫓(おれまわりやぐら)が付属する。

帯の櫓
櫓部分と数寄屋部分からなるコの字形の建物。数寄屋部分には床の間を持つ座敷がある。この建物の床下を通って帯曲輪へ入る。

水の五門
この渡櫓の下に造られた門で、天守群に囲まれた中庭に入る門。中庭には1重の台所櫓が建つ。

築城年：天正8年(1580)、慶長6年(1601)、形式：平山城、築城主：羽柴秀吉、池田輝政

西の丸は千姫（せんひめ）の輿入り（1618年）に合わせて整備されたため、ここにある建物は1619年頃までに建てられている。

本丸、二の丸、帯曲輪の建物は池田氏時代に整備された建物で、1609年頃までには建てられていた。

化粧櫓
本多忠政の息子・忠刻に嫁入りした千姫（徳川秀忠の娘）の化粧料（持参金）で建てられた櫓。2重3階で内部は畳敷の座敷になっている。

百間廊《ひゃっけんろう》下《か》
いくつもの櫓と渡櫓が連なり121間（約240m）ほどにもなる。

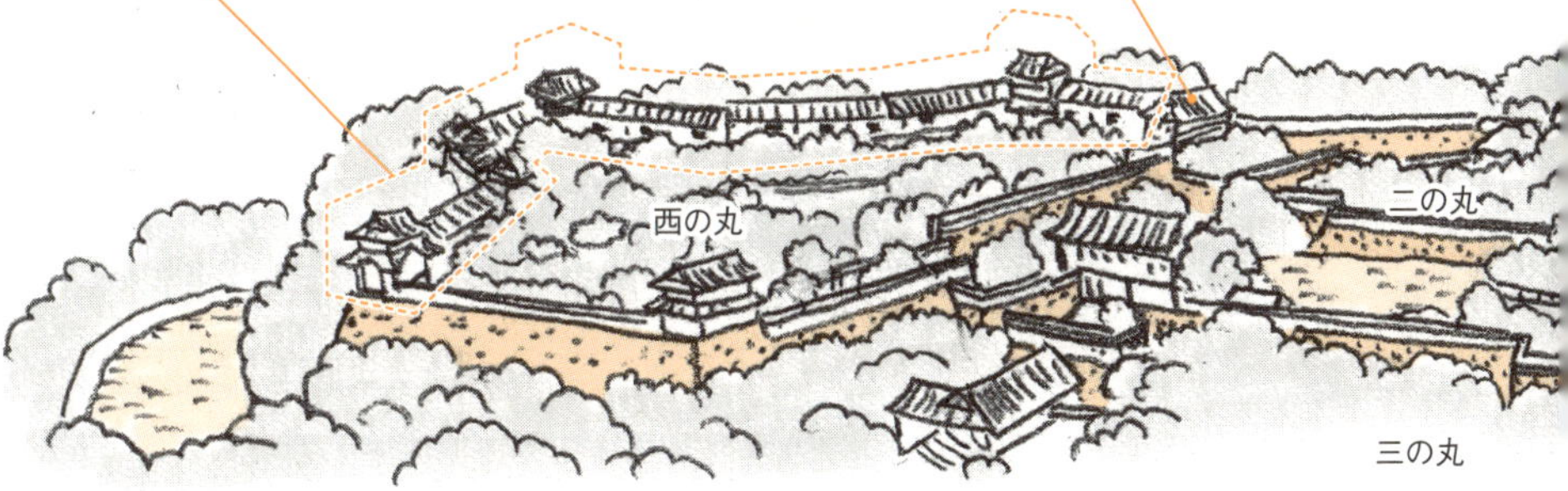

ロの字形の連立式天守

大天守が小天守と渡櫓で連結される連立式天守は当時最新の築城法であった。

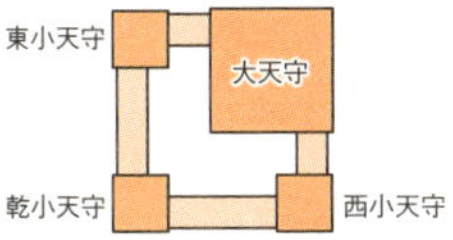

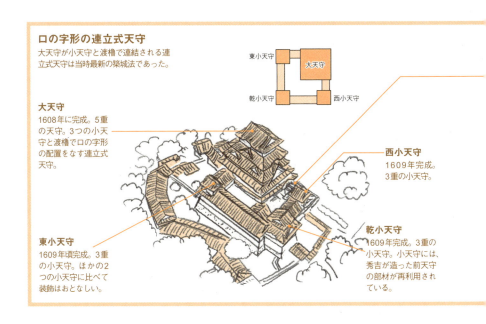

大天守
1608年に完成。5重の天守。3つの小天守と渡櫓でロの字形の配置をなす連立式天守。

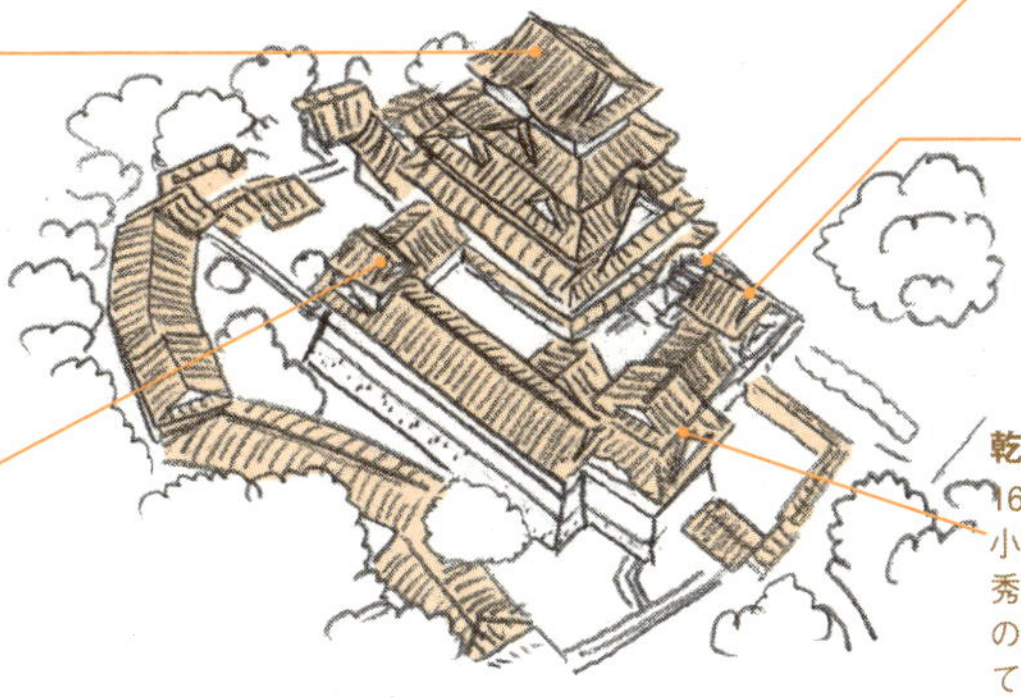

西小天守
1609年完成。3重の小天守。

東小天守
1609年頃完成。3重の小天守。ほかの2つの小天守に比べて装飾はおとなしい。

乾小天守
1609年完成。3重の小天守。小天守には、秀吉が造った前天守の部材が再利用されている。

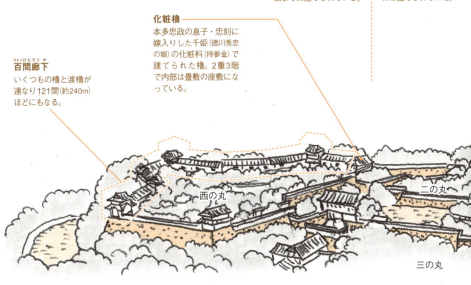

連立式天守の要、大天守

大天守は5重6階地下1階、望楼型（10頁）の建物。現存天守の中では最大、高さは約31mになる。大天守の意匠は、2重の大きな格子窓と上部の大きな唐破風や、千鳥破風と唐破風の配置の妙により、重厚感と優美さの点で優れる。小天守が付くため、どこから見ても同じ姿には見えず、その変化も楽しめる。

石打台《いちうちだい》

4階の窓は床面から高さがあるため、射撃のために兵が上る台、石打台が設けられている。

心柱《しんばしら》

大天守の心柱は東西に2本ある。地階から6階床下まで通り、根元の直径95cm、長さ24.6mの柱を2本の材を継いで造っている。

5重の壁面中央の幻の窓

平成の修理で、壁の中に木製の窓枠が埋まっており、それが窓になっていれば360度の眺望が楽しめたことがわかった。屋根を支える強度を上げるために壁にしたと考えられている。

瓦の葺き方

姫路城では瓦と瓦の継ぎ目を漆喰で抑えている。これが屋根全体を白く見せ、白漆喰塗籠（しろしっくいぬりごめ）の壁とともに白鷺城の名にふさわしい姿を生み出している。

5重外観

5重の外観は柱形、長押形があり、舟肘木と桁の上の蟇股（かえるまた）も漆喰塗廻（ぬりまわし）となっている。これは書院や御殿に使われる意匠であり、格式の高さを表す。

唐破風

西小天守と乾小天守は2重、1重の屋根を軒唐破風にするが、東小天守にはない。特に西小天守の唐破風は大天守の唐破風と左右に並び面白い。

6階内部

6階は棹縁天井で長押が廻る座敷の仕様になっている。また、長壁神社が鎮座している。

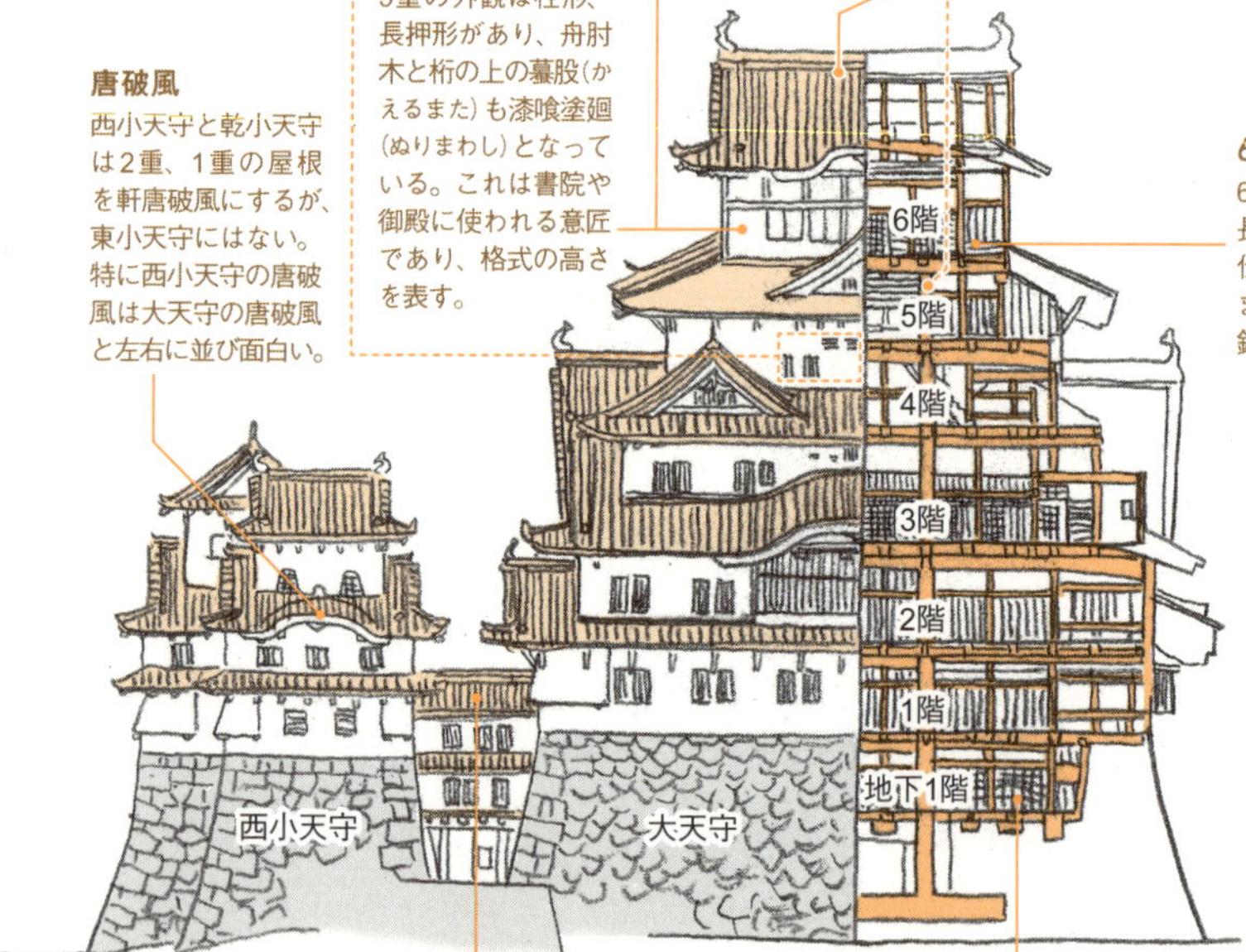

二の渡櫓

西小天守と大天守を結んでおり、櫓の下に中庭への門があるため2重櫓門になっている。渡櫓の中で一番最後に造られたと考えられる。

雪隠《せっちん》

大天守の地階には雪隠（トイレ）が造られている。便槽には大瓶が設置されている。

小天守と渡櫓

東小天守は3重3階地下1階、西小天守は3重3階地下2階、乾小天守は3重4階地下1階と各小天守は階数が異なる。外観も火燈窓（かとうまど）の数や唐破風（からはふ）の位置などで違いが見られる。渡櫓のうち、ニの渡櫓には門が設けられ、ここを通って天守群に囲まれる中庭に入り、大天守に着く。

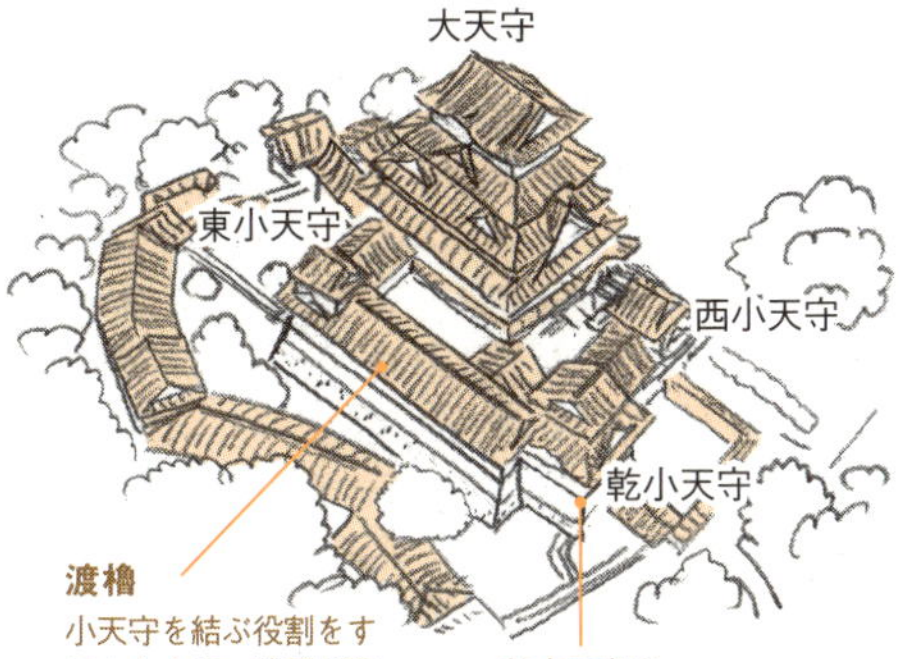

渡櫓
小天守を結ぶ役割をするとともに、狭間が造られており敵を迎え撃つ施設でもある。

乾小天守のみ大棟の向きが異なる。

乾小天守
大天守の対角に当たる乾小天守は、ほかの2つの小天守に比べて規模が大きく、特別な小天守。

火燈窓
乾小天守と西小天守では最上階に火燈窓を設けるが、東小天守は付けない。

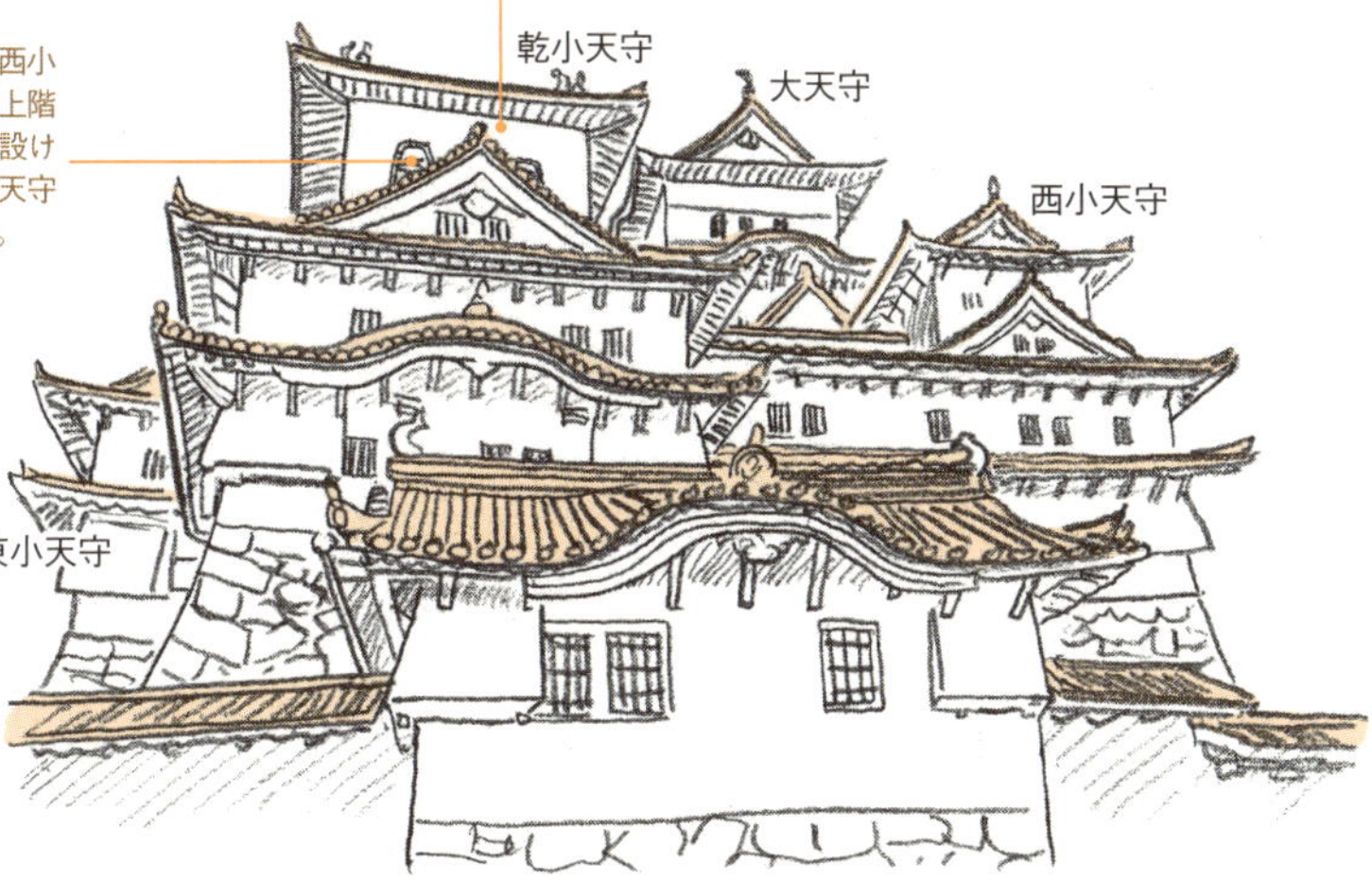

column | 心柱の交換

昭和の修理では、心柱のうち1本を交換することとなり、その材として木曽国有林の樹齢780年の檜と地元神埼郡笠形神社の樹齢670年の檜が見立てられた。しかし、前者は切り出す時に、後者は運搬中に折れてしまい、この2本を継いで心柱とすることとなった。その継いだ位置は3階の床下となった。
その後の調査で、大天守が「地階～3階床下」、「3階」、「4階～5階」、「6階」の4つを積み重ねるようにしてできていることがわかった。それには1本材の心柱で造ることが不可能であり、結果として3階床下で柱を継ぐことが最良であったことが判明した。

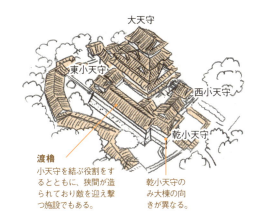

い、ろ、はの門が示す防御の工夫

菱の門をから、い、ろ、はの順に門をくぐるのが、天守への見学順路。実はこれが最短の道筋ではなく、菱の門を過ぎた後、石垣に設けた穴門である「る」の門をくぐる方が天守に近い。このほか城内の通路は道幅が変化し、迷路のようになっているなど、敵を容易に侵入させない工夫が見られる。

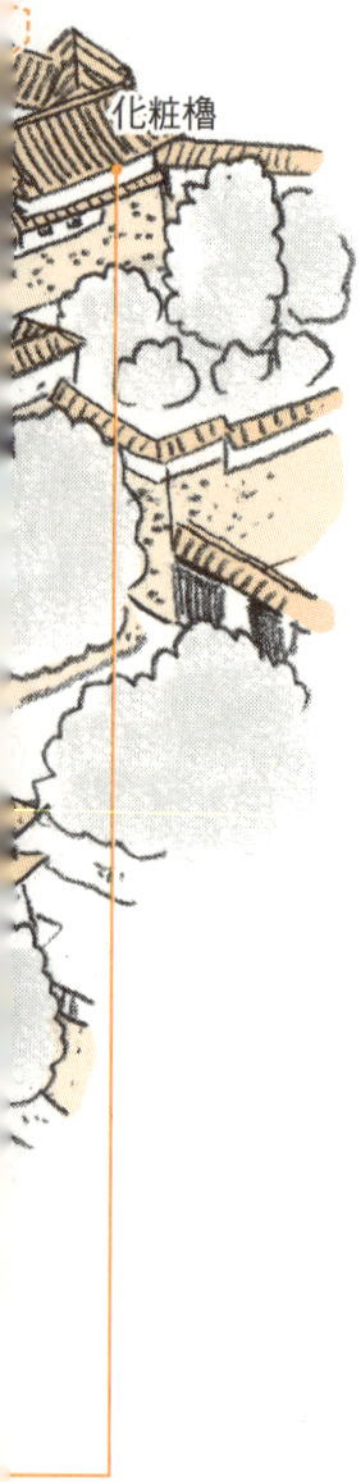

いの門

石垣の間に造られた高麗門。

軒瓦
垂（たれ）が付いた軒瓦が使われており、装飾的。

控柱
高麗門には主柱の背後に控柱があり、控柱の上にも屋根がのる。

鉄帯
柱には鉄帯が打たれている。

脇戸
大扉の脇には脇戸。

はの門

登坂の上、左手に曲がったところにある櫓門。

格子窓
隅を落とした縁がついた格子窓が門の城外側上部にある。鉄砲狭間は櫓部分にはなく、脇の壁に横矢掛かりで設けられている。

城内側
城内側の壁には窓は設けられていない。あくまで侵入者を見張り、攻撃するための窓だからであろう。

梁・根太
櫓の床を支える梁と根太には釿（ちょうな）ではつった跡が残っている。これは、御殿のように見ばえを重視する建物ではないためであり、力強い印象を与えている。

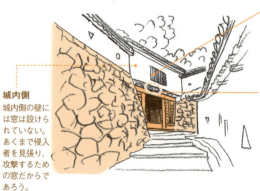

本多氏時代の西の丸の建物

西の丸は池田氏の後に城主となった本多氏が整備した曲輪(くるわ)。曲輪は、土塀と櫓・渡櫓で囲われ、かつては御殿が建っていた。

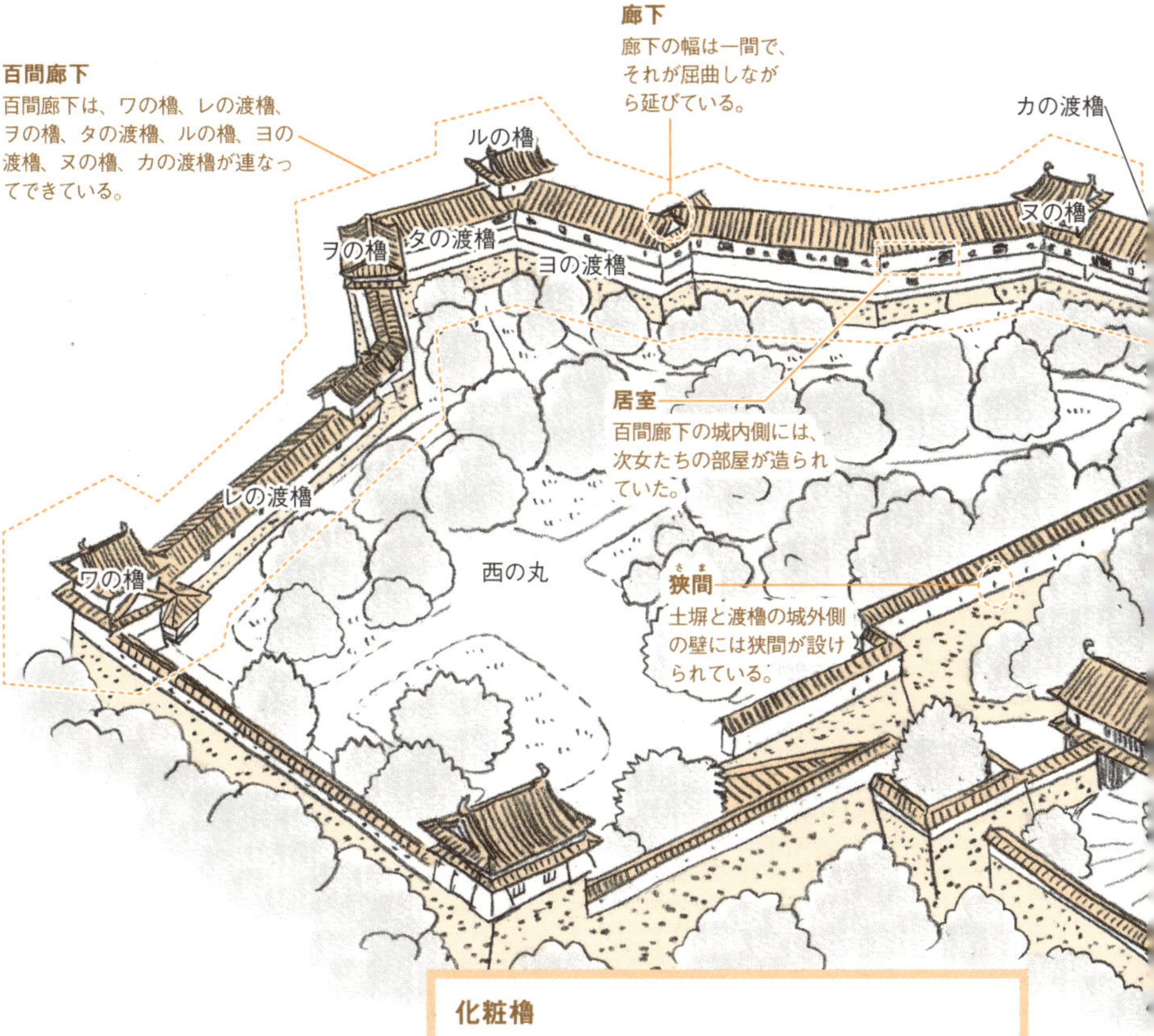
百間廊下
百間廊下は、ワの櫓、レの渡櫓、ヲの櫓、タの渡櫓、ルの櫓、ヨの渡櫓、ヌの櫓、カの渡櫓が連なってできている。
廊下
廊下の幅は一間で、それが屈曲しながら延びている。
カの渡櫓
ルの櫓
ヌの櫓
ヲの櫓
タの渡櫓
ヨの渡櫓
居室
百間廊下の城内側には、次女たちの部屋が造られていた。
レの渡櫓
ワの櫓
西の丸
狭間《さま》
土塀と渡櫓の城外側の壁には狭間が設けられている。

化粧櫓

2重2階の櫓。2階には18畳、15畳、6畳の3室があり、いずれも畳敷、棹縁(さおぶち)天井とし、壁には黒い木枠に紙張したものをはめるなど住宅としての造りになっている。

棹縁天井
天井長押
紙張壁
内法長押《うちのりなげし》

蟻壁《ありかべ》
天井と天井長押の間に造られる小壁。

data

姫路城

所在地：姫路市本町
行き方：JR姫路駅から徒歩約15分
主な遺構：天守(国宝、現存)、化粧櫓、二の櫓、菱の門など(以上重文、現存)、桜門(再建)

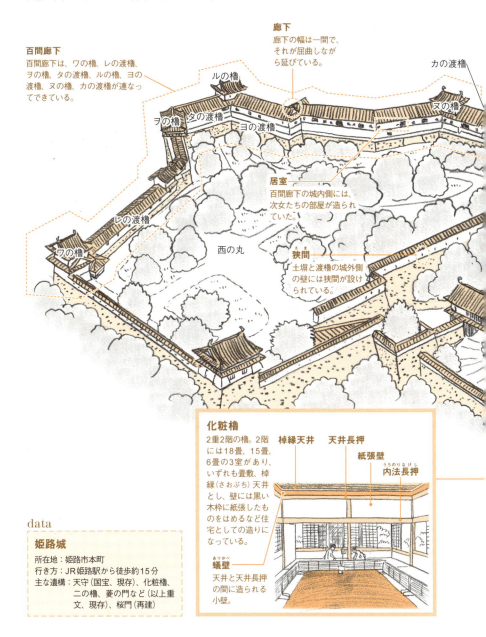

国宝・国史跡

長野

松《まつ》本《もと》城《じょう》

武骨と瀟洒《しょうしゃ》組合わせの妙

松本城が中世的な砦《とりで》から近世的な城となったのは、16世紀末頃。天守の造営年に関しては諸説あり、月見櫓《やぐら》・辰巳付櫓《たつみつけ》が建造された寛永（1624年～43年）頃に屋根の形を変える大規模な改変があった。なお月見櫓は、将軍の御成《おなり》※（実現せず）のために造られたという。

明治期には天守売却の危機があったがこの難を逃れ、明治から大正にかけての修理と戦後の解体修理によって、復元・保存が図られている。その後は門などが復元され、幕末維新期を復元対象として事業が進められている。

二の丸土蔵

切妻造の小規模な土蔵で、1867年建設。明治の二の丸の火災で燃えずに残った。当時は金蔵として使われていたという。

太鼓門

二の丸の東側、三の丸との連結部分に造られた枡形で一の門（櫓門）と二の門（高麗門）からなる（1999年復元）。太鼓門の名は虎口の北側の土塁上に独立した太鼓楼があったことによる。この太鼓楼は現存しないが、門から独立して存在するのは珍しい。

一の門から南側の石垣は奥行きが浅く張石のようであることが発掘でわかっており、意匠的な意味合いが強いものといえる。

発掘調査と絵図から脇戸を持った櫓門（一の門）が復元された。下見板などは城内の建物と同じ仕様としている。

二の門も発掘調査と絵図から高麗門であることが確認され、脇に付く土塀も黒門と同様であるとして復元された。

築城年：天正18年（1590）、形式：平城、築城主：石川数正

※：将軍など、権力者が家臣などの邸へ訪れること。

甲州流の縄張を引き継いだ平城《ひらじろ》

平城である松本城は、本丸をコの字形の二の丸が囲い、さらに三の丸が周囲を囲む梯郭（ていかく）式と輪郭式（24頁）をあわせた縄張（なわばり）となっており、加えて三の丸からの4つの出入口には甲州流の特徴とされる丸馬出（まるうまだし）が設けられていた。石垣が用いられるのは本丸と重要な虎口、櫓台が主で、残りは土塁である。

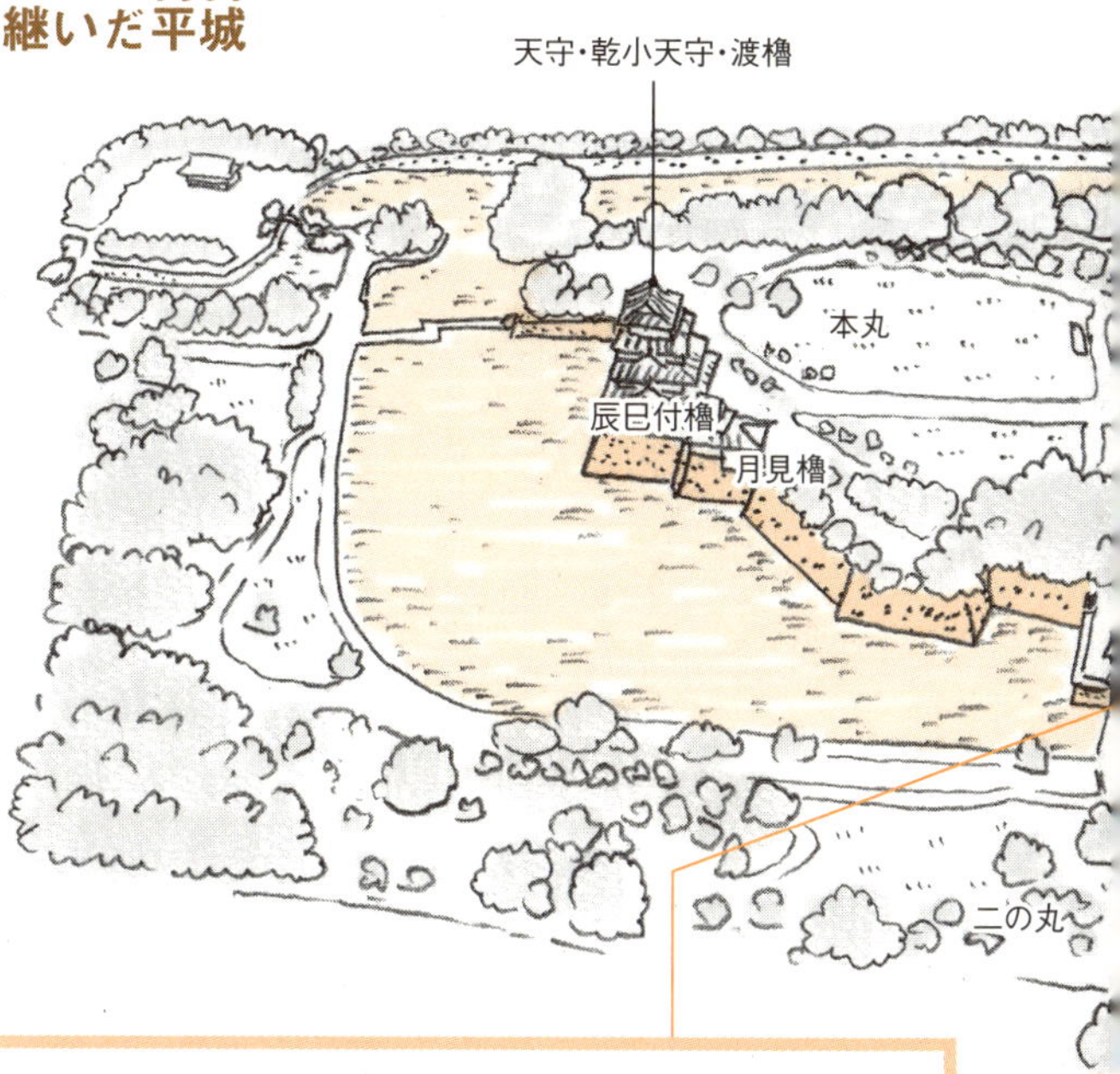
天守・乾小天守・渡櫓
本丸
辰巳付櫓
月見櫓
二の丸

黒門

本丸の大手筋に当たる門。一の門である櫓門は1960年に復興されたもので、名古屋城の櫓門が参考にされたという。二の門は発掘成果を重視し、古図の形式を参考にして1989年に復元された。二の門両側の土塀は1870年頃に描かれた絵図をもとにしている。

絵図に描かれた土塀は、下見板壁に狭間が設けられ、漆喰壁の小壁があり、瓦葺の屋根がのった姿。これを基本に復元されている。

名古屋城の門を参考にしたとされる一の門だが、壁面の黒い下見板張や入母屋破風の木連（きつれ）格子は本丸の意匠にならっていると考えられる。

一の門
二の門

二の門は発掘調査により親柱と控柱の礎石が見つかり、脇戸の付いた高麗門であることが確認され、創建年代にあった江戸前期の様式を念頭に復元されている。

column | 馬出《うまだし》

虎口の外側に設ける。松本城では馬出は現存しないが、絵図で確認ができる。該当する場所は市街地になっている。

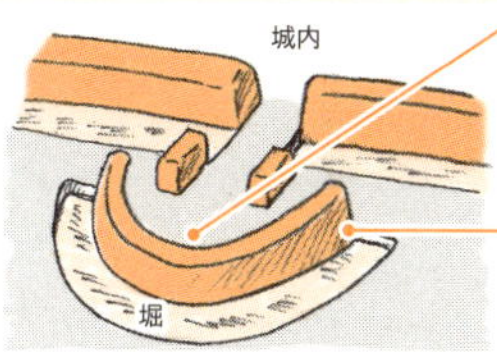
城内
堀

丸馬出

半円形の馬出を丸馬出という。甲州流築城術に見られる。

土塁

出入口が直接見えないように土塁を築く。この土塁の内側が馬出となる。

戦乱と平穏の両面を見せる天守群

大天守・乾小天守は装飾が排された実用的な造りで、武備の城の面を強く持つ。月見櫓は狭間などの備えはなく、数寄屋風の瀟洒な建物だ。戦に備えた建物と風雅な建物とが一群の天守の中にある様子は、戦国時代から泰平の世へという時代の移り変わりを感じさせる。相反する性質の建物を上手くまとめている点も見所。

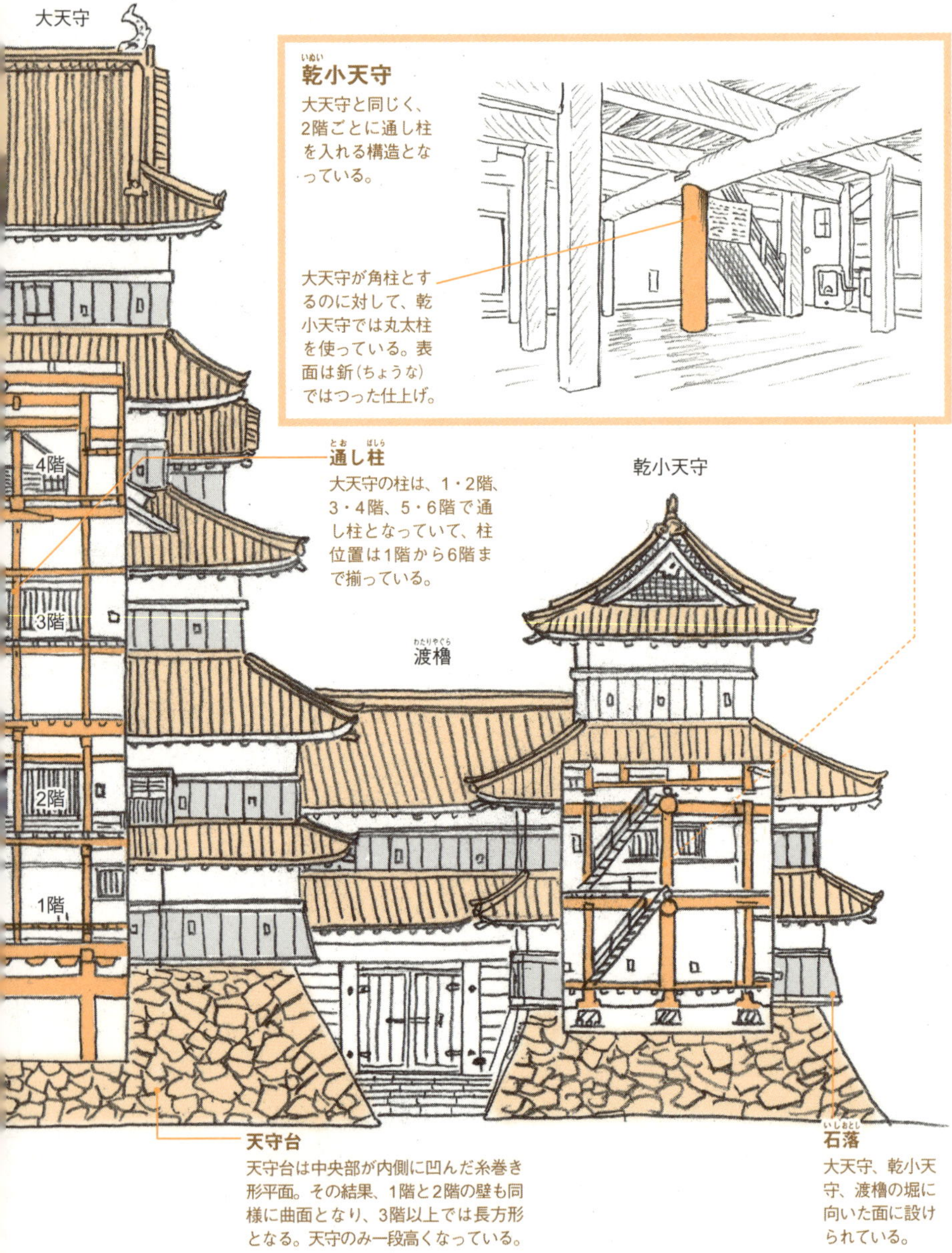
大天守
乾《いぬい》小天守
大天守と同じく、2階ごとに通し柱を入れる構造となっている。
大天守が角柱とするのに対して、乾小天守では丸太柱を使っている。表面は釿(ちょうな)ではつった仕上げ。
4階
3階
2階
1階
通《とお》し柱《ばしら》
大天守の柱は、1・2階、3・4階、5・6階で通し柱となっていて、柱位置は1階から6階まで揃っている。
乾小天守
渡櫓《わたりやぐら》
天守台
天守台は中央部が内側に凹んだ糸巻き形平面。その結果、1階と2階の壁も同様に曲面となり、3階以上では長方形となる。天守のみ一段高くなっている。
石落《いしおとし》
大天守、乾小天守、渡櫓の堀に向いた面に設けられている。

大天守4階

4階は「御座の間」の名があり、御簾(みす)も掛けられている。敷居はなく、畳は入れられておらず、座敷にはなっていない。

外壁

天守群の外壁の黒い下見板張は漆塗。昭和の修理までは墨塗だったが、漆の痕跡が発見されたため変えられた。漆は耐水性があり、機能を考えても合理的。

木《き》連《つれ》格子

入母屋破風や千鳥破風の妻面に入れられる格子を木連格子という。城郭建築では漆喰塗にすることもあるが、松本城の天守群では共通して木のまま。

天守と月見櫓とをつなげる櫓であり、意匠は大天守のものを踏襲している。小さい月見櫓と大きい天守との間を見た目でも上手く連結する役を果たしている。

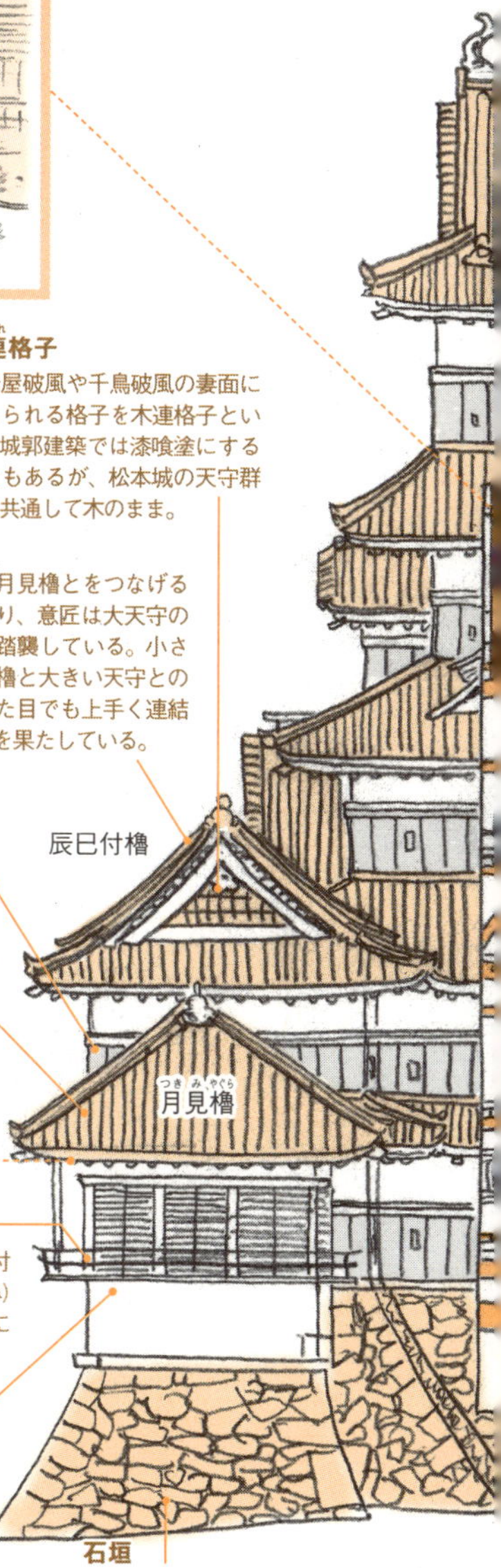

月見櫓

将軍の御成のために造られた建物であり、座敷として造られている。御成は実現しなかったが、武骨な天守の中に軽やかな建物が加わり、見事な調和を生み出す役に立っている。

座敷部分の天井は書院や数寄屋で用いられる船底天井。

外部との境の建具は舞良戸(まいらど)で、これを外してしまえば三方吹き放ちにでき、高い開放性を持つ部屋とすることができる。

屋根

城郭の建物の屋根は入母屋造りが多いが、月見櫓は寄棟屋根となっている。

廻縁《まわりえん》・高欄《こうらん》

廻縁は三方向に付き、高欄は刎(はね)高欄の形式で朱に塗られている。

天守群で唯一白漆喰塗廻(しろしっくいぬりまわし)の壁を用い、高欄の赤、舞良戸の茶が加わり、色彩のある建物。ほかの建物が白黒2色であるのとは対称的。天守に月見櫓が連結する城は松本城のみ。

石垣

石垣は高い所でも約6mと低く、傾斜も緩やか。積方は野面積(のづらづみ)。

data

松本城

所在地：松本市丸の内
行き方：JR松本駅から徒歩約15分
主な遺構：大天守、乾小天守、辰巳付櫓、月見櫓、渡櫓(以上国宝、現存)、黒門、太鼓門(以上再建)

国宝・重文・国特別史跡

滋賀

彦根城《ひこねじょう》

琵琶湖畔の華麗な天守

関ヶ原の戦いの戦功で、石田三成の旧領を得た井伊《いい》直《なお》政《まさ》。新たな城を築くべく彦根山の西の磯山を候補地としたが、戦傷で死去、子の直継《なおつぐ》の代に改めて城地を検討し、現在地に建てられた。

作事には幕命で12家の大名が参加、天守は大津城から移築したもので1606年の竣工。その後も三の丸石垣、二の丸佐和口多聞《たもん》櫓《やぐら》、下屋敷などが整備された。廃城令で破却の危機に瀕した時、明治天皇の直裁によって免れた話が残る。現存を上奏したのは大隈重信とも、天皇の従妹ともいわれる。

彦根城に残る遺構

彦根城の建物には「ほかの城からの移築」という伝承を持つものが多い。解体修理を経て、実際に移築建物が多いことが明らかになった。また、太鼓門櫓や天秤櫓など独特の意匠をもったものや馬屋のように全国的に珍しい遺構など、彦根城でしか見られない建物が多いのも特徴。なお、現在本丸には天守しか残らないが、かつては城主の御殿なども建っていた。

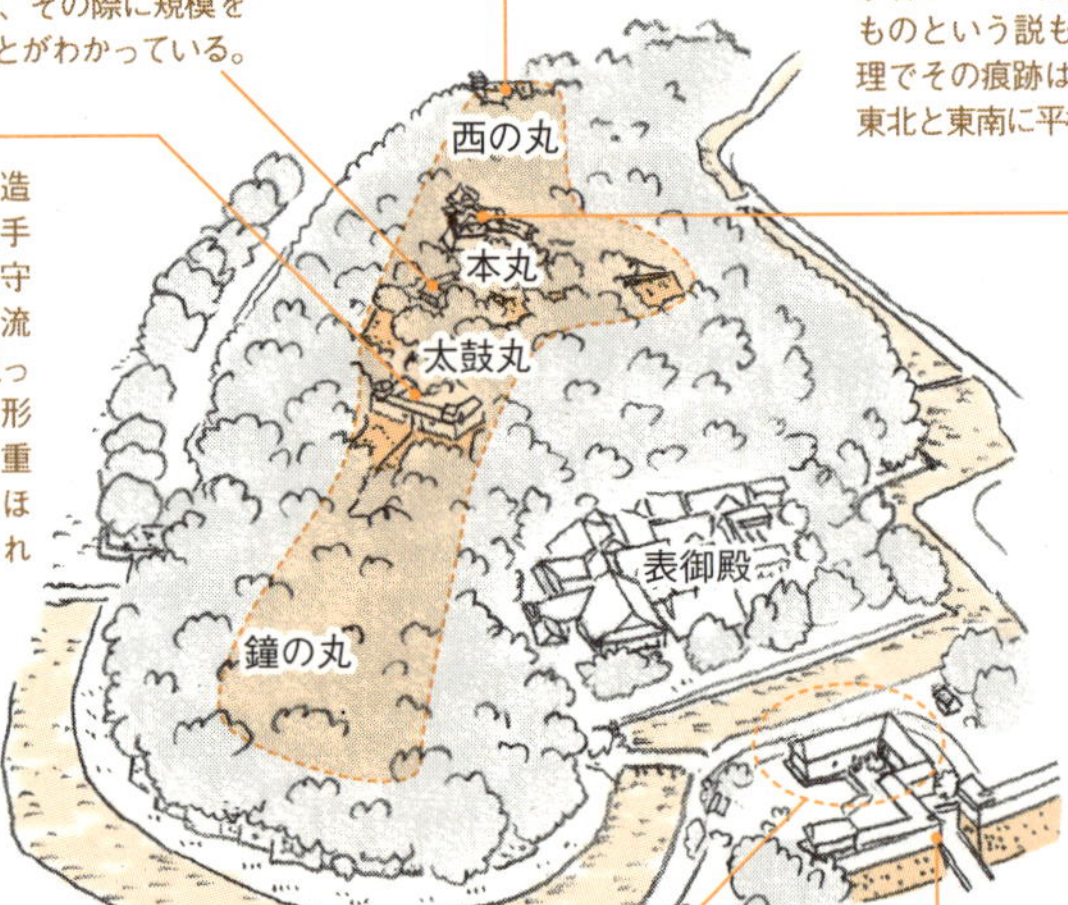

太鼓門櫓
この建物もどこかほかの城から移築されたもので、その際に規模を縮小していることがわかっている。

天秤櫓
最初の築城時に造られた門で、大手門と表門から天守へ向かう道が合流して櫓の下を通っている。コの字形平面の両隅に2重櫓を上げる形はほかの城では見られない。

西の丸三重櫓、続櫓《つづきやぐら》
本丸の西、内堀の石垣上に建つ。小谷(おだに)城の天守を移築したものという説もあったが、解体修理でその痕跡は見つからなかった。東北と東南に平櫓がついている。

天守
1606年完成の3重3階望楼型の天守。付櫓、多聞櫓が接続するため、見る方向によって印象が変わる。国宝。

馬屋
元禄頃(1688年～1703年)の建造とされ、最大21頭の馬をつなぐことができた。

二の丸佐和口多聞櫓
佐和口門を守る櫓であり門から左手に伸びる。現在残るものは1771年に再建されたもの。門を見下ろすように2重2階の櫓が隅に建っている。

築城年：慶長8年(1603)、形式：平山城、築城主：井伊直継、直孝

小さくとも華麗な天守

3重3階の小振りな天守だが、切妻破風、入母屋破風、千鳥破風、唐破風と多用な破風を重なり合うように付け、複雑で豪華な外観を造り出す。破風板に付けられた金具や懸魚などが華やかさを増している。なお、この天守は京極家の大津城天守を移築したもので、その際に5重4階を3重3階に減築したことが調査により判明している。

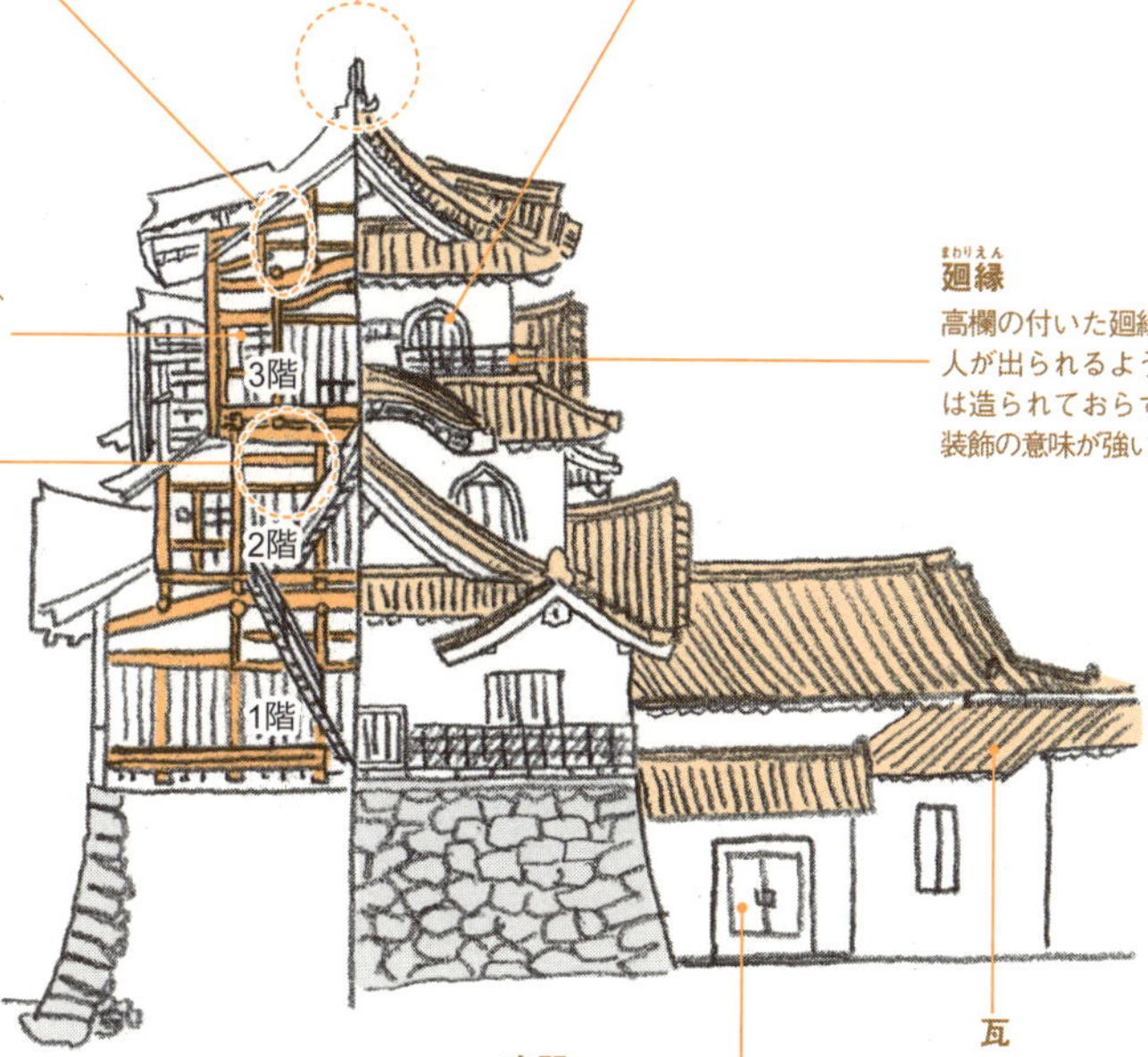
天井
最上階にも天井は張られず、小屋裏が見えるようになっている。
鯱《しゃち》
平成の大修理で金箔が張り直され、輝きを取り戻した。破風の金物なども直されている。
火燈窓《かとうまど》
2重より上の窓をすべて火燈窓とするのは珍しく、装飾志向がうかがえる。
構造
通し柱は使わず、重を重ねていく構造。
廻縁《まわりえん》
高欄の付いた廻縁は人が出られるようには造られておらず、装飾の意味が強い。
内部
装飾的な外観とは対称的に、内部は板壁で長押（なげし）は廻るものの簡素な造り。通常は倉庫となっていた。
3階
2階
1階
玄関
現在は多聞櫓を通って、付櫓から天守に入るが、本来は玄関から石垣内の地階に入り、天守内へ登った。
瓦
1994年から1999年にかけて行われた平成の大修理で瓦全体の7割、約4万枚が新しい瓦に葺替えられた。

column ｜建物の移築でリサイクル

彦根城の天守は大津城の天守を移築したものといわれており、ほかにも太鼓門櫓には移築の痕跡が見つかっている。調査で否定されたが、西の丸三重櫓、佐和口多聞櫓も移築説が古くからあった。

当時、城に限らず移築は珍しいことではなく、工費の節約、工期の短縮といった実用的な利点と、有名な城・寺社にあった建物という来歴が重視された。そうした由緒を持つ天守に清洲（きよす）城天守と伝えられる名古屋城清洲櫓や、伏見城から移築された福山城伏見櫓などがある。

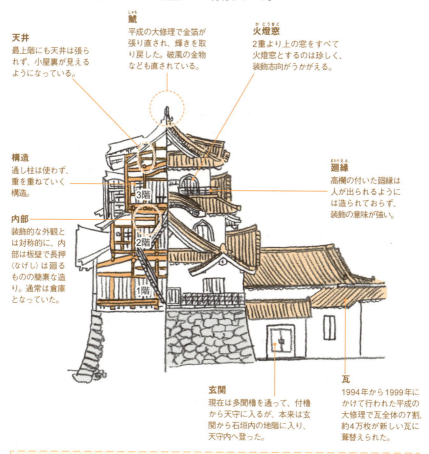

珍しい形式の櫓、天秤櫓

中央に通路が通り、両側に2重の櫓を上げた天秤櫓。荷運びの天秤に見立て、江戸時代からこう呼ばれていた。本丸と鐘の丸を区切る堀切の本丸側にあり、堀切から立ち上がる高石垣が圧倒的。籠城時にはこの門への橋を落とし、敵を侵入させない。この櫓も長浜城の大手門を移築したとの記述が見られ、解体修理時の調査でも移築の痕跡が見つかったが、長浜城にあった門であるかは確認できなかった。

二重櫓

右と左で入母屋屋根の向きが異なり、これも左右対称をくずしている。

柱、長押《なげし》

門の上部のみ真壁(しんかべ)として柱を見せ、長押を打っている。両脇の塗籠(ぬりごめ)壁の櫓と対称的で面白い意匠。

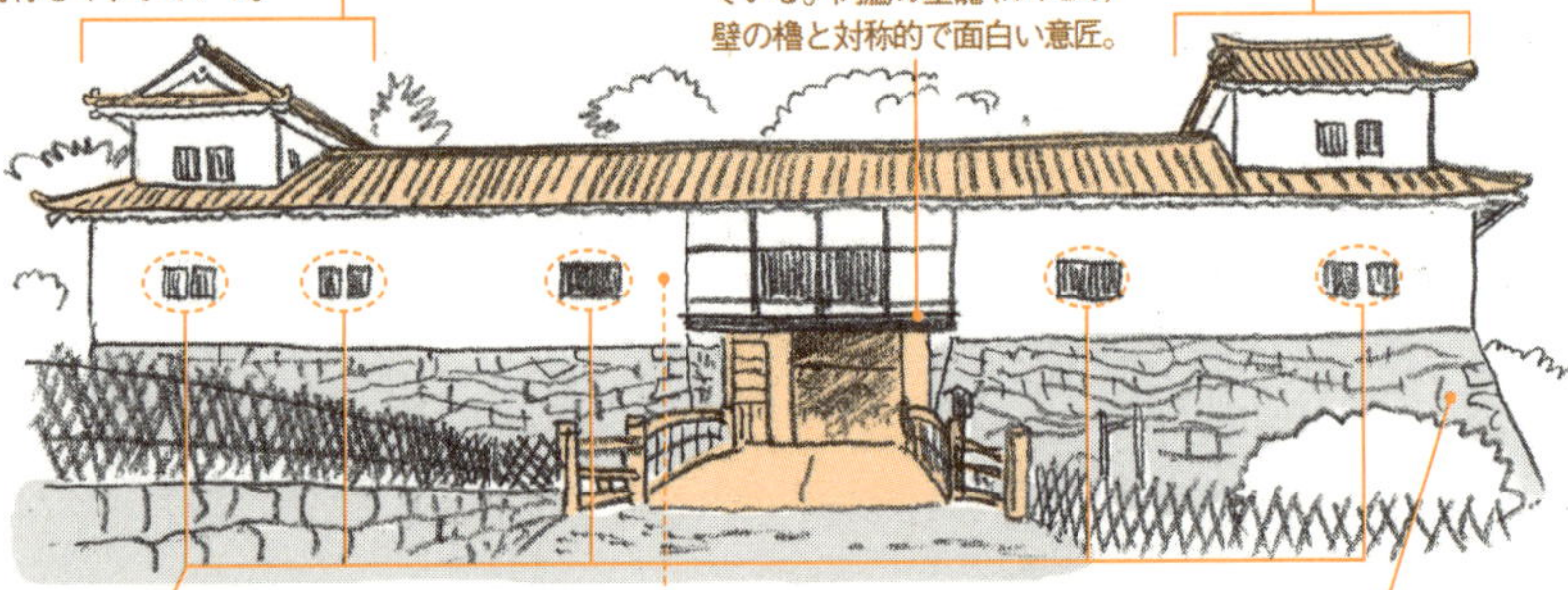

格子窓

通路の両側上部にある格子窓は左右で位置と数が異なり、全体として左右対称な門に非対称な要素を盛り込み意匠に変化を付ける。

石垣

石垣は1854年の大修理で石の角を下にして積む落積(おとしづみ)で積み直された。それ以前からの箇所は見ている面より奥行の長い石を積む牛蒡積(ごぼうづみ)となっている。

堀切から立ち上がる高石垣

櫓の内部

折置組《おりおきぐみ》

柱の上に梁がのり、その上に桁がのる組合わせ方になっており、これを折置組という。

釿《ちょうな》はつり

内部の柱は釿の刃形が残るはつり仕上げ(名栗仕上げ)になっている。

column | 石垣の修理

彦根城でも石垣の修理工事が行われている。その手順は次のようになる。
①現状を記録、石材へ番号を付ける　②石垣、裏込(うらごめ)石の順に解体　③発掘調査　④土圧軽減のために栗石(くりいし)を入れる　⑤元通りに石垣を積み直す　⑥天端を芝などで保護する
使われる石材は基本、現場に残された石を用い、補充する時は既存の石と同じ材質の石とし、足した石とわかる印を付けている。このように、工事の箇所、内容が後世の人もわかるようにして進められている。

3

唯一、城内に残る馬屋

城の中にこれだけの規模の馬屋が残っているところはなく、珍しい遺構。L字形の平面で、東西約25m、南北約31mある長い建物だ。南の端には門、東の端には畳敷の小部屋が造られている。内部は1頭ずつ馬をつなぐ場所が区切られていて、独特の設備が造られていた。

屋根
江戸時代に桟瓦葺に変えられていたが、修理によって当初の柿葺(こけらぶき)に戻された。入母屋屋根をL字形につなぐため、角では東西棟の入母屋破風のみが見える。

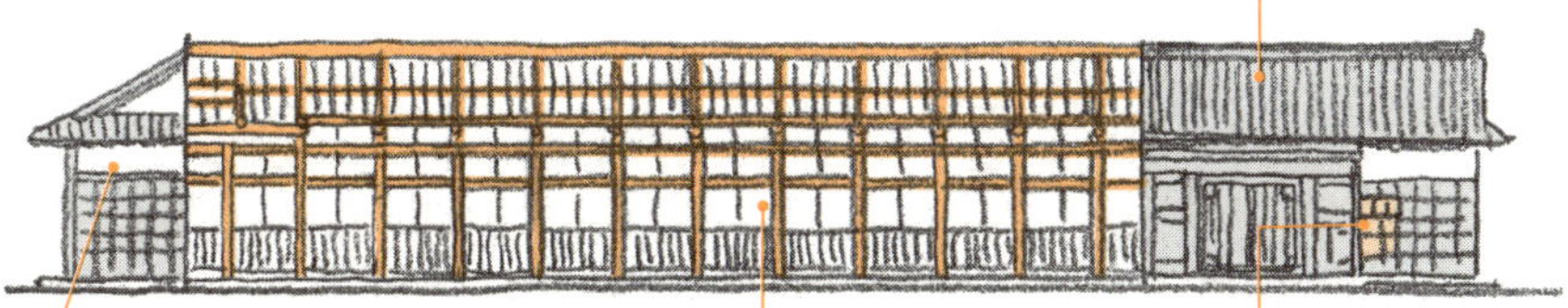

壁
腰板を下見板張にした漆喰壁。装飾はなく、実用的な建物であることがわかる。

格子出窓
門の脇には小さな格子出窓が付いていて、訪れた人を見ることができる。

馬屋の平面

東西棟に10頭、南北棟に11頭分の馬立場が造られている。

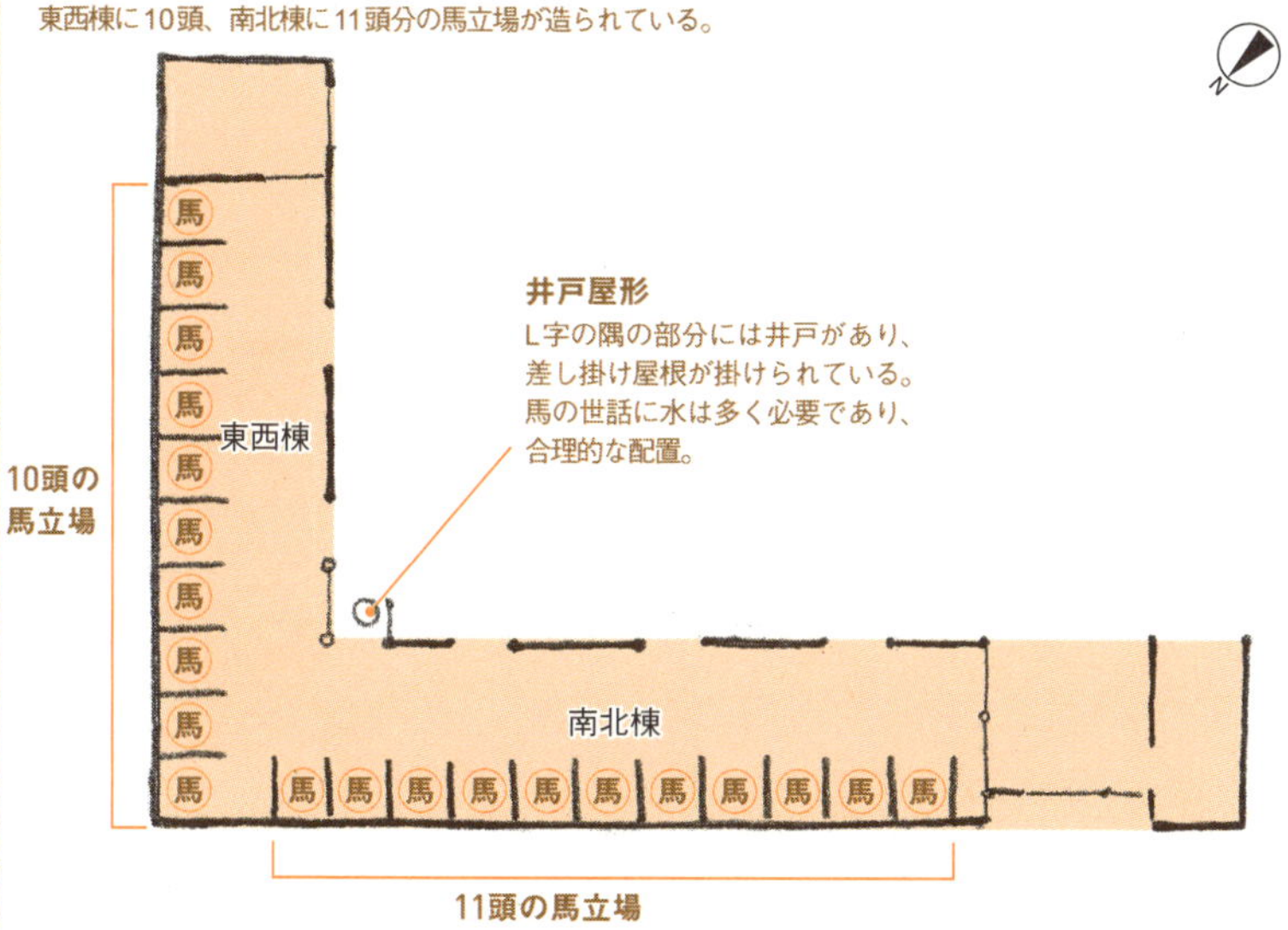

井戸屋形
L字の隅の部分には井戸があり、差し掛け屋根が掛けられている。馬の世話に水は多く必要であり、合理的な配置。
東西棟
10頭の馬立場
南北棟
11頭の馬立場
馬
N

data

彦根城

所在地：彦根市金亀町
行き方：JR彦根駅から徒歩約15分
主な遺構：天守（国宝、現存）、太鼓門櫓、天秤櫓、西の丸三重櫓、馬屋（以上重文、現存）、石垣、堀切、登り石垣、水堀（以上現存）、表御門（再建）

愛知

古風な国宝天守はリフォーム天守

国宝

犬山城《いぬやまじょう》

犬山城は１５３７年に織田信長の叔父、信康《のぶやす》が構えた砦《とりで》に始まる。信康の子・信清《のぶきよ》は信長に城を奪われ、織田・豊臣の時代には池田恒興《いけだつねおき》らが城を治めている。現天守は、関ヶ原の戦い後の城主・小笠原氏による1、2階の造営と、尾張藩付家老《かろう》として入城した成瀬家による3、4階の増築を経て完成した。

明治の廃城令と、１８９１年の濃尾地震により城内の建物は失われたが、残った天守は国宝に指定されている。２００４年までは全国唯一の個人所有の城であった。

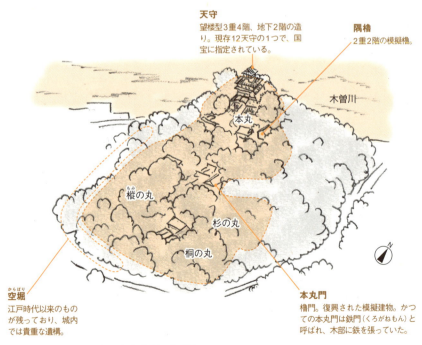

町を見下ろす天守

犬山城は北から西を木曽川の断崖とし、南に曲輪（くるわ）を広げている。曲輪の周囲には内堀（現存しない）を挟んで侍町がつくられていた。戦時の防衛を考えた縄張、町割だ。天守は城の最奥、最も高いところにあり、城下を見渡せるようになっている。城内に現存する建物は天守のみ、城外には移築された門と櫓が残る。

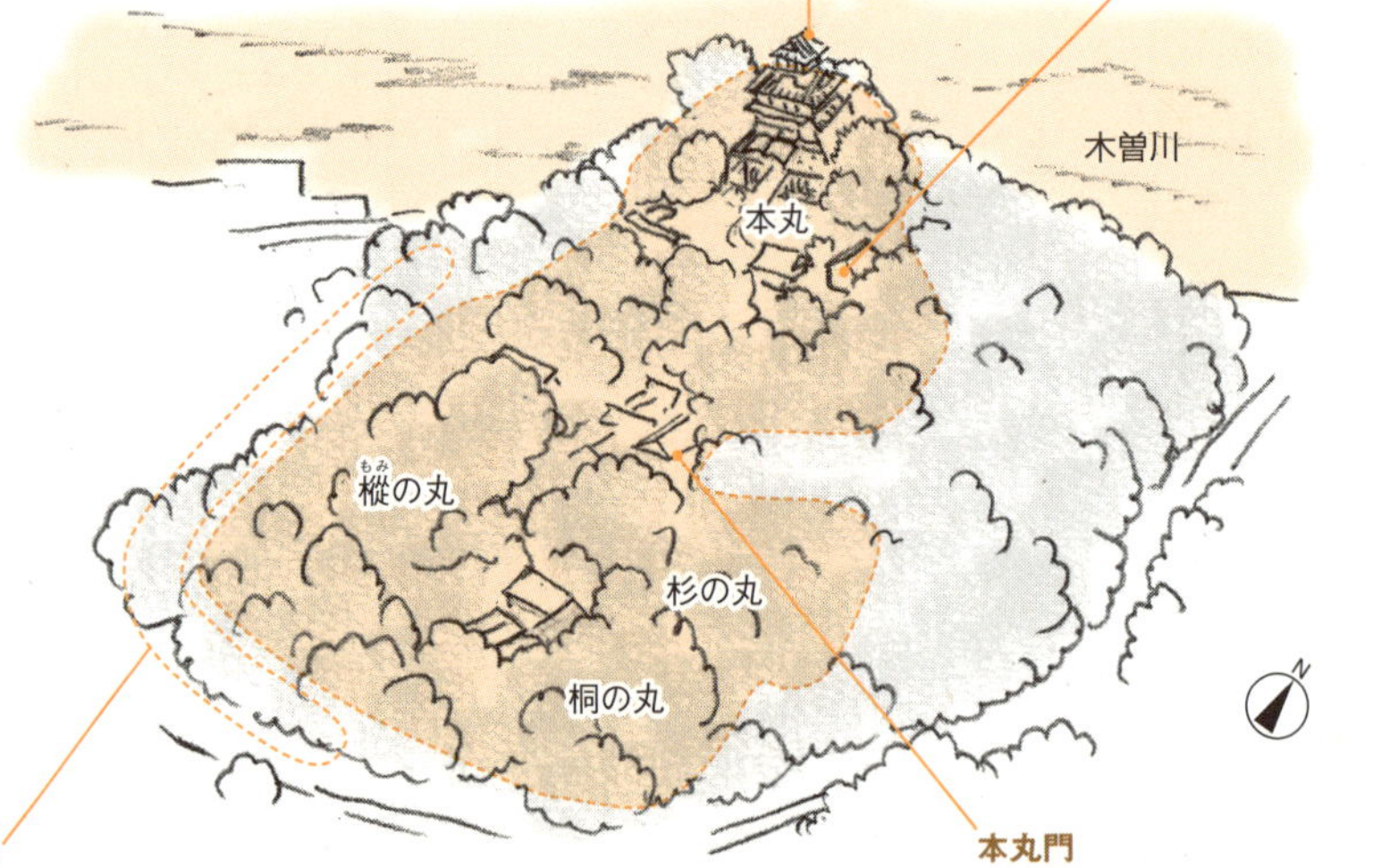
天守
望楼型3重4階、地下2階の造り。現存12天守の1つで、国宝に指定されている。
隅櫓
2重2階の模擬櫓。
木曽川
本丸
樅《もみ》の丸
杉の丸
桐の丸
N
空堀《からぼり》
江戸時代以来のものが残っており、城内では貴重な遺構。
本丸門
櫓門。復興された模擬建物。かつての本丸門は鉄門（くろがねもん）と呼ばれ、木部に鉄を張っていた。

築城年：天文6年（1537）、形式：平山城、築城主：織田信康

複雑な建設経過を持つ古風な天守

犬山城天守は、望楼型の古風な構造から現存最古の天守といわれてきたが、1961年からの調査とその後の研究により1601年に1、2階が造られたと考えられている。その後の改修で3、4階が加えられ、また1620年には最上階の高欄付の廻縁、3階の唐破風の付加、1、2階の棟を下げ破風の位置を変えるなどの改変を行っている。城内の設備も幕末まで手が入れられ、現在の姿になっている。

最上階の絨毯《じゅうたん》

成瀬家七代目当主の正壽（まさなが）がオランダ商館長と親しかったことから、彼が城主であった19世紀初め頃に敷かれたものと考えられる。昭和の修理で再現された。

1階の上段の間

畳が敷かれ、床と違棚を備える座敷になっている。幕末の改造で造られた。

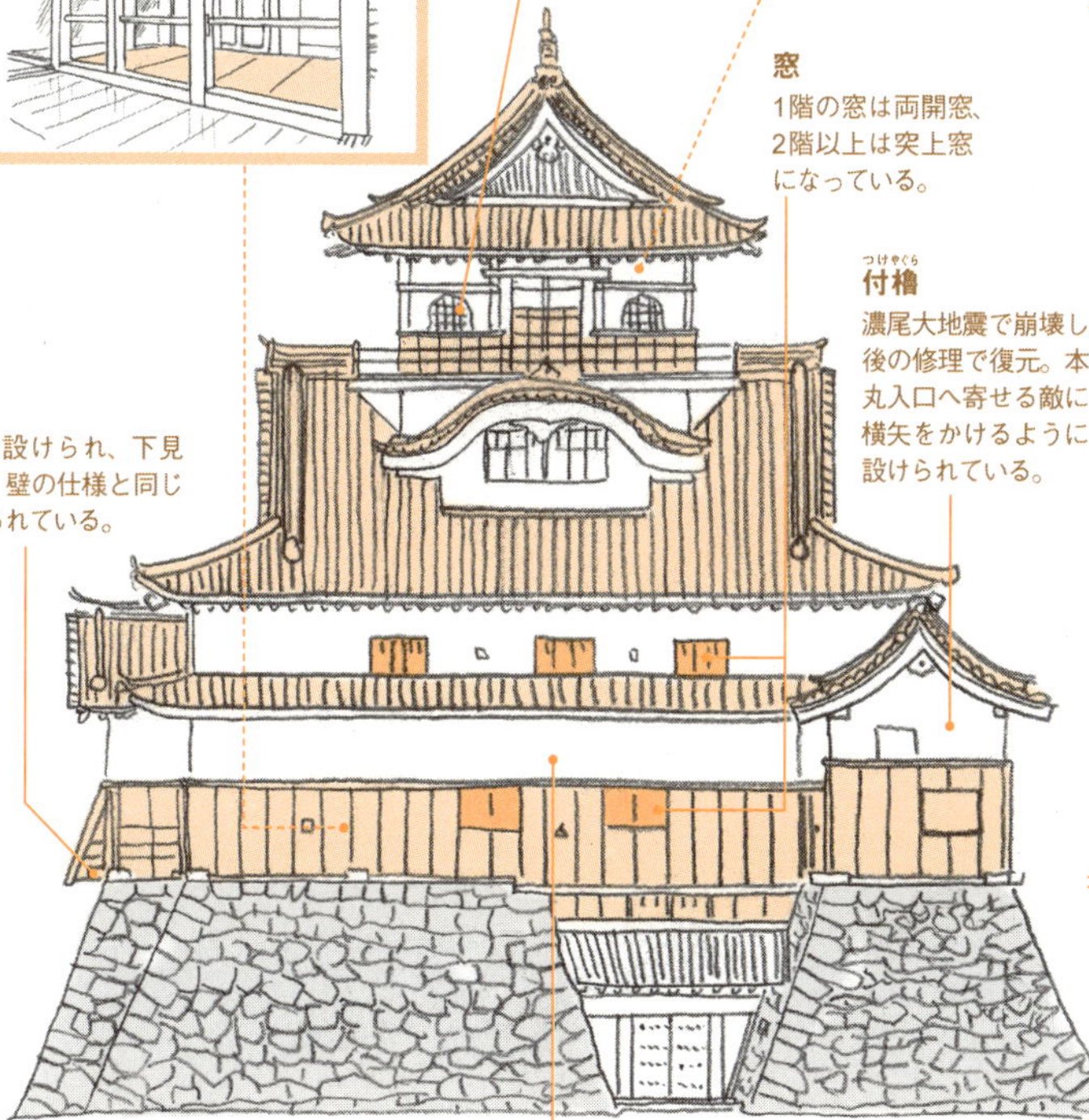

火燈窓《かとうまど》
最上階の火燈窓は壁に枠が貼り付けられただけの装飾。

窓
1階の窓は両開窓、2階以上は突上窓になっている。

付櫓《つけやぐら》
濃尾大地震で崩壊し、後の修理で復元。本丸入口へ寄せる敵に横矢をかけるように設けられている。

構造
2階と3階の間に梁・桁が渡され、3、4階の望楼部分を支えている。

石落《いしおとし》
1階に設けられ、下見板張。壁の仕様と同じに造られている。

天守台
野面積（のづらづみ）で高さは約5m。

壁
各重の外壁すべての仕様が異なる。1重は下見板張の腰壁の上に漆喰壁塗籠（ぬりごめ）壁、2重は漆喰壁塗籠壁、3重は柱を見せる真壁（しんかべ）に長押を打ち、腰壁は下見板張としている。

data

犬山城

所在地：犬山市犬山北古券
行き方：名鉄犬山駅から徒歩約15分
主な遺構：天守（国宝、現存）、石垣、堀（以上現存）、本丸黒鉄門、小銃櫓（以上再建）

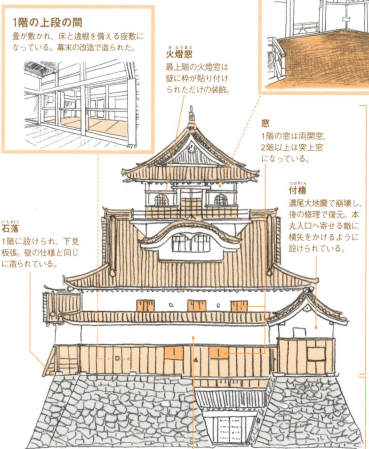

岡山

重文・国史跡

備中松山城《びっちゅうまつやまじょう》

城下町を一望できる三大山城《やまじろ》の1つ

臥《が》牛山《ぎゅうざん》山頂に築かれた備中松山城は鎌倉時代に始まる。南北朝時代以後、度重なる戦乱で城主が幾度も交代し、最終的に徳川家の支配となる。小堀遠州《こぼりえんしゅう》※1の改修で近世城郭に整えられたこの城は、後の領主・水谷勝宗《みずのやかつむね》の修築により現在に伝わる姿が完成した。

明治の廃城時、山上の建物は壊されずに放置され、その後、昭和初期まで残っていた天守と二重櫓が修理され旧国宝となった。この天守と平成に復元された建物と門・塀※2が建つ本丸では、山城の空間を十分に体験できる。

近世的な山城

山上に本丸を設け、小さな曲輪（くるわ）を尾根沿いに築く防御方法は中世以来の山城の特徴だが、これらの曲輪を石垣で築き、要所に櫓を配した点は近世的なものといえる。高い防御力を誇る城だが、その立地ゆえ普段の政務には不向き。領主は山麓の御殿（御根小屋）で起居し、政務を行った。

二重櫓

搦手（からめて）門の上に位置する櫓で、出入口が北と南に2つある。天守に次ぐ格の建物。1928年、天守に先駆けて有志の拠出金によって修理された。

1階の南北出入口は、腕木に支えられた瓦葺の庇付き。瓦屋根の重なりが重厚さをもたらす。

格子窓の格子は太く、漆喰塗。西面には3箇所に設けられ、防御設備であることを感じさせる。

石落（いしおとし）は、城外に向く西面にのみ付く。

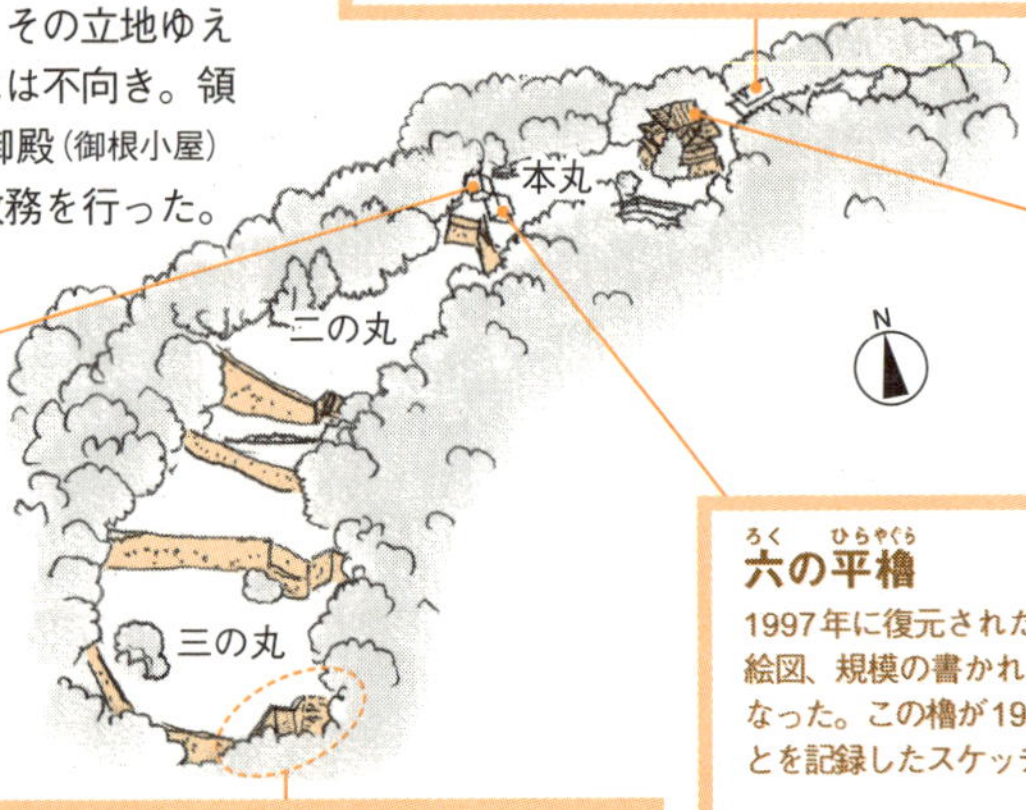

天守

2重2階の小規模な天守で、1683年に修築され現在の姿になった。

本丸南御門

五の平櫓と六の平櫓の間に挟み込まれるように建つ門。木造復元。

六《ろく》の平櫓《ひらやぐら》

1997年に復元された建物の1つ。江戸時代の絵図、規模の書かれた文書、古写真が根拠となった。この櫓が1928年までは残っていたことを記録したスケッチもある。

古写真から壁の下部は竪羽目板張、上部は漆喰塗籠（ぬりごめ）で軒裏まで達することがわかった。

三《さん》の平櫓《ひらやぐら》東土塀

城内に残存する土塀の内、三の丸の西側にある土塀が重要文化財となっている。漆喰壁に瓦がのった土塀。

長方形の矢狭間と、円形の鉄砲狭間が交互に並ぶ。

復元箇所と残存箇所を区別するために壁面に段差が付けられている。

築城年：慶長10年（1605）、天和3年（1683）、形式：山城、築城主：小堀正次・政一（遠州）、水谷勝宗

※1：名は政一。茶人。作庭家として知られ、幕府の仕事を多く担ったことでも有名。　※2：六の平櫓や本丸南御門など計6棟が1997年に復元され、本丸はかつての景観が整えられてきている。

景観が整えられる本丸

図の天守のほか、二重櫓の2つの建物と三の平櫓東土塀が江戸時代からの遺構。これらの建物は、昭和初期の戦前と戦後の2度の修理を経て、かつての姿を取り戻している。

長《なが》囲《い》炉《ろ》裏《り》

1階に設けられた長囲炉裏は籠城時の暖房、調理用といわれ、戦国時代の戦の経験から造られたものといわれる。

2重の出窓

2重の出窓は南の隅に設けられ、庇を掛けることで壁面に印象的な凹凸を造り出している。

御社壇《ごしゃたん》

2階には神を祀る棚が造られている。天守内にこの規模の神棚があるのは珍しい。城の修造をした二代藩主の水谷勝宗によって三振の宝剣が奉納された。

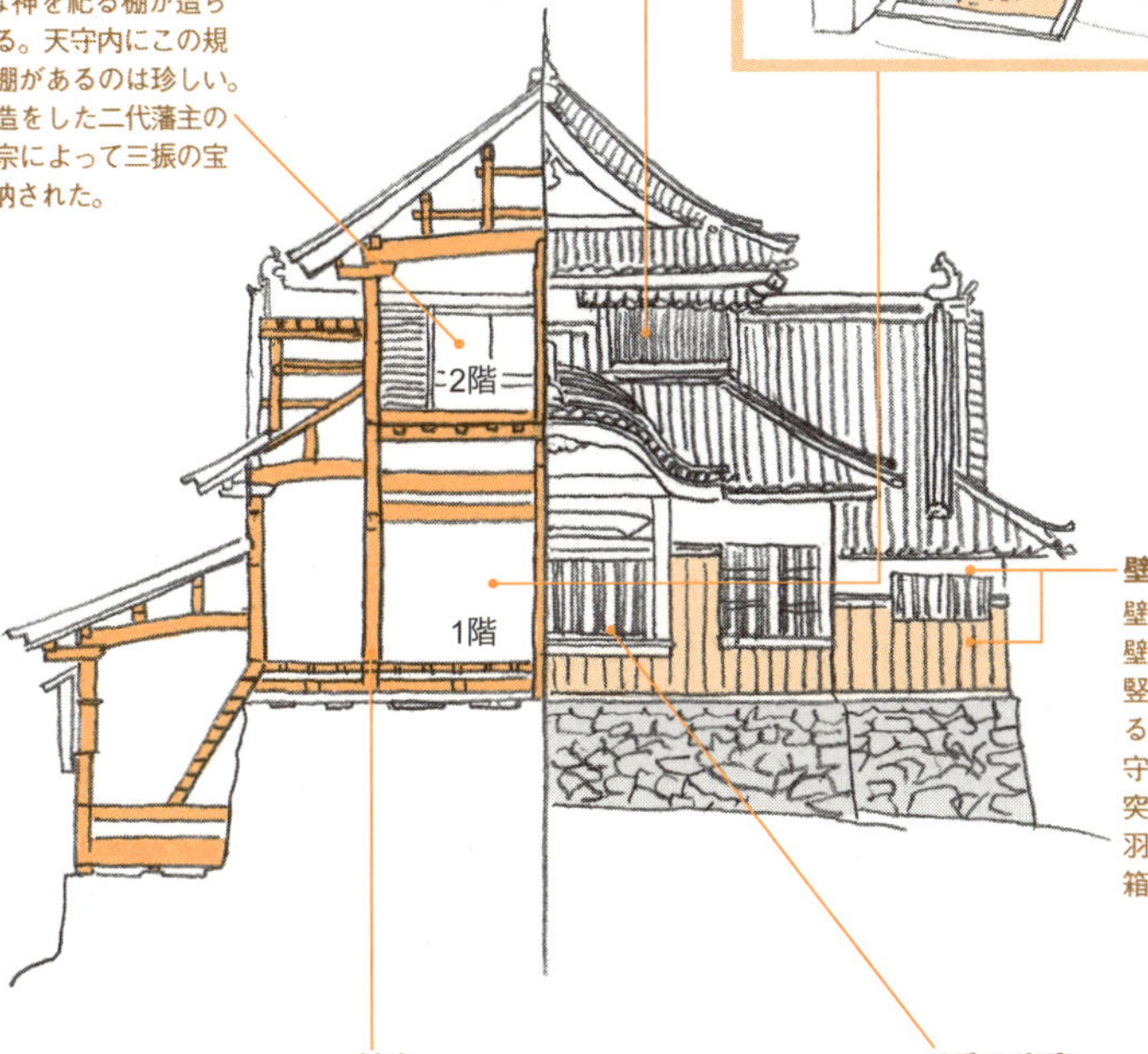

壁と狭間

壁は上部を漆喰壁とし、下部は竪羽目板張とするのが特徴。天守南側の廊下の突き当たりには、羽目板壁部分に箱狭間がある。

材木

当初は土台が栗でほかは主に松が使われていたが、戦前の修理でモミなどが、戦後の修理で内部壁面に杉、檜が使われている。

1重の出窓

1重の出窓は目立つ東南面に付き、縦に長い格子窓は漆喰塗廻(ぬりまわし)とする。その上に渦の入った虹梁(こうりょう)を渡し、屋根は唐破風としており装飾的。

data

備中松山城

所在地：高梁市内山下
行き方：JR備中高梁駅からタクシーで約10分、そこから徒歩約20分
主な遺構：天守、二重櫓、土塀(以上重文、現存)、石垣、池(以上現存)、五の平櫓、六の平櫓、本丸南御門、路地門、本丸東御門、腕木御門(以上再建)

重文・国史跡

松山城《まつやまじょう》

愛媛

天守建築の到達点、連立式天守

関ヶ原の合戦の後、加藤嘉明《かとうよしあき》は、領国の中心として新たに5重5階連立式の壮麗な天守を備えた城を築き、この地を松山と名付けた。後に3重に改築された大天守を含む天守群は1784年に落雷で焼失、1820年から35年かけて再建された。

明治以降も主要な建物は残っていたが、1933年に放火で小天守などを焼失、戦災で乾門《いぬいもん》などを失った。戦後1968年の小天守再建を皮切りに、ほぼすべての建物が木造で復元された。これらの建物と山麓の二の丸大井戸は見所。

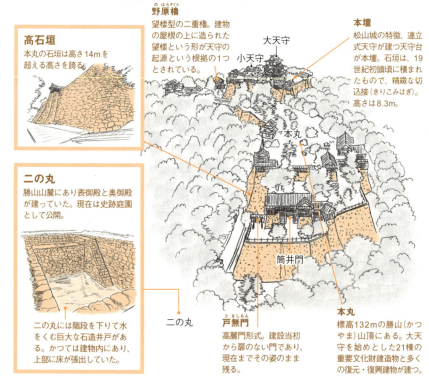

堅城の持つ複雑な道筋

天守へ向かって行くと、石垣に挟まれた道は何度も折れ曲がり、その経路には多くの門と櫓が立ちはだかる。登り石垣や高石垣などとあわせてその堅固な守りを体感できる。また、山麓の二の丸と山上の天守との組合わせからは江戸時代の城のあり方がよくわかる。

野原櫓《のはらやぐら》
望楼型の二重櫓。建物の屋根の上に造られた望楼という形が天守の起源という根拠の1つとされている。

本壇
松山城の特徴、連立式天守が建つ天守台が本壇。石垣は、19世紀初頭頃に積まれたもので、精緻な切込接(きりこみはぎ)。高さは8.3m。

高石垣
本丸の石垣は高さ14mを超える高さを誇る。

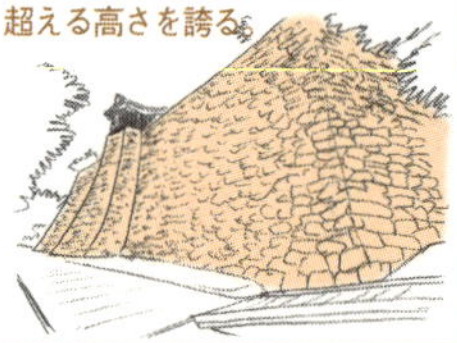

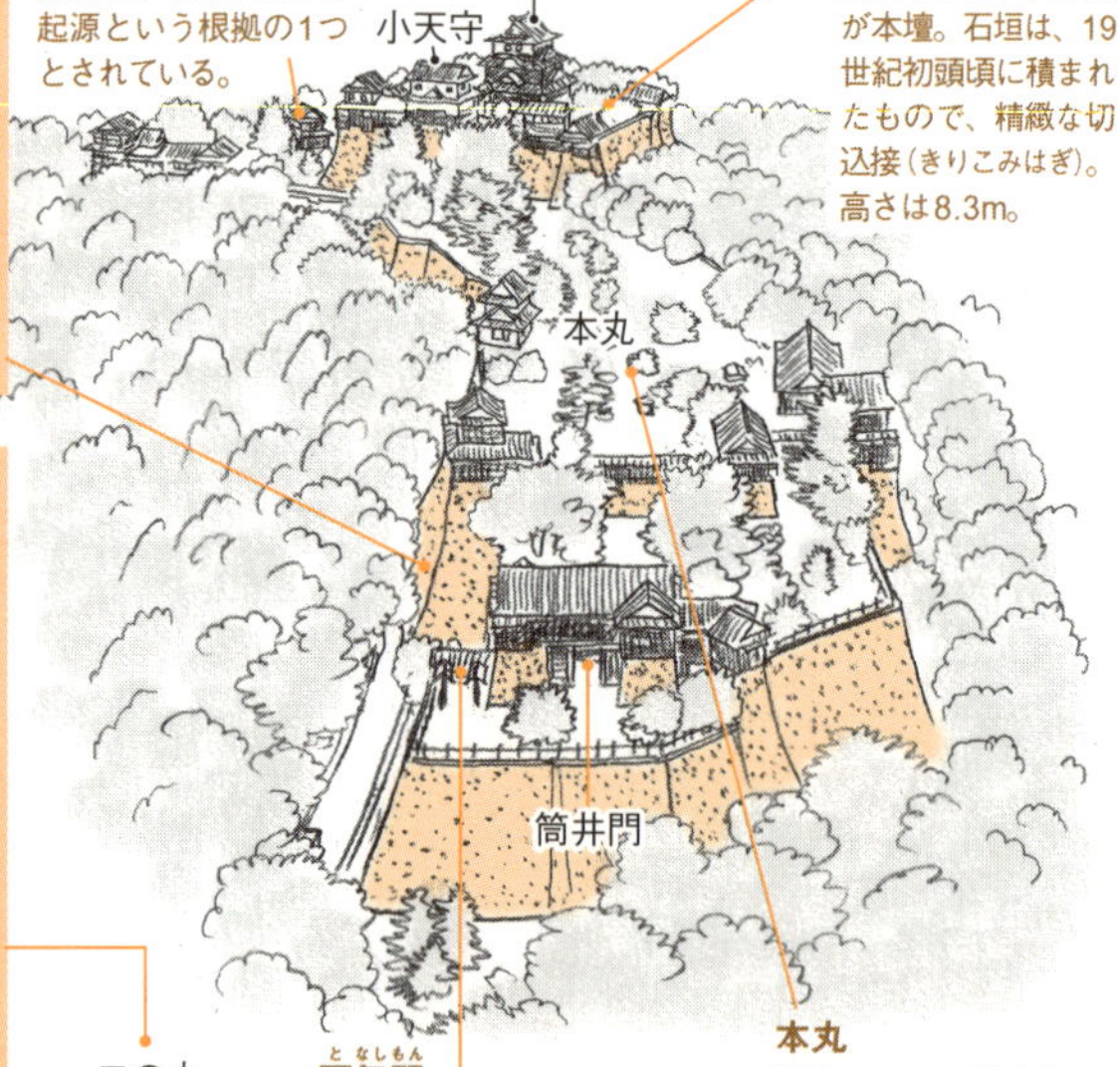
大天守
小天守
本丸
筒井門
二の丸

二の丸
勝山山麓にあり表御殿と奥御殿が建っていた。現在は史跡庭園として公開。

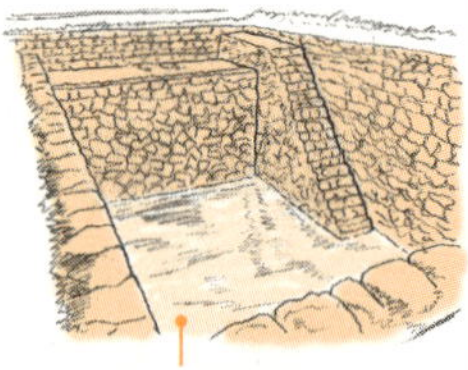

二の丸には階段を下りて水をくむ巨大な石造井戸がある。かつては建物内にあり、上部に床が張出していた。

戸無門《となしもん》
高麗門形式。建設当初から扉のない門であり、現在までその姿のまま残る。

本丸
標高132mの勝山(かつやま)山頂にある。大天守を始めとした21棟の重要文化財建造物と多くの復元・復興建物が建つ。

築城年：慶長7年(1602)、形式：平山城、築城主：加藤嘉明

天守群の中心、大天守

3重の層塔型大天守は19世紀に再建されたものだが、桃山時代に建てられた創建天守を意識した復古調のデザイン。この大天守に小天守、南隅櫓、北隅櫓が渡櫓でつながれた連立式で、天守群建物への入口は格式ある玄関が設けられている。

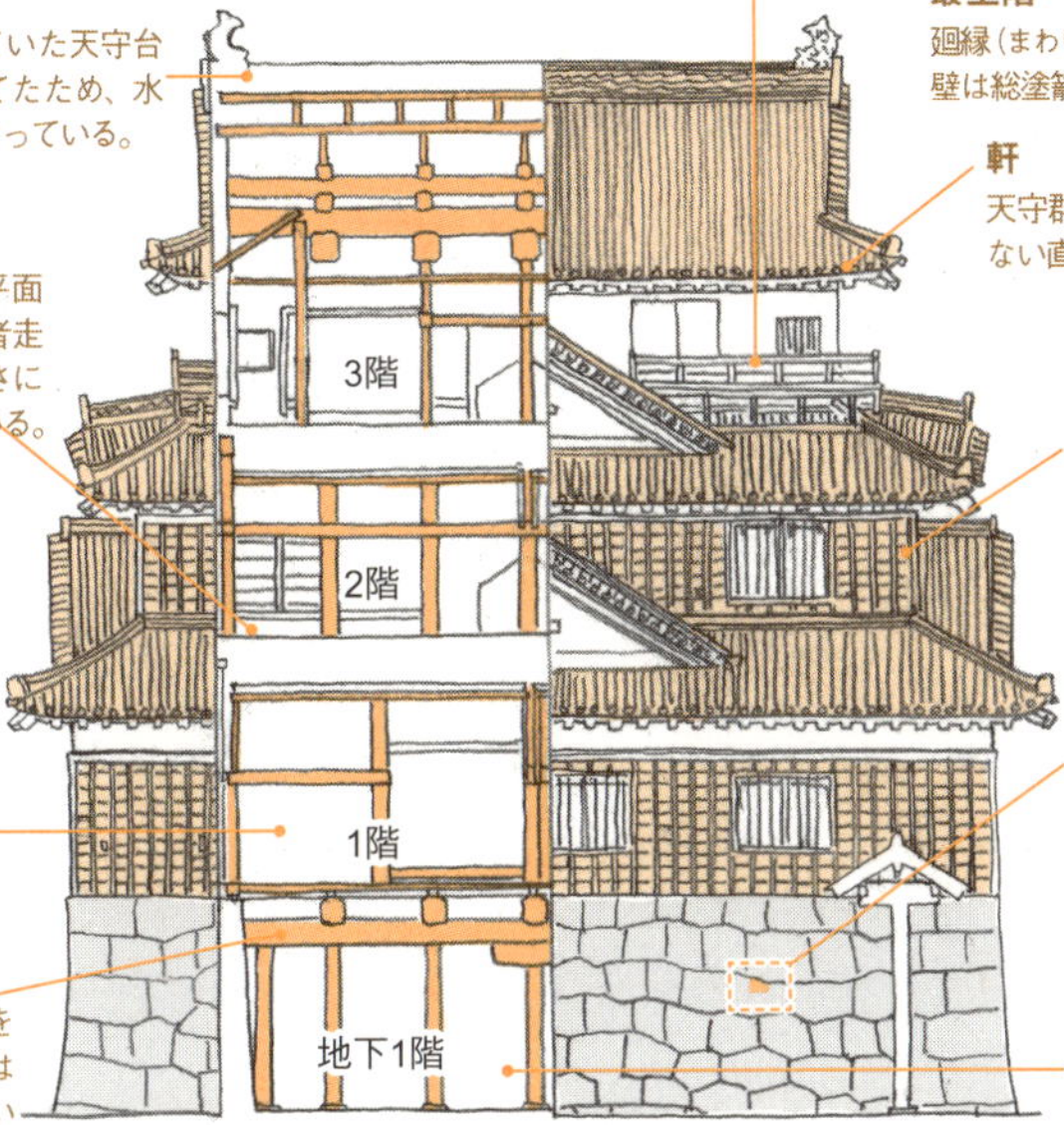

外観
5重の天守が建っていた天守台に3重の天守を建てたため、水平方向に広い姿になっている。

平面計画
2階は1階よりも平面が狭くなるが、武者走(むしゃばしり)の広さによって調節されている。

座敷
城内は敷居、長押があり、天井も張られており、畳を入れて座敷とできるようになっている。

地階の柱と梁
1階より上の建物を支える柱と大梁には楠(くすのき)の太い丸太が使われている。

最上階
廻縁(まわりえん)と高欄が付き、壁は総塗籠(そうぬりごめ)。

軒
天守群の建物の軒は反りのない直線であるのが特徴。

下見板張
江戸期の天守であるが、1重、2重の壁は下見板を高く張り、桃山時代の姿を再現している。

排水口
石垣の排水口は、内部の水圧による石垣の崩壊を防ぎ、精緻な石組ほど必要。

入口
現在大天守へは石垣に造られた埋門(うずみもん)から入る。元来は地階の倉庫への入口。

再建された小天守

焼失した小天守は火災以前に調査が行われており、また焼失後すぐに市が文部省(当時)に作成依頼した基本設計図と仕様書が残されていた。小天守以下の建物の復元には古写真とこれらの資料が用いられ、また、構造も木造として可能な限り昔の姿に忠実な復元がなされた。

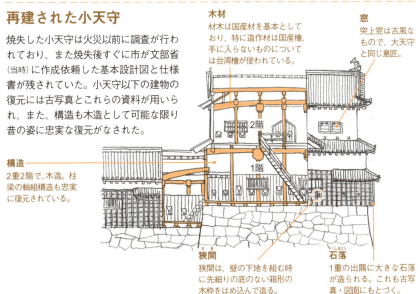

木材
材木は国産材を基本としており、特に造作材は国産檜、手に入らないものについては台湾檜が使われている。

窓
突上窓は古風なもので、大天守と同じ意匠。

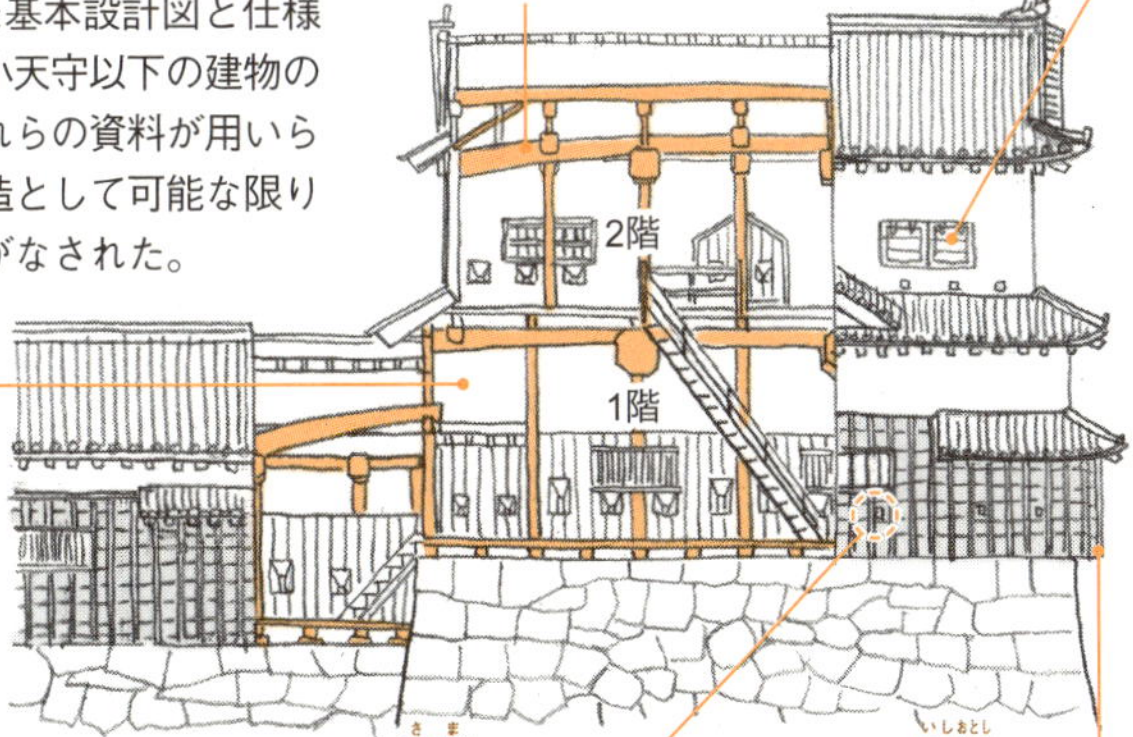

構造
2重2階で、木造。柱梁の軸組構造も忠実に復元されている。

狭間《さま》
狭間は、壁の下地を組む時に先細りの底のない箱形の木枠をはめ込んで造る。

石落《いしおとし》
1重の出隅に大きな石落が造られる。これも古写真・図面にもとづく。

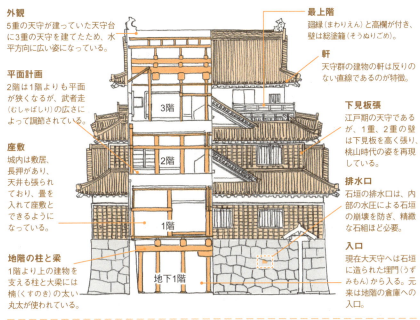

隠門《かくれもん》(現存)

隠門は筒井門の奥に隠れるようにあり、筒井門に寄せる敵を急襲するために造られた。目立たないように小さく、防御に優れている。この隠門につながる続櫓は石垣にあわせた菱形平面で、それにあわせた独特な梁架構や、石垣の外に向かって緩く登る水平でない床など創建当時の古風な様子が残る。

格子
門扉の上部は格子となっており、格子は太く、豪快。

柱・梁
狭い石垣の間にあることもあり、柱と梁の太さが強調される。

潜《くぐり》戸《ど》
小さい門であるため、脇戸はなく、門扉に潜戸が造られている。

埋門《うずみもん》
石垣の間に造られる門を埋門という。

野《の》原櫓《はらやぐら》(現存)

加藤嘉明の築城時に建てられた城内最古の建物。構造や意匠に古風な特徴を見ることができる。

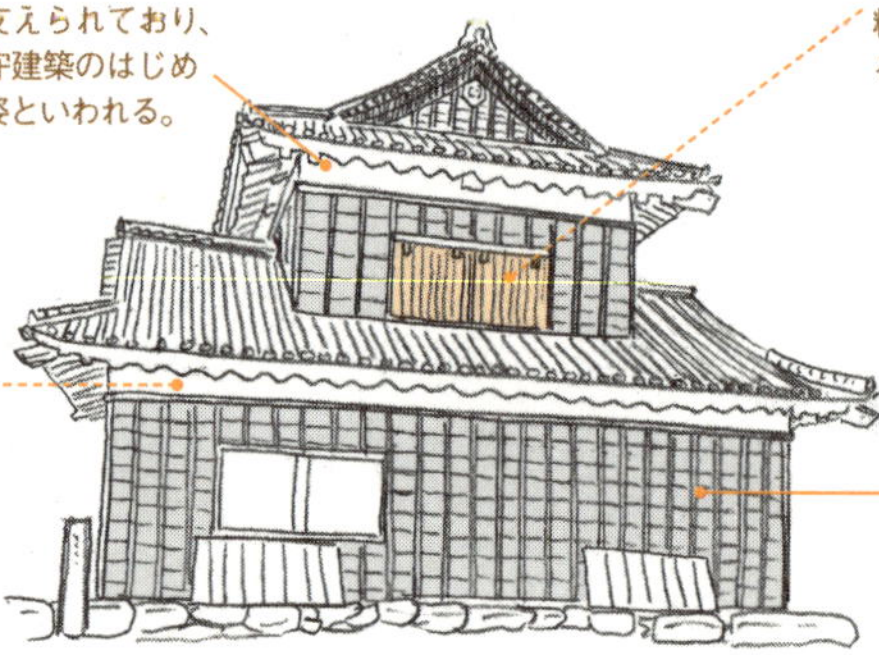

望楼
1階の大梁によって支えられており、天守建築のはじめの姿といわれる。

化粧垂木(内部)
内部の天井の一部は化粧屋根裏、そこに見える垂木は太く豪壮。

構造
内部は柱・梁などの構造材が表しになっている。

太鼓壁
砲撃に対抗するため、壁の中に小石や瓦などを詰めて厚くした太鼓壁となっている。

玄関(復元)

玄関は連立天守の建物に囲まれた内側に向かって造られ、御殿の式台・玄関と同様の意匠となっている。現在、天守へは地階から入るようになっているが、本来はこの玄関が正式な入口であった。

唐破風
玄関の屋根全体が唐破風となっていて、格式を示している。

筬欄《おさらん》間《ま》
玄関正面の梁の上の欄間は筬欄間。書院などで用いられる格式ある意匠。

段差
玄関入口から櫓の床まで1.7m程の段差があり、階段が設けられている。

現存遺構と再建建物による風景

松山城には重要文化財に指定された21棟の現存建物のほか、30棟あまりの建物が復元・復興されている。これらの建物は馬具櫓をのぞきすべて木造で建てられ、長年かけて整備されてきた。こうして現存・復興の建物が合わさって城本来の空間を体験できるようになっている。

筒《つつ》井《い》門《もん》(復元)

本丸へ向かう大手筋に建つ重要な位置にある櫓門。櫓は東西に延び石落も備える防御に優れたものになっている。戦前に旧国宝に指定されていたが、1949年に放火で焼失。1971年に木造で復元。

仕口

木組の方法は筒井門と一群の建物で、焼失せずに残った隠門にならっている。

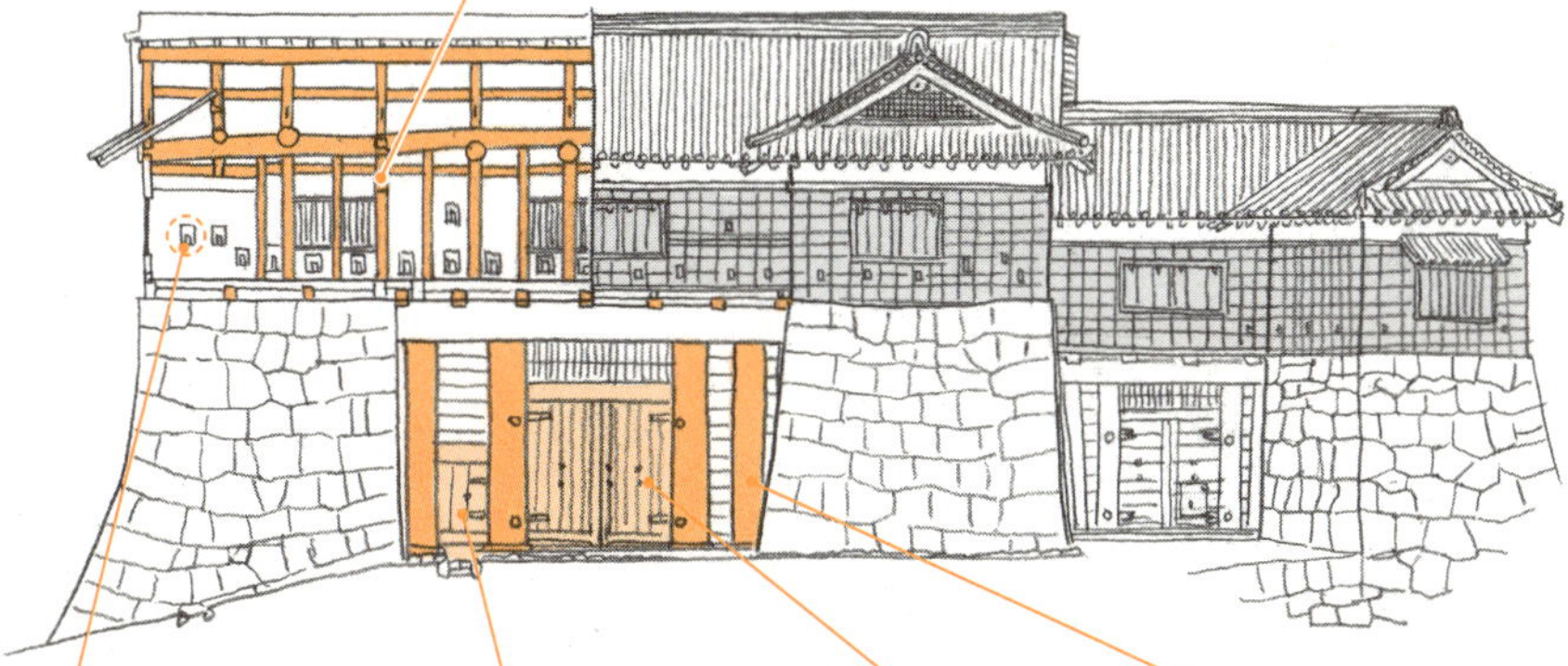

狭《さ》間《ま》

筒井門の櫓には多くの狭間があり、特に正面に向かってはおよそ1mごとに設けられる。

脇戸

門の脇には小さい扉が付けられ、ここをくぐって出入りした。

扉板

かつてと同じ国内産楠の一枚板で復元。

鏡柱・冠木・大梁

大口径の材を必要とする部材も、当初と同じ栂(つが)を四国内から調達しており貴重。

data

松山城

所在地：松山市丸之内

行き方：伊予鉄道大手道下車徒歩約5分、城山ロープウエイで約2分、山頂駅から天守まで徒歩約10分

主な遺構：天守、三の門南櫓、三の門、隠門、戸無門など(以上重文、現存)、石垣(現存)、小天守、南隅櫓、北隅櫓、筒井門、太鼓門(以上再建)

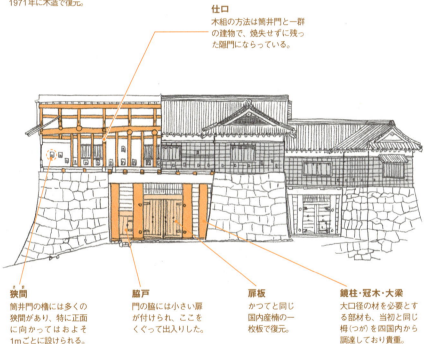

城用語解説 ❸

城の「攻撃・防御」に関する用語

【忍返《しのびがえし》】

侵入者を防ぐために、塀や石垣の上に付けられた尖った鉄や木。名古屋城には長さ約30cmの槍の穂先が塀の上に付けられており、剣塀《つるぎべい》の名がある。

熊本城大天守忍返(86頁)

【武者走《むしゃばしり》・雁木《がんぎ》】

武者走は土塁や石垣の上端の平らな部分をいい、塀が造られる場合にはその城内側のこと。文字通り、敵を迎え撃つために武者が移動し、武器を構える場所である。武者走は城内側からも高い位置にあるので、そこに登る階段を雁木という。

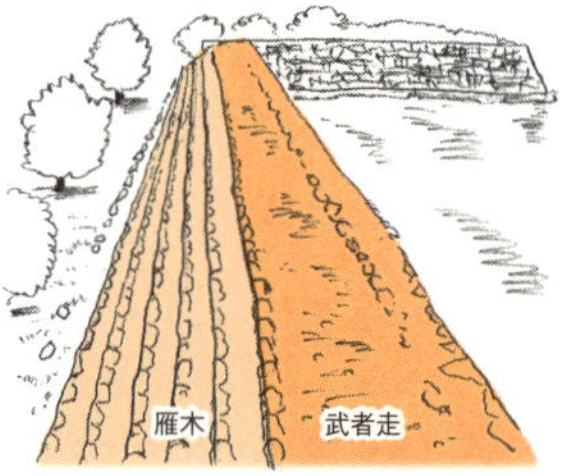

column ｜ 築城の名手　藤堂高虎《とうどうたかとら》(1556－1630)

藤堂高虎は、自身の武功と知略で大名にまで出世した武将。縄張、石垣普請の名手であり、豊臣秀吉、徳川家康ら天下人の信頼を得て、天下普請での縄張を任されている。高虎の建てた城は、曲輪(くるわ)や通路に直線を多用した実用的、効率的な縄張が特徴である。そして、もう1つその名を高めているのが、石垣普請である。

高虎の石垣の特徴は、反りがほとんどないことと高さ、そして幅広い水堀との組合わせである。彼の居城であった伊賀上野城では、およそ30mの高さを誇る石垣が水堀から美しく堅固な姿で立ち上がっている。多くの城を築き、改修した高虎は加藤清正に並ぶ築城の名手として、後世まで名を残している。

高虎の石垣

加藤清正が反りを活かした石垣を得意としたのに対し、直線的に高く積み上げる石垣とするのが高虎の方法であった。

直線状の石垣

下部から上部までほぼたわみのない直線状に造られる。

水堀

急傾斜で直線状の高石垣は幅広い水堀と合わさることでより登りづらくなっている。

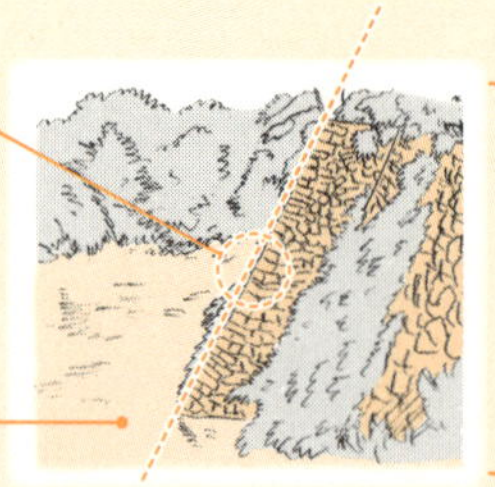

高さ

高く積み上げることで上まで登れないようにし、防御力を増している。

3章

復元された城たち

重文・国特別史跡

愛知

名古屋城《なごやじょう》

戦災から復興した町のシンボル

名古屋城は、徳川家康が九男・義直《よしなお》の居城として、また大坂の豊臣氏を抑えるために天《てん》下《か》普《ぶ》請《しん》※1を行い築いた城。諸大名を動員する天下普請には彼らの財力を消耗させる狙いもあった。完成後は清洲城（136頁）に代わって尾張《おわり》の中心となり、町の繁栄とともに「尾張名古屋は城で持つ」※2として広く知られた。

明治以降も主要建物は残っていたが、太平洋戦争の空襲で天守・本丸御殿などを焼失。戦後、多くの寄付などにより、屋根に金鯱《きんしゃち》ののる天守が鉄骨鉄筋コンクリート造で外観復元されている。

往時の様子がよみがえる

戦災を受けた名古屋城だが、三重櫓の西北隅櫓など計3棟の櫓と3棟の門が現存。、天守と御殿、大手門は復元され、きらびやかな城の様子がうかがえる。切込接（きりこみはぎ）の石垣も空襲の被害にあった箇所は修復されており、当時の精緻な技術を今も知ることができる。

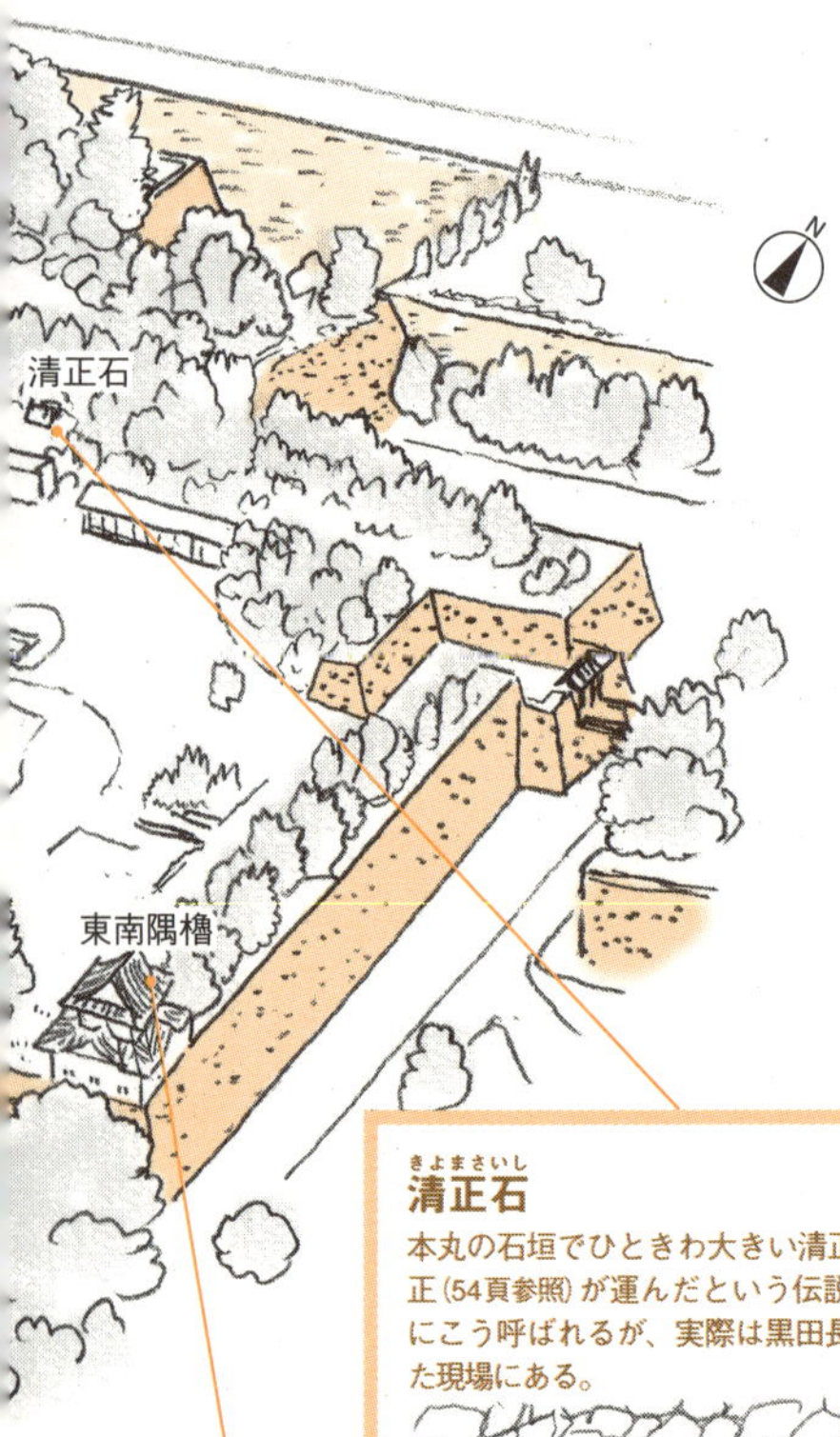

清正石《きよまさいし》

本丸の石垣でひときわ大きい清正石。加藤清正（54頁参照）が運んだという伝説があるためにこう呼ばれるが、実際は黒田長政が担当した現場にある。

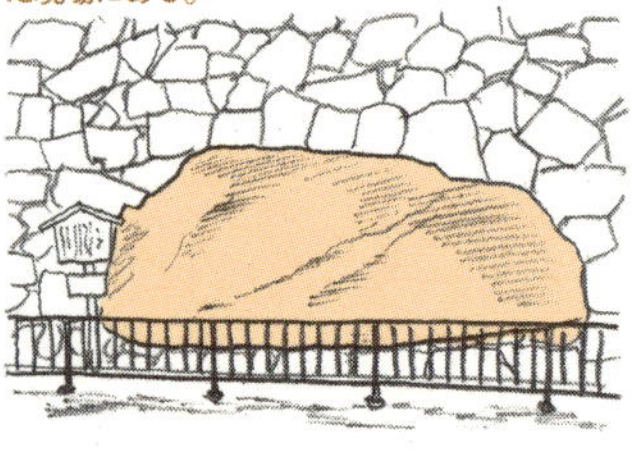

東南隅櫓（辰巳櫓）

1612年頃建造。2重3階で本丸に建つ。

築城年：慶長15年（1610）、形式：平城、築城主：徳川家康

※1：築城のほか、街道の整備や埋立、治水事業などでも行われた。※2：『伊勢音頭』の歌詞「伊勢は津で持つ 津は伊勢で持つ、尾張名古屋は城で持つ」に由来するといわれる。「尾張の名古屋は、新しい城ができたため、栄えるだろう」という意味。

西北隅櫓(清洲櫓)

1619年に建設。御深井丸にある3重3階の櫓で、清洲城の天守(または小天守)を移築したものと伝えられ、調査でも再用材が多いことが判明した。

大天守

1959年に鉄骨鉄筋コンクリート造で外観を復元。5重7階で地階がある。

小天守

大天守と同時に外観復元。大天守への入口である守りの要。2重3階。

本丸御殿

戦災で焼失したが、2009年から復元工事が行われている。

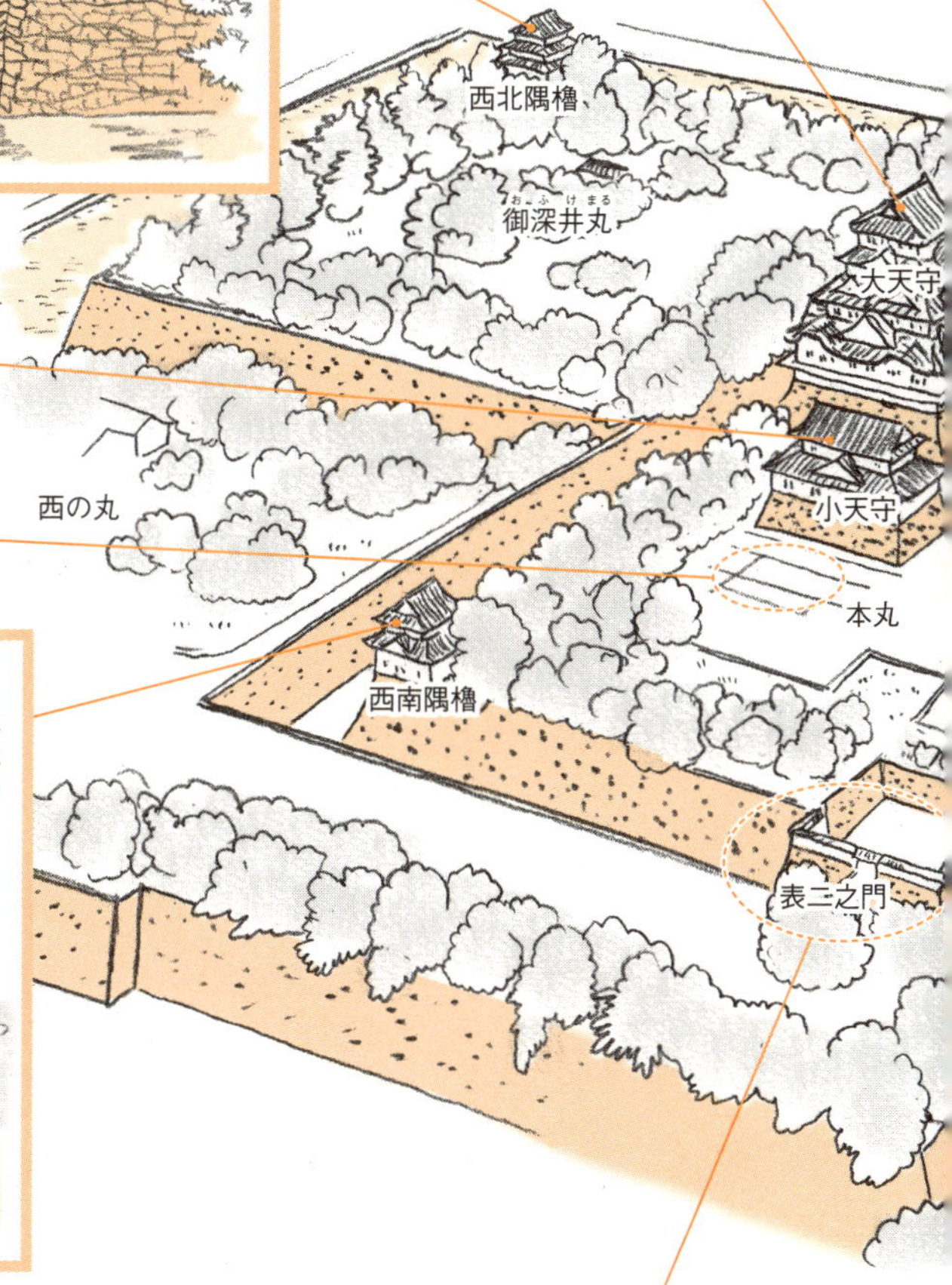

西南隅櫓(未申櫓《ひつじさるやぐら》)

1612年頃建造。東南隅櫓と同じく本丸に建つ2重3階の櫓。1891年の濃尾地震で石垣と共に崩れたが、後に復元された。

表二之門

本丸と西の丸の間にある大手筋の門。控柱に屋根が掛かる高麗門形式。門は柱、冠木とも太く、表面に鉄を張っている。戦災で焼失した表一之門と枡形を形成していた。

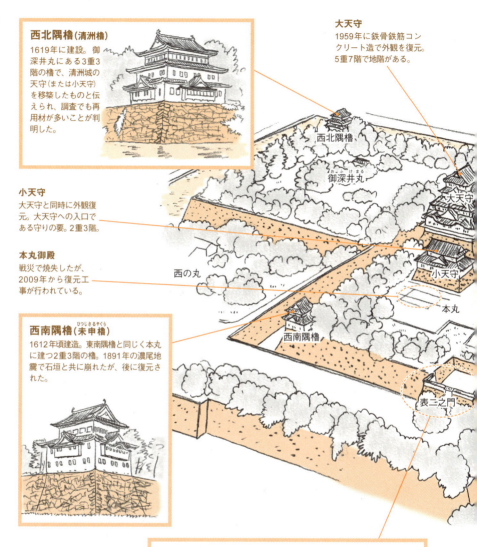

内部が近代化され生まれ変わった天守

天下普請で造られた名古屋城天守は層塔型（10頁）、5重の大天守と2重の小天守をつないだ連結式天守で屋根瓦や破風（はふ）に銅を使い、大棟には金鯱（きんしゃち）が上がる威容を誇った。この創建天守の内部は5階で、天井高が階ごとに異なっていたが、再建された天守は城の歴史などを展示する近代的な施設となったため、階高のそろった7階建になった。一方、外観は、昔と同じ姿となっている。

金鯱

木製の芯に金を貼り付けて造られていた。復元天守ではブロンズ製の芯に18金貼り。現在の鯱の大きさはオスが2.62m、メスは2.57m。

屋根

1重目は瓦葺、2重目より上は銅瓦葺となっている。復元天守でも同様の仕様。

大天守の規模

元は5重5階で地階がある建物であったが、復元天守では5重7階と地階に変更された。

千鳥《ちどり》破風《はふ》

銅板が張られ耐火性能を高めていた。意匠の要でもあるため、復元時には、木工大工が実寸図を引いてコンクリートの型枠を造り、表面にも銅板が張られた。

小天守の規模

元は2重2階に地階。復元されたものは2重3階と地階になっている。

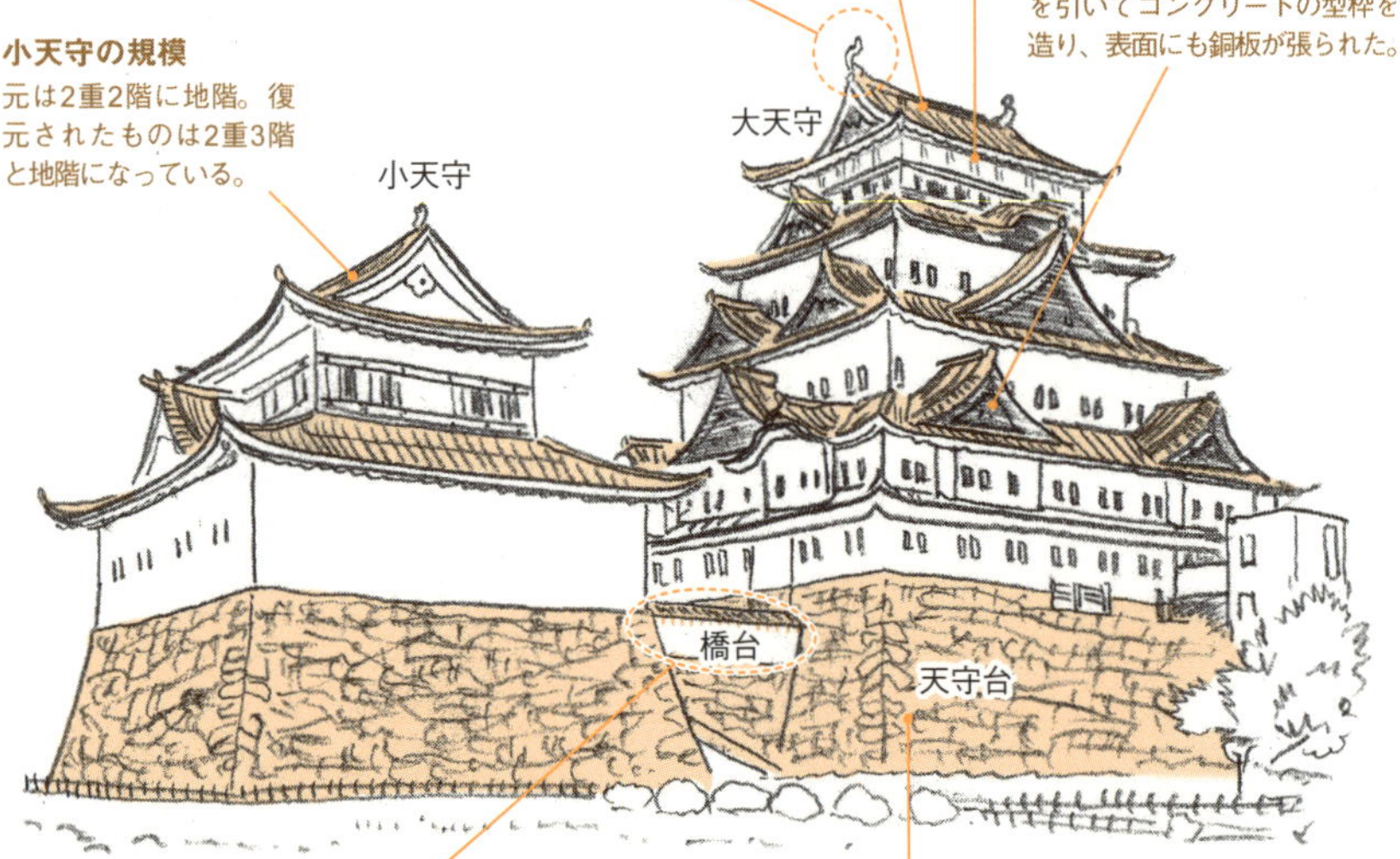

橋台

大天守と小天守を結ぶ橋台は、地階同士をつなぎ、塀で挟まれた通路。塀の軒には槍の穂先が下向きに付けられており、剣塀（つるぎべい）と呼ばれる。天守と共に復元。

天守台

切込接（きりこみはぎ）の天守台は加藤清正が担当。石垣の反りは見事な曲線を描き、上部の形は天守1階の平面と寸分違わない精度で仕上げられている。

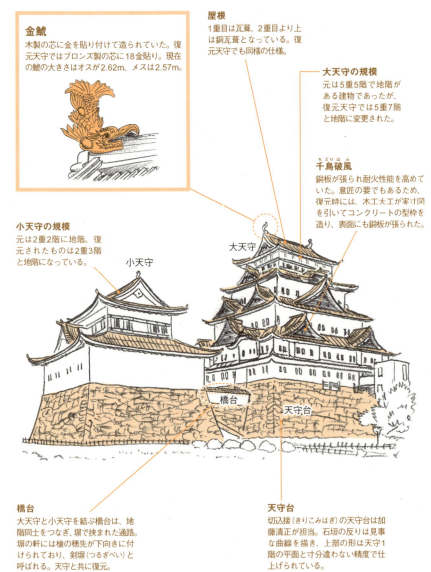

本丸御殿復元へ

戦災で失われた本丸御殿は、玄関、表書院、上洛殿、黒木書院等の建物が廊下でつながれた屋敷で、一流の御殿建築に障壁画や調度品が集った傑作であった。この御殿は2009年、復元に着手、完成した建物から順次公開されている。

表書院の内部

折上格天井《おりあげごうてんじょう》
天井面を一段高くした形式で、格式が高いことを表している。

障壁画
御殿の室内を飾る襖絵などの障壁画は桃山美術の傑作。戦災を避けて保管されていたものの、復元御殿では模写を使って室内の雰囲気を再現。

檜皮葺《ひわだぶき》
天守には瓦や銅瓦が用いられていたのに対し、御殿では檜皮が使われている。御殿建築では標準的な葺材。

対面所など
藩主が親しい人との宴会などに使った対面所。復元では2016年に工事が完了し公開される予定。

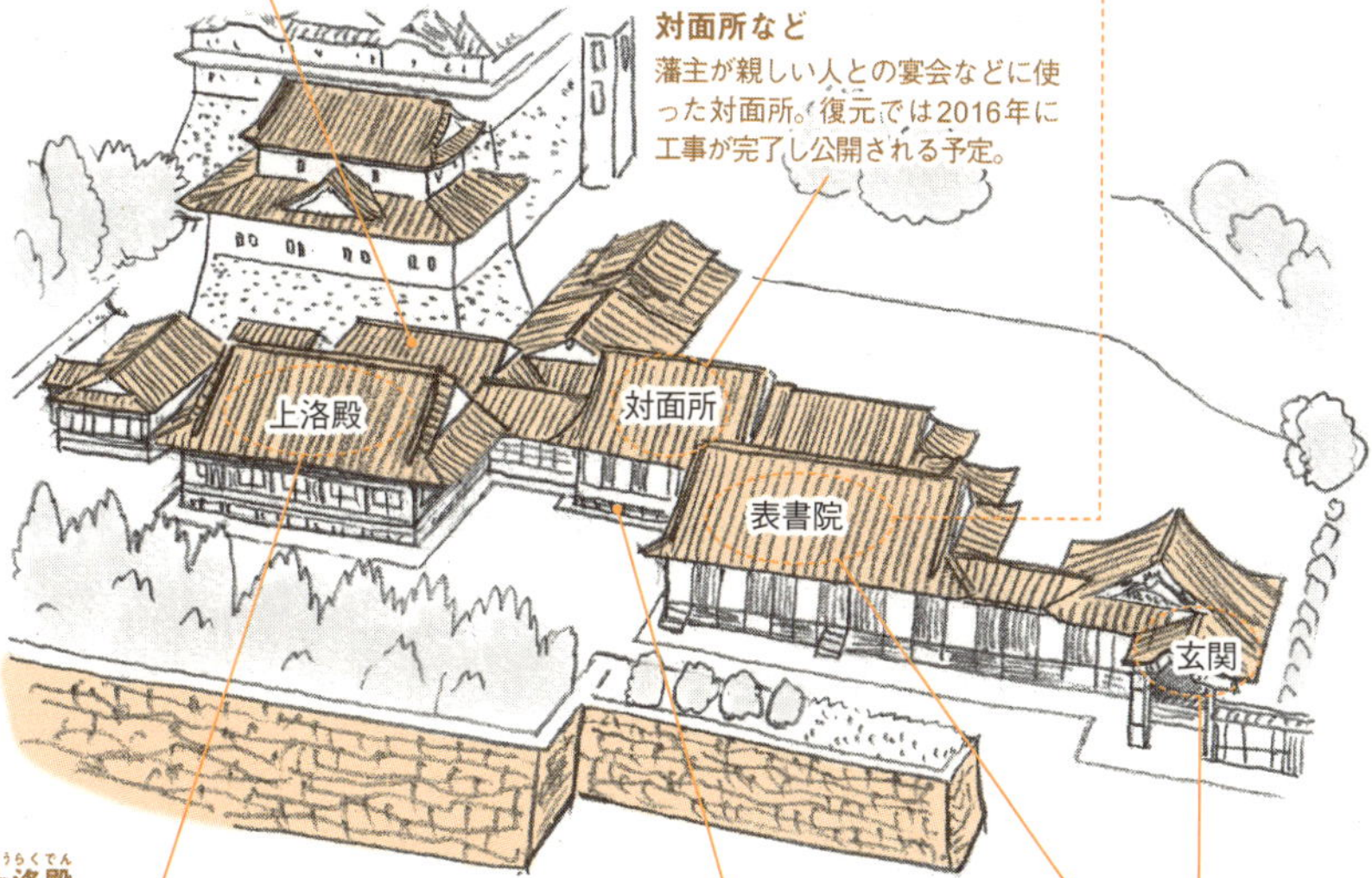

上洛殿《じょうらくでん》
三代将軍家光の上洛にあわせ、その滞在所として増築された建物。復元では最後に完成する予定の建物(2018年)。

基礎
基礎など建築基準法に適合させる必要がある箇所は、ボルトなどの現代の技法が用いられている。

玄関・表書院
御殿の入口である玄関と、家臣との謁見に使われた表書院。2013年に復元工事が完了し公開された。

data

名古屋城
所在地：名古屋市中区本丸
行き方：地下鉄市役所駅から徒歩約5分
主な遺構：清洲櫓、本丸西南隅櫓、本丸表二之門、二の丸大手二之門、旧二の丸東二之門(以上重文、現存)、天守、小天守、本丸不明門、正門(以上再建)

重文・国特別史跡

熊本城《くまもとじょう》

熊本

壮大な石垣が圧巻 加藤清正の築いた堅城

築 城の名手・加藤清正《かとうきよまさ》によって築かれ、1606年に完成した熊本城。天守は連結式望楼型（10頁）で、1600年頃の竣工とされる。加藤氏に代わって城主となった細川氏も城の修復と拡張を行い、最盛期には櫓49棟※1、櫓門18棟、城門29棟を誇った。

1877年の西南戦争では、西《さい》郷隆盛《ごうたかもり》率いる軍勢の攻囲に耐え、堅城であることを示した。なお、この戦闘の直前に火災※2で天守などの建物が失われた。太平洋戦争後から現在まで、天守や本丸御殿を初めとした建物の再建が継続的に行われている。

石垣と現存・再建建物がつくる美しい景観

熊本城の景観をつくり出す要素としてまずは「清正（せいしょう）流」で築かれた石垣がある。そこに宇土櫓（うとやぐら）などの現存建物や、威容を見せる復元天守、木造復元された櫓や門が建つことで、清正も見たであろう景観がよみがえってきている。

天守
3重6階地下1階の大天守と3重4階地下1階の小天守からなる連結式天守。1877年に焼失した後、1960年に鉄筋コンクリート造で外観復元された。

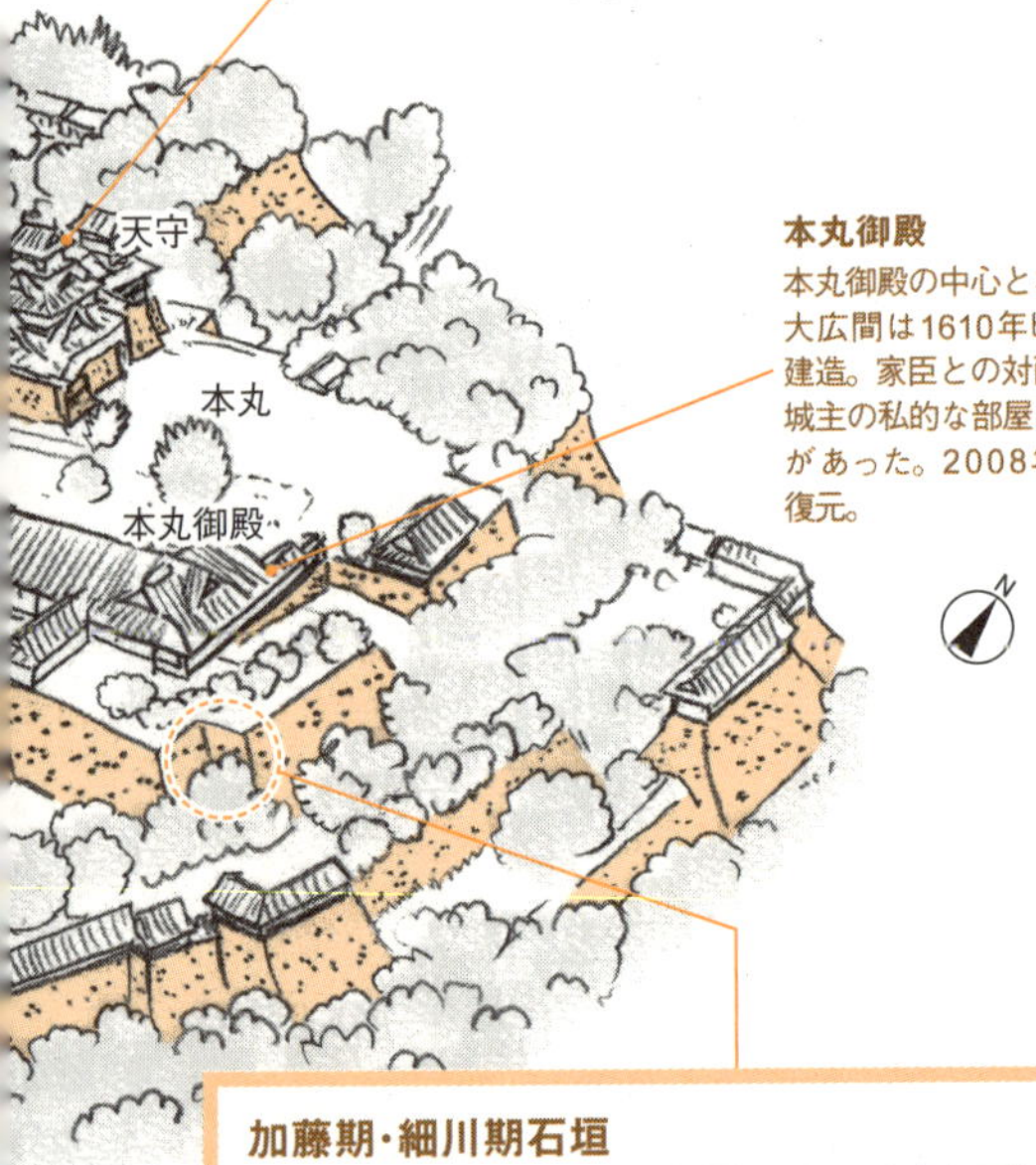

天守
本丸
本丸御殿
N

本丸御殿
本丸御殿の中心となる大広間は1610年頃の建造。家臣との対面や城主の私的な部屋などがあった。2008年に復元。

加藤期・細川期石垣

石垣は加藤期と細川期とで異なる特徴を持つ。本丸南西隅の小広間西三階櫓跡に残る櫓台石垣は「二様（にょう）の石垣」といわれ、この両者を一目で比べることができる。

加藤期の石垣に比べ全体の勾配は急。隅は長方形の石の短辺と長辺が交互に見える算木積。打込接（うちこみはぎ）の石垣は布積となっている。

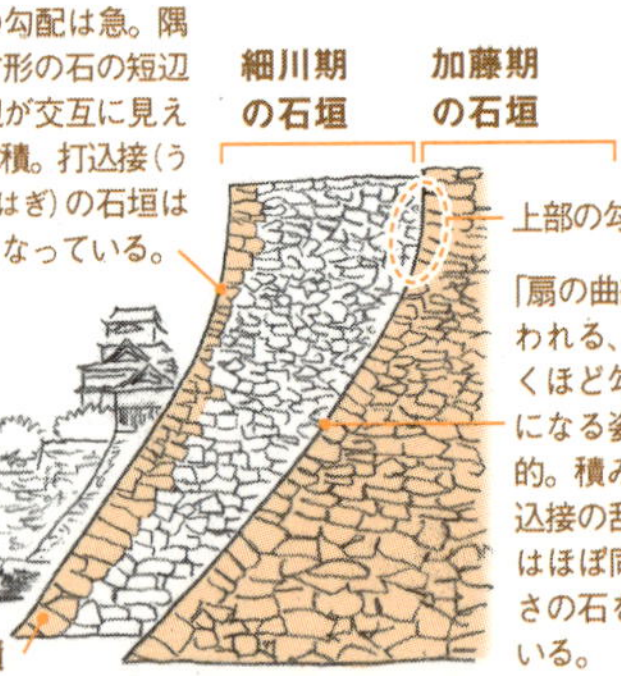

細川期の石垣
加藤期の石垣
算木積

上部の勾配が急。

「扇の曲線」といわれる、上に行くほど勾配が急になる姿が特徴的。積み方は打込接の乱積で隅はほぼ同じ大きさの石を積んでいる。

築城年：天正16年（1588）、形式：平山城、築城主：加藤清正

※1：櫓49棟のうち、五階櫓6棟。五階櫓とは3重5階の三重櫓で、宇土櫓、御裏五階櫓、数寄屋丸五階櫓、飯田丸五階櫓、西竹の丸脇五階櫓がある。五階櫓は、他城の天守の規模に相当する大きさを誇る。

西出丸堀

本丸の馬出（うまだし）である西出丸と二の丸の間には、西出丸堀という空堀（現在水が溜まっている）が造られており、高い石垣とその上の土塀が強固な防衛線となっている。西出丸の隅には櫓が建ち、入口である西大手門は櫓門で虎口が形成されていた。

戌《いぬ》亥《い》櫓《やぐら》
西出丸の北西角に建つ2層2階の櫓。2003年に木造で復元された。3隅に石落を付ける。

長塀
2003年に復元。長さは150m余。下見板張の腰壁を付け、狭間と石落を備える。

西出丸堀
元はもっと深さのある薬研堀（やげんぼり）であった。

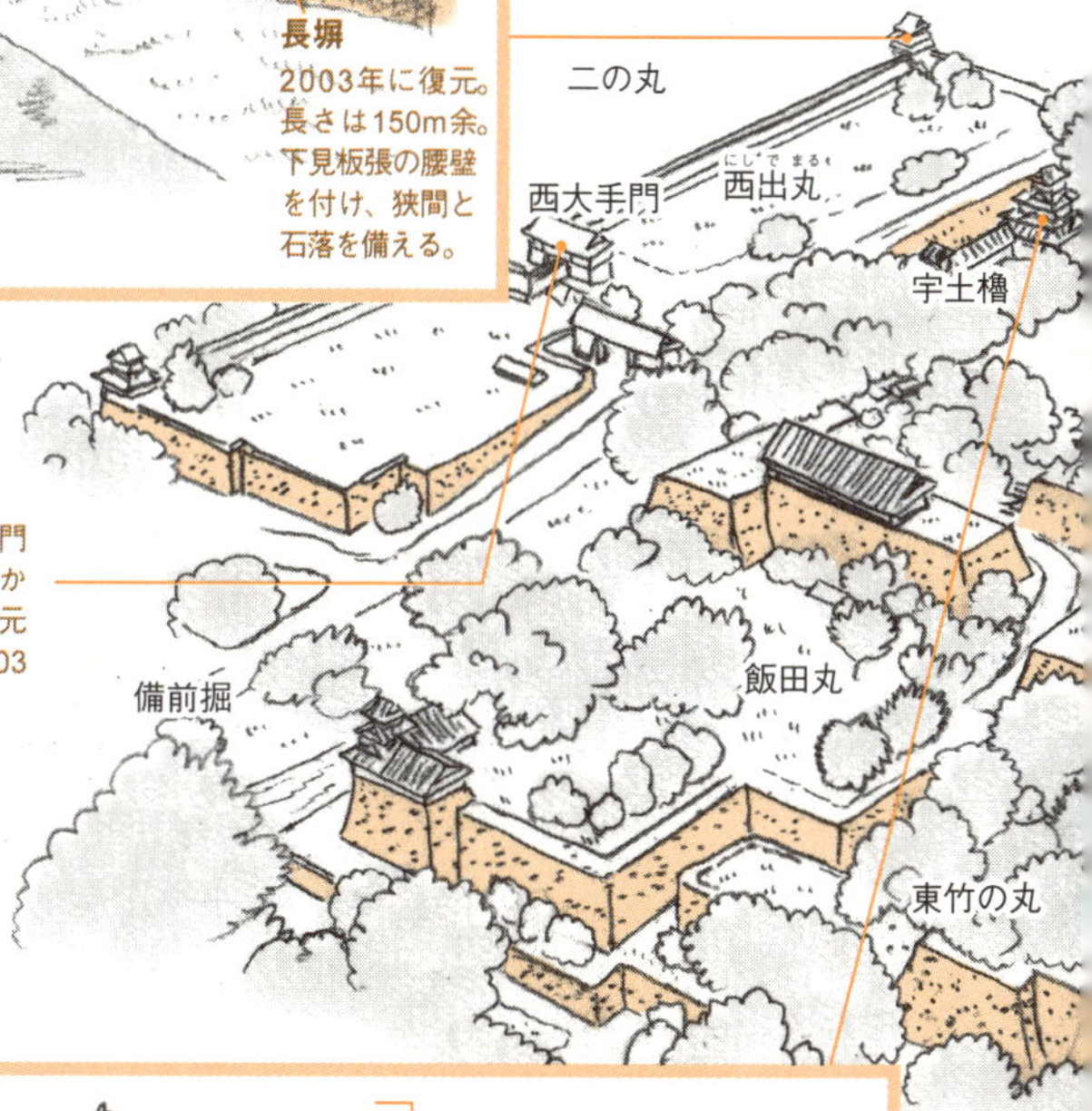

西大手門
熊本城の3つの大手門の中で最も格式が高かった。1981年に復元されたが、倒壊。2003年に木造再復元。

宇《う》土《と》櫓《やぐら》

本丸の西北隅に建つ、高さ19mにもなる城内最大の櫓。3重5階地下1階。宇土城天守を移築したとの説もあったが、解体修理で痕跡が見つからず現在は否定されている。ほかの五階櫓と同じ仕様だが、廻縁（まわりえん）が付く点が異なる。

大きさ
江戸中期頃の増築。内部4階、地下1階で「五階櫓」と呼ばれていたが増築で内部5階となった。

千鳥破風
屋根にむくり（凸型に膨らむこと）を付ける。熊本城の五階櫓の千鳥破風に共通する特徴。

高石垣
石垣の高さは約20m。慶長年間に造られたと考えられ、高い技術力を見せる。北面の石垣は2段に分かれている。

高欄・廻縁
城内の櫓のうち、最上階に高欄の付いた廻縁を持つのは宇土櫓のみ。

※2：天守などを焼いた火事の原因は、台所の失火説や、放火説などあるが、真相はわかっていない。

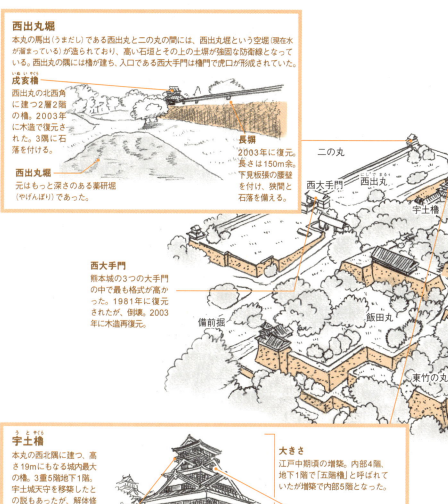

座敷を設けた天守

焼失以前に写された古写真などをもとに復元された、望楼型の大天守と小天守(内部は展示施設)。往時、両天守の内部はともに座敷が設けられ、対面などにも使われていたと考えられる。江戸時代の天守とは異なる特徴だ。また当時、本丸内には御裏(おんうら)五階櫓、本丸東三階櫓、月見櫓、小広間西三階櫓があり、天守の周囲に櫓が建ち並ぶ風景が見られた。

御鉄砲《おんてっぽう》之《の》御間《おんま》
1階は床の間はないものの、納戸以外すべての部屋に畳が敷かれ広間となっており、対面に使われていたと考えられる。

大天守の内部
内部には畳敷きの部屋が造られていた。

小天守の内部
「御上(おうえ)」と呼ばれ、城主夫人のための建物とされた。床の間を持つ座敷が造られている。

障壁画
大天守内の主要な部屋の襖や壁には狩野派の絵師によって障壁画が描かれていた。

庇
2階と3階の間、4階と5階の間には庇が付いているため、外から見ると5重のように見える。

松《まつ》の御間《おんま》
1階には2間幅の広い床の間と付書院を持った主室に次の間も備えた座敷があった。狩野派の絵師が襖絵を描いている。

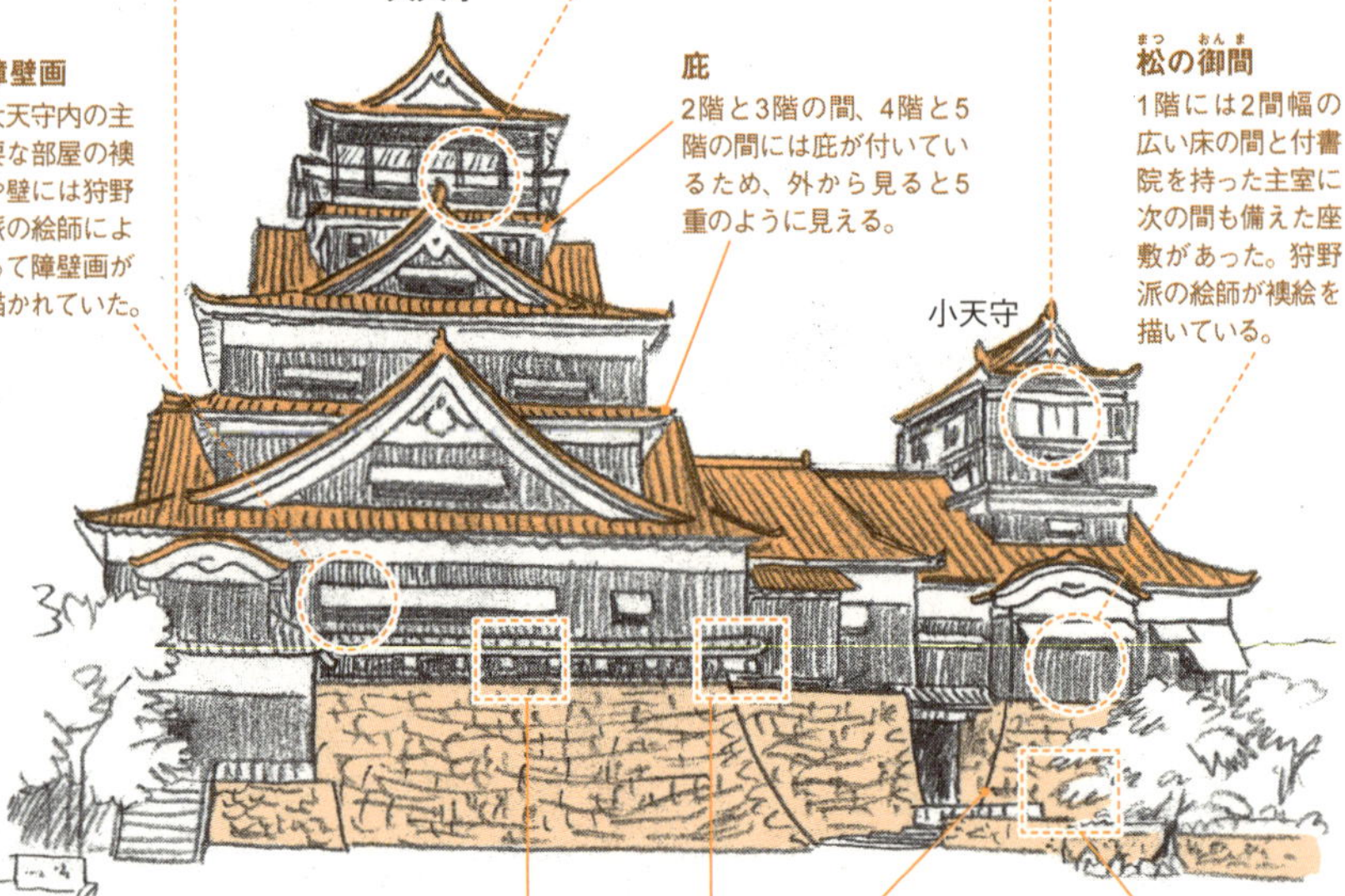

小天守台
小天守台は大天守台に寄りかかるように造られ、勾配も急。大天守台に次いで造られたことがわかる。

井戸
小天守の地下には井戸、カマドが造られていた。籠城の時に役に立つ。

1階の張出
石垣よりも外に張出した1階は、床板を外すと全面が石落になった。

忍返《しのびがえし》
1階には侵入者を防ぐため60cmほどの鉄串が下向きに付けられている。

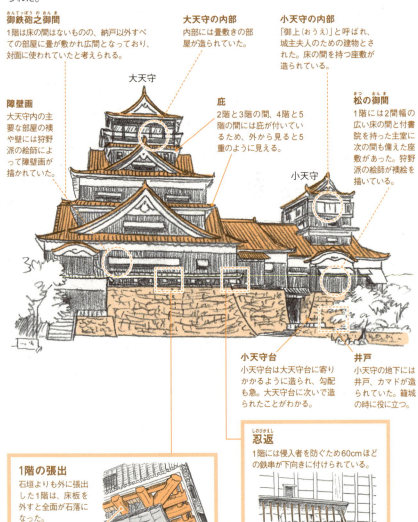

本丸御殿の復元

本丸御殿は多くの建物から構成され、総畳数1,570畳、部屋数は53にのぼる。2008年に大広間、大御台所（おおみだいどころ）、数寄屋が木造復元され、一部の部屋には障壁画も再現。この御殿独特の施設である闇（くらが）り通路も造られ、ここを通って内部へと入る道筋体験できる。

闇《くらが》り通路

南北に分かれた熊本城の本丸。本丸御殿はその分かれ目の上にまたがって建つため、地下通路が生まれた。この通路が御殿への正式な入口となる、類を見ない建物。復元建物にもこの通路が再現された。

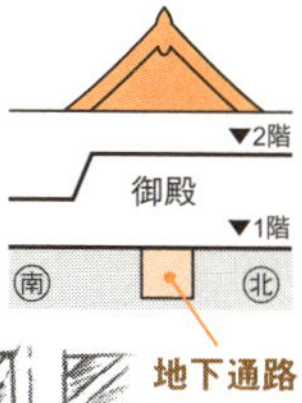

円扇《えんおう》之《の》間《ま》

初めは藩主の私的な部屋であったが、後に闇り通路からの階段が造られ、出入口となった。その時に正式な玄関を示す唐破風がこの部屋の外の屋根に追加されている。

大御台所

大広間に隣接した台所。土間にはカマドがあった。煙出しのため天井は張らず、小屋組があらわしになっている。

昭君《しょうくん》之《の》間《ま》

大広間で最も格式の高い造り。天井を折上格天井とし、床の間、違い棚、帳台構（かまえ）、付書院を設ける正式な書院造で、部屋の中にL字形の上段がある。

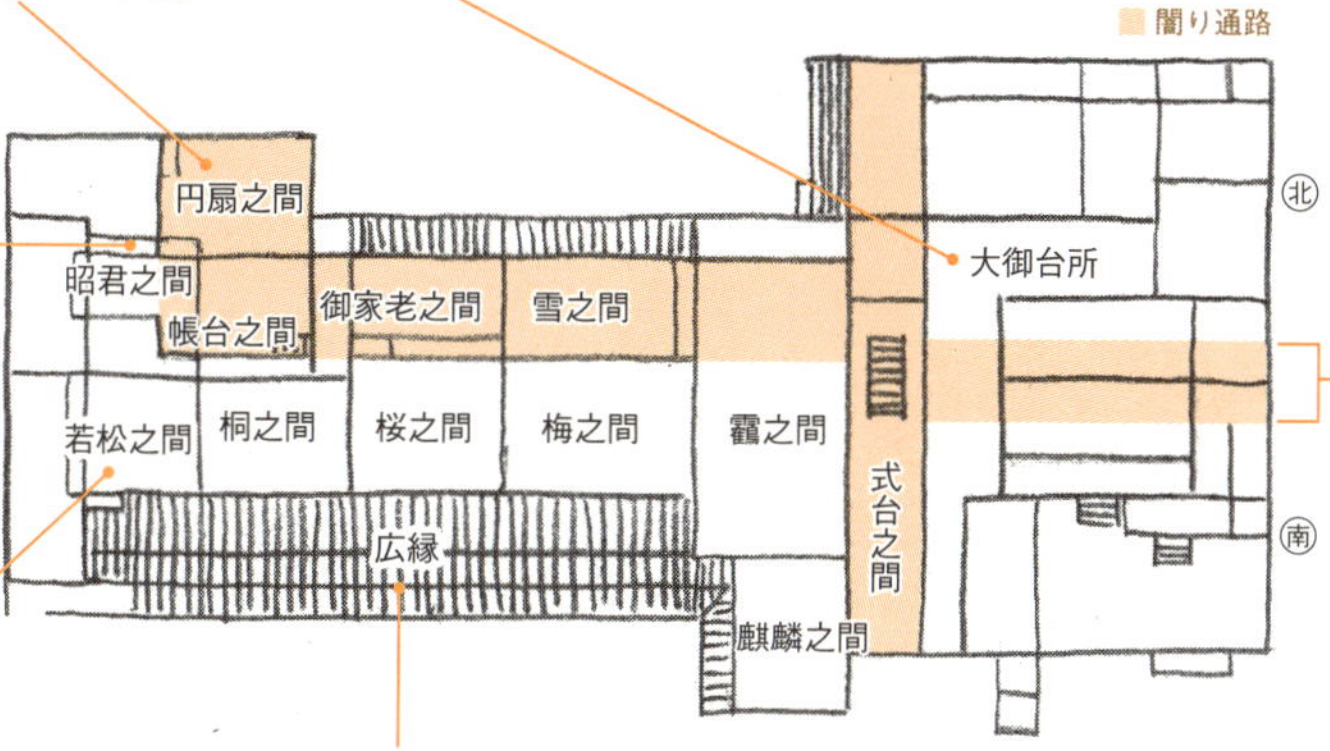

若松之間

床・棚・付書院を有する座敷で、昭君之間に次ぐ格を持った部屋。昭君之間と共に平成の復元で障壁画、内装まで復元された。

広縁《ひろえん》

大広間の南側の縁側は広縁といい、当時の書院・御殿建築にはよく造られた。広縁の外に落縁（おちえん）、濡縁（ぬれえん）と続き、階段で庭に出られるようになっている。

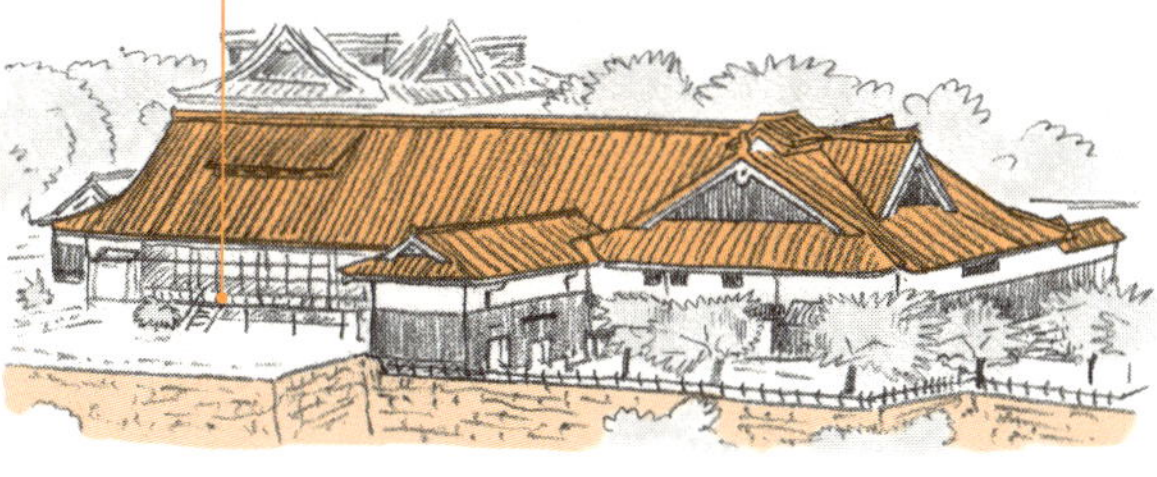

data

熊本城

所在地：熊本市本丸町
行き方：市電熊本城前から徒歩約10分
主な遺構：宇土櫓、北十八間櫓、東十八間櫓（以上重文、現存）、大・小天守、本丸御殿、闇り御門（以上再建）

MEMO：熊本城は大小天守のほか、近年では本丸御殿や飯田丸五階櫓などの復元工事を実施し、現在も今後の復元整備計画も策定している。工事は石垣の調査、修復から、コンクリートでの基礎布設、木造での建設、屋根工事を経て完成という手順で行われる。継続的に復元がされている点でも注目すべき城。

白石城《しろいしじょう》

宮城

伊達62万石の南の備え

白石城は、11世紀に刈田《かった》氏（後の白石氏）が築いた城が始まり。その後伊達家の家臣となった同氏が城主を務めた。安土桃山時代の城主蒲生《がもう》氏と甘糟《あまかす》氏が石垣の城に改修したといわれる。関ヶ原の戦い後、再び伊達領となった白石は仙台藩の南の国境の要衝として重臣・片倉景綱《かたくらかげつな》が入城、幕末まで片倉氏が居城とした。戊辰《ぼしん》戦争ではこの城に東北諸藩の代表が集い、奥羽越列藩同盟《おううえつれっぱんどうめい》の基礎がつくられている。明治時代に廃城となった後、１９９７年に天守（大櫓）、大手門などが復元された。

堅さを示す大手門虎口

現在、益岡公園となっている城址に当時の建物はなく、城外に移築された門などがいくつか残る。かつての城は本丸、二の丸を中心に、幾重にも外郭を備えた堅城であった。城門に造られた虎口（出入口）のうち、大手門付近には、幅が変化し、鍵の手に折れる通路など特に工夫が見られる。

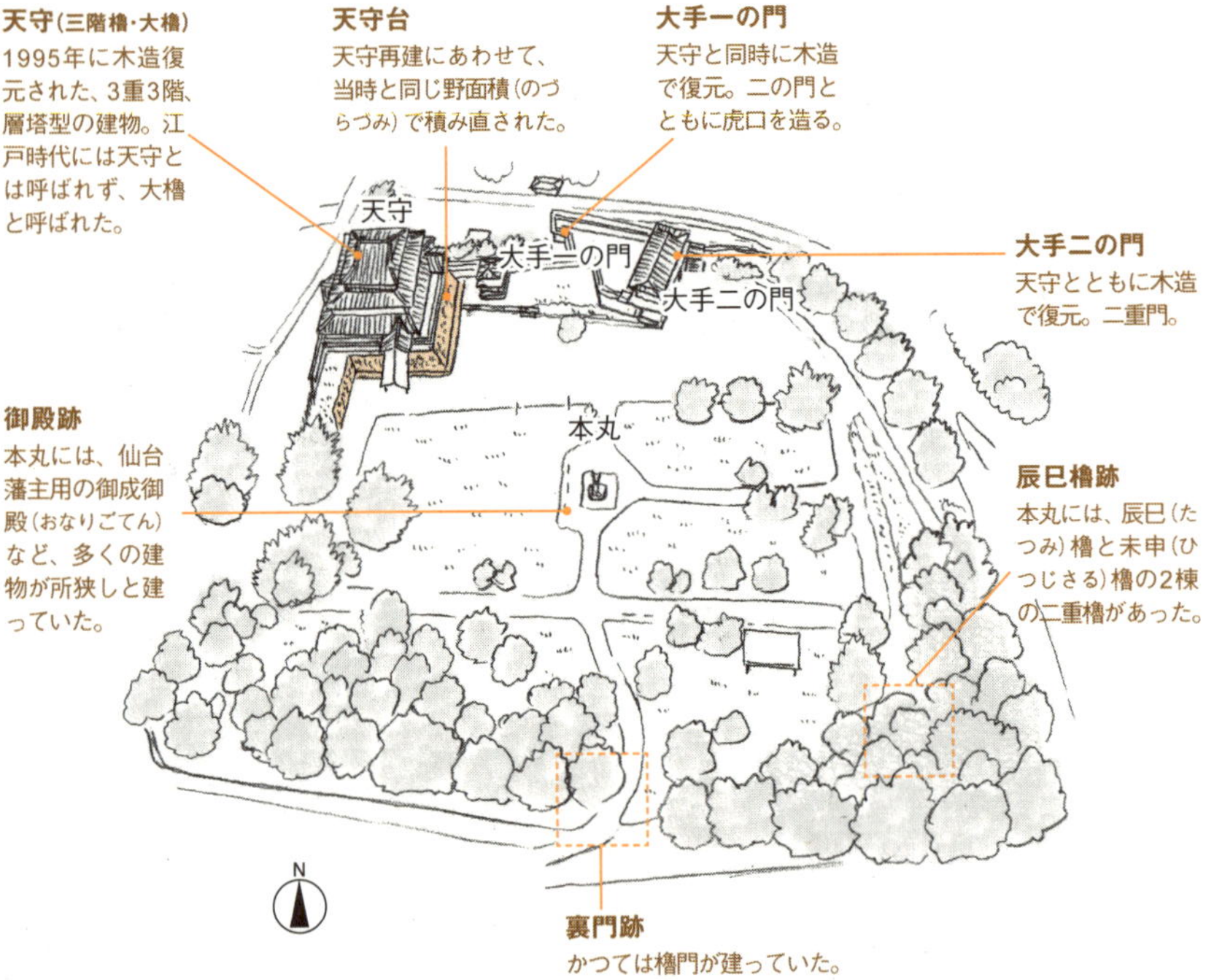
天守（三階櫓・大櫓）
1995年に木造復元された、3重3階、層塔型の建物。江戸時代には天守とは呼ばれず、大櫓と呼ばれた。
天守台
天守再建にあわせて、当時と同じ野面積（のづらづみ）で積み直された。
大手一の門
天守と同時に木造で復元。二の門とともに虎口を造る。
大手二の門
天守とともに木造で復元。二重門。
天守
大手一の門
大手二の門
本丸
御殿跡
本丸には、仙台藩主用の御成御殿（おなりごてん）など、多くの建物が所狭しと建っていた。
辰巳櫓跡
本丸には、辰巳（たつみ）櫓と未申（ひつじさる）櫓の2棟の二重櫓があった。
N
裏門跡
かつては櫓門が建っていた。

築城年：天正19年（1591）、形式：平山城、築城主：蒲生郷成

3

白石城

天守・大手門の復元

白石城の天守は、外観正面を描いたいくつかの絵図、高さ、平面規模、窓・戸の数を記した文書、発掘調査の結果をもとに、1823年に再建された姿を復元している。1階平面は発掘結果にもとづき、2・3階は推定復元された。また、一の門、二の門と一緒に土塀も復元され、特徴的な虎口全体を見ることができる。

天守の内部

窓に面した部分の武者走(むしゃばしり)など、機能を考慮して推定復元がなされている。

天守

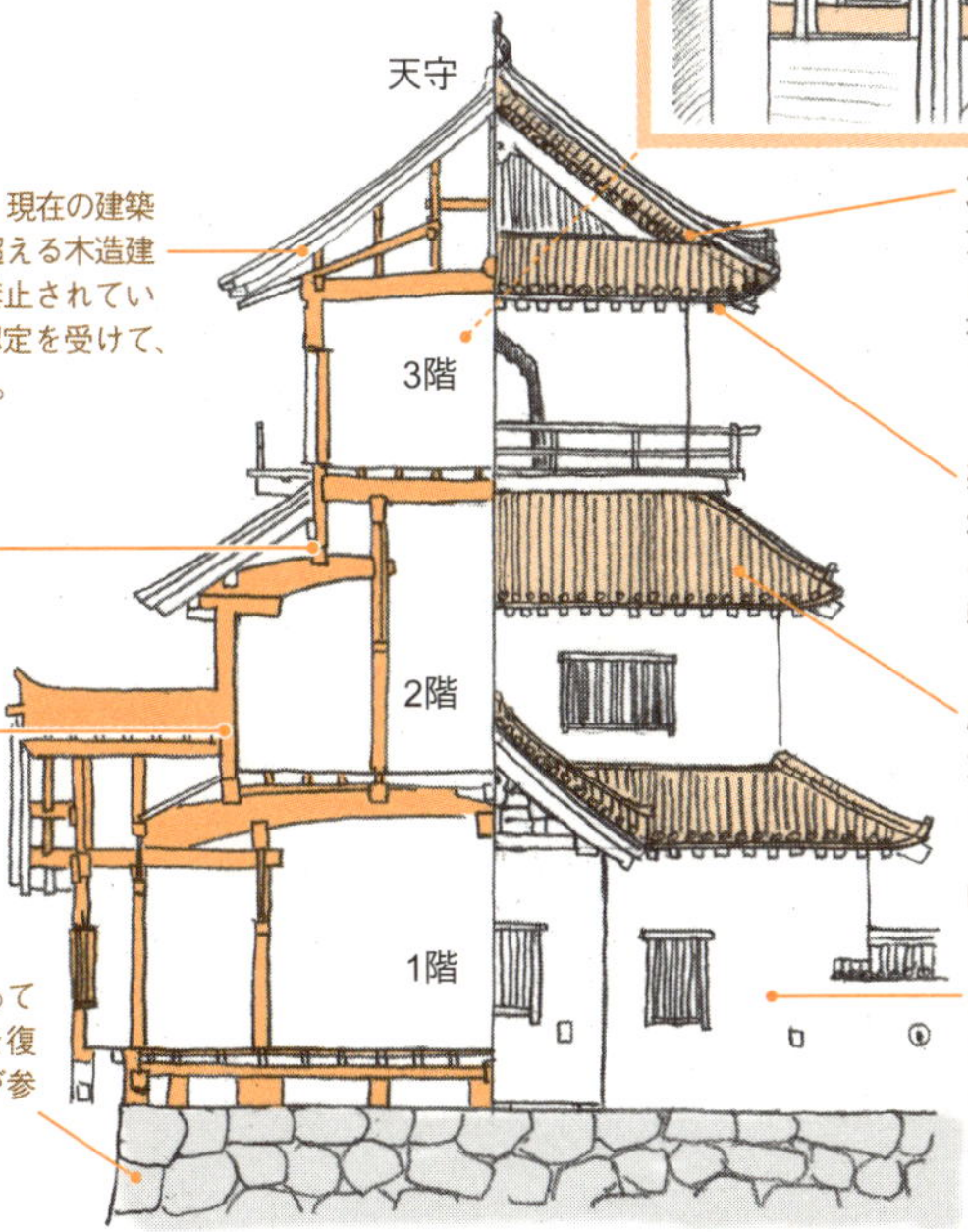

高さ
最高高さは16.726m。現在の建築基準法では、13mを超える木造建築物を建てることが禁止されているため、大臣の特別認定を受けて、復元することができた。

木材の止め方
最初に木ねじで留めておき、完成後、木が落ち着いたところで和釘で留めている。

木材
柱は檜、化粧材は青森ヒバ、杉、梁には松が使われた。

天守台(石垣)
足元の石が2、3段残っていただけだったものを復元。栗石入れは市民が参加した。

瓦
文様は発掘品をもとに決められ、鯱(しゃち)は保存されていたものを模している。

梁の先端
3重の軒下にある円柱状の出っ張りは梁の先端。軸組が外からわかる。

屋根
重量軽減と腐朽防止のために葺土を使わない空葺(からぶき)。砂を混ぜた漆喰で瓦を固定する。

壁
実際の壁と同じ試験体を造って強度実験をし、耐震性能を検討した。

大手一の門

狭間《さま》
門と石垣の間の三角形の土塀にも絵図にあるとおり鉄砲狭間が造られている。

張出した土塀
城門前の敵を三方から攻撃するための工夫。

形
「菱門」の別名の通りの形が、石垣にあわせて見事に復元。

大手二の門

材木
鏡柱、冠木には大きく節のない材が必要だったが、国産材では入手困難なため台湾檜が使われた。

形
二の門の左右非対称の形も再現。通路が鍵の手に曲がっているため。

data

白石城
所在地:白石市益岡町1－16
行き方:JR白石駅から徒歩約10分
主な遺構:石垣(現存)、門、蔵(以上現存、移築)、
三階櫓、門、塀(以上復元)

福島

白河小峰城《しらかわこみねじょう》

木造復元の先駆者となった三重櫓

白河は奥州《おうしゅう》の玄関口として古来重要な地で、14世紀に城が構えられたのが始まり。これを近世的な城郭へと一新し、城下町を整備したのが丹羽長重《にわながしげ》だ。築城の名手と評される長重は、精巧な打込接《うちこみはぎ》の石垣を築き、天守の代わりである三重櫓を建てた。城内の建物は後の藩主、松平定信《まつだいらさだのぶ》の代に詳細な記録がつくられている。

白河は戊辰戦争で激戦地となり、三重櫓も失われた。三重櫓は、1991年に木造復元され、前御門《まえごもん》の前から見上げる姿に、往時の景色を垣間見ることができる。

曲輪の重なる巧みな縄張

白河小峰城は北側は水堀とし、南側に二の丸、三の丸と梯郭(ていかく)式の曲輪(くるわ)を設けている。また、三重櫓は小振りだが、段状に築かれた石垣は堅固な姿を見せる。三の丸には細い堀がいくつも造られ、戦争時には防衛線として機能した。

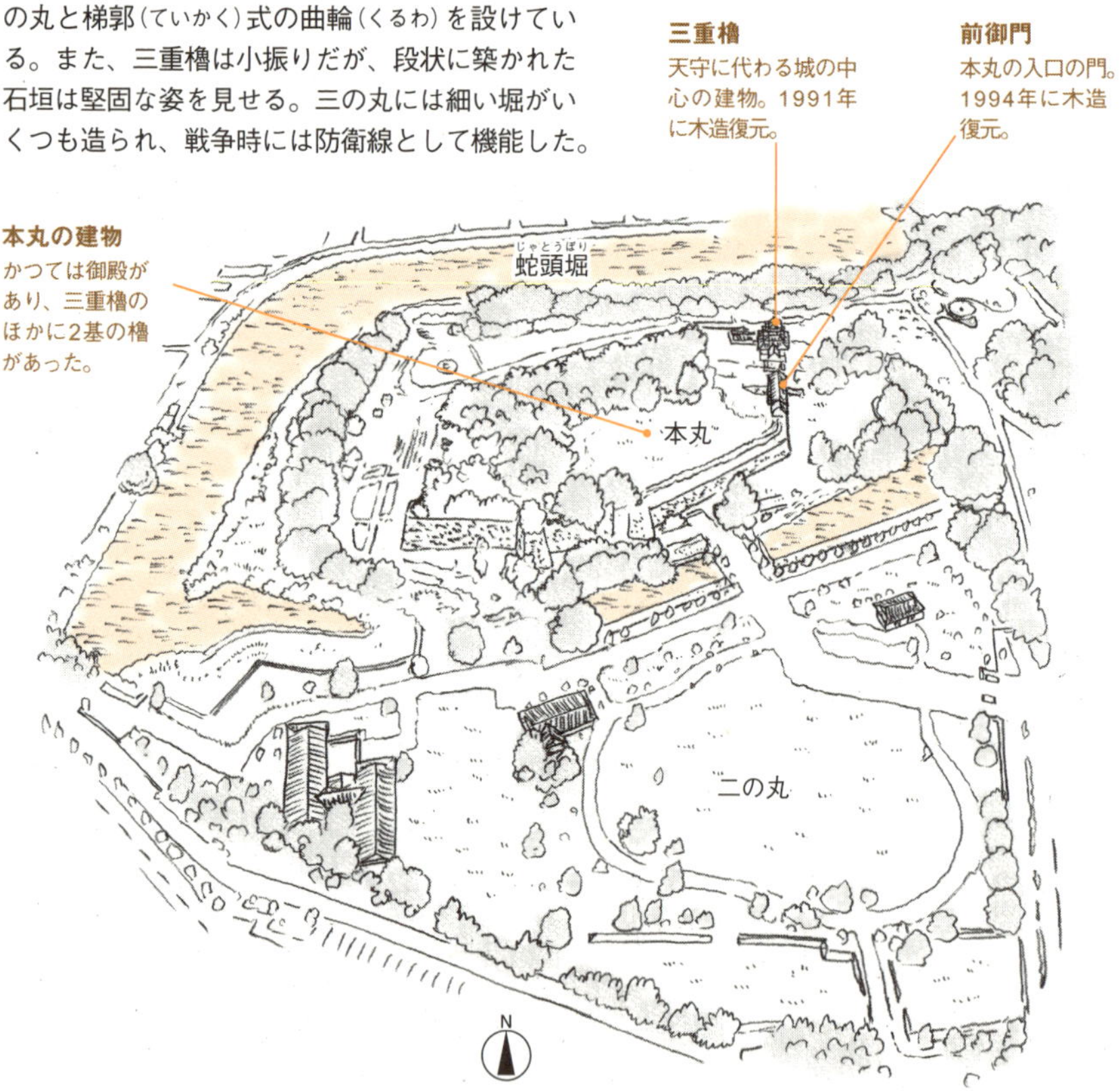
三重櫓
天守に代わる城の中心の建物。1991年に木造復元。
前御門
本丸の入口の門。1994年に木造復元。
本丸の建物
かつては御殿があり、三重櫓のほかに2基の櫓があった。
蛇頭堀《じゃとうぼり》
本丸
二の丸
N

築城年：寛永4年(1627)、形式：平山城、築城主：丹羽長重

三重櫓·前御門の再建

三重櫓と前御門は、どちらも江戸時代の絵図と発掘調査の成果によって復元されている。特に寛政の改革で知られる藩主・松平定信の家臣・南合義之（なんごうよしゆき）によって作成された平面・立・断面を描いた絵図があり、これには部材の寸法、勾配、材種も記され、重要な復元根拠となった。

三重櫓の姿
外壁の下見板張
黒漆塗の下見板張。絵図に色つきで、窓の上までという高さも描かれている。
瓦の紋
瓦当の文様は松平定信の家紋、梅鉢。発掘では歴代藩主の家紋が発見されている。

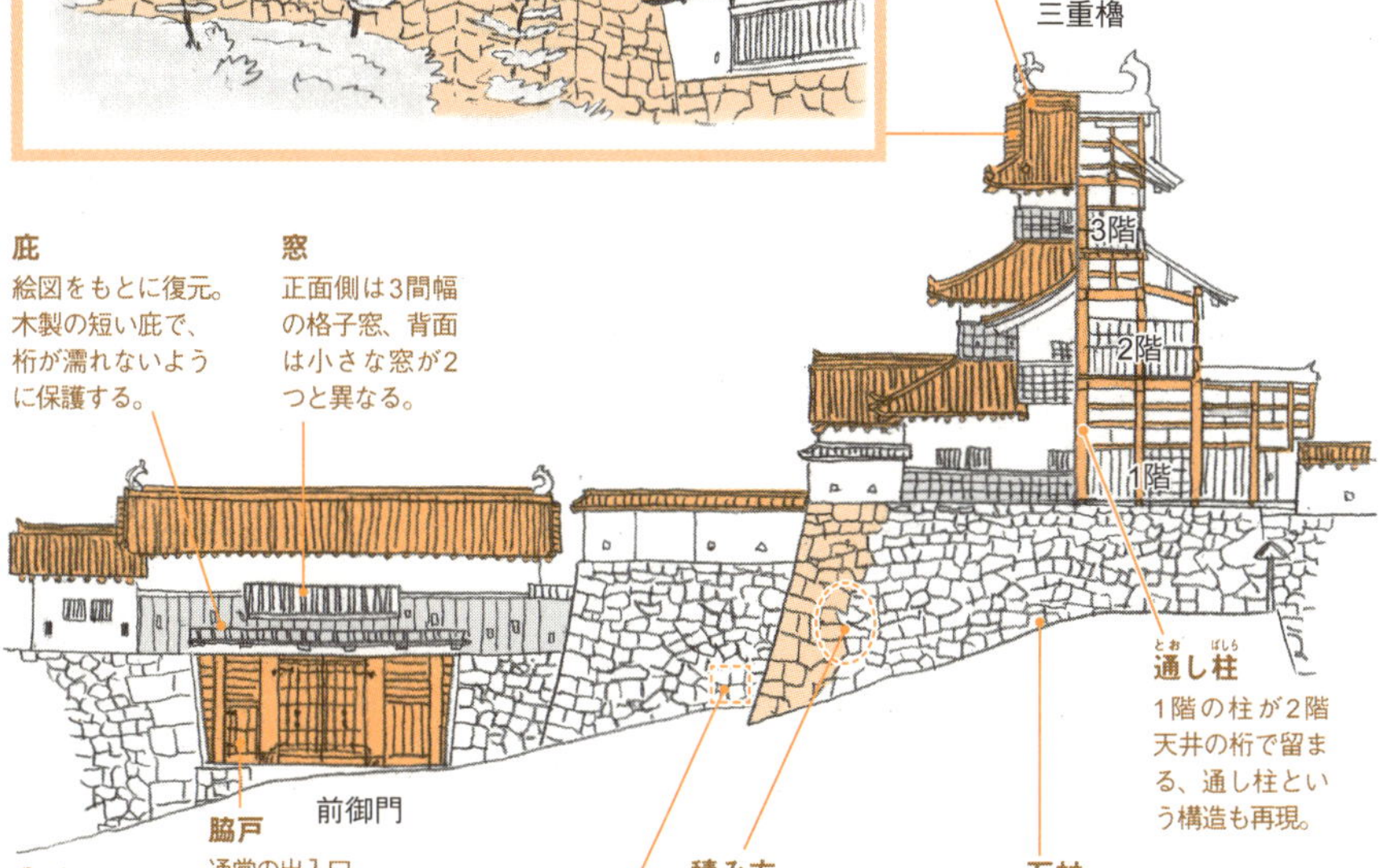
屋根の葺き方
雨漏り、腐朽を防ぐため葺土を用いない引掛桟瓦葺工法を使用。
三重櫓
3階
2階
1階
庇
絵図をもとに復元。木製の短い庇で、桁が濡れないように保護する。
窓
正面側は3間幅の格子窓、背面は小さな窓が2つと異なる。
前御門
脇戸
通常の出入口。
通《とお》し柱《ばしら》
1階の柱が2階天井の桁で留まる、通し柱という構造も再現。
積み方
さまざまな大きさの石を積んだ。この方法を乱積（らんづみ）という。
石材
石垣は地場産の白河石。火に弱く、火災による劣化が見られた石は交換された。
石同士の接する面
石同士が接する面が直線で合わさるように加工して積む（切込接［きりこみはぎ］）。

data

白河小峰城

所在地：白河市郭内
行き方：JR白河駅から徒歩約10分
主な遺構：石垣、水堀、太鼓櫓（以上現存）、三重櫓、前御門（以上復元）

MEMO：復元にあたって、材木は近くの稲荷山に生えていた樹齢400年余りの杉が使われた。ここは戊辰戦争の激戦地で、杉からも鉄砲の弾や傷が見つかったが、そのまま加工されて使われた。地域の歴史を伝えるものだ。

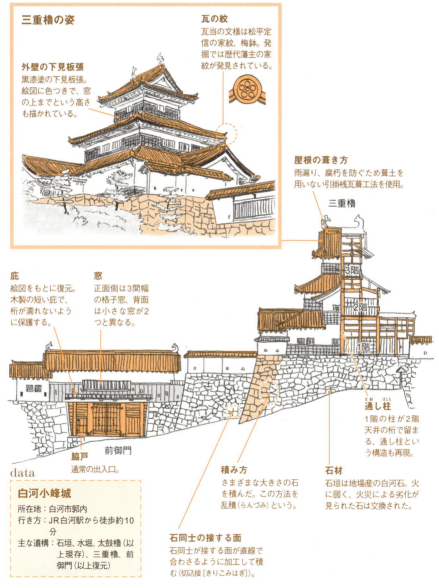

重文・国史跡

新潟

新発田城《しばたじょう》

3匹の鯱《しゃち》が上がる櫓

新発田城は安土桃山時代にこの地に入った溝口《みぞぐち》家によって、56年の年月を掛けて築城された。かつて勢力を誇った新発田重《しばたしげ》家《いえ》の本拠を取り込んで縄張《なわばり》がなされ、17世紀後半建設の三階櫓が天守の役割を果たした。

天災や火災で被害を受ける度に修理が行われ、幕末まで多くの櫓と門を備えていたが、明治の廃城令で城内の建物の多くは壊された。2004年に三階櫓と辰巳櫓《たつみやぐら》が木造で復元されている。珍しいT字形の屋根と美しい海鼠《なまこ》壁は復元三階櫓の見所である。

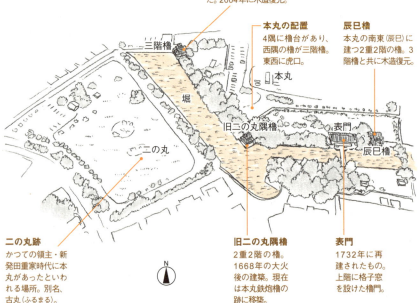

輪郭と段郭を併用した縄張

本丸の周囲を二の丸が囲み、その南側に張り出すように三の丸が造られている。この縄張は新発田川がつくった川沿いの小高い地形を活かしたもの。川の水を引いた堀で曲輪が守られている。

三階櫓
天守の代用。層塔型、3重3階。1848年頃に大修理がされたが、明治の廃城で取り壊された。2004年に木造復元。

本丸の配置
4隅に櫓台があり、西隅の櫓が三階櫓。東西に虎口。

辰巳櫓
本丸の南東（辰巳）に建つ2重2階の櫓。3階櫓と共に木造復元。

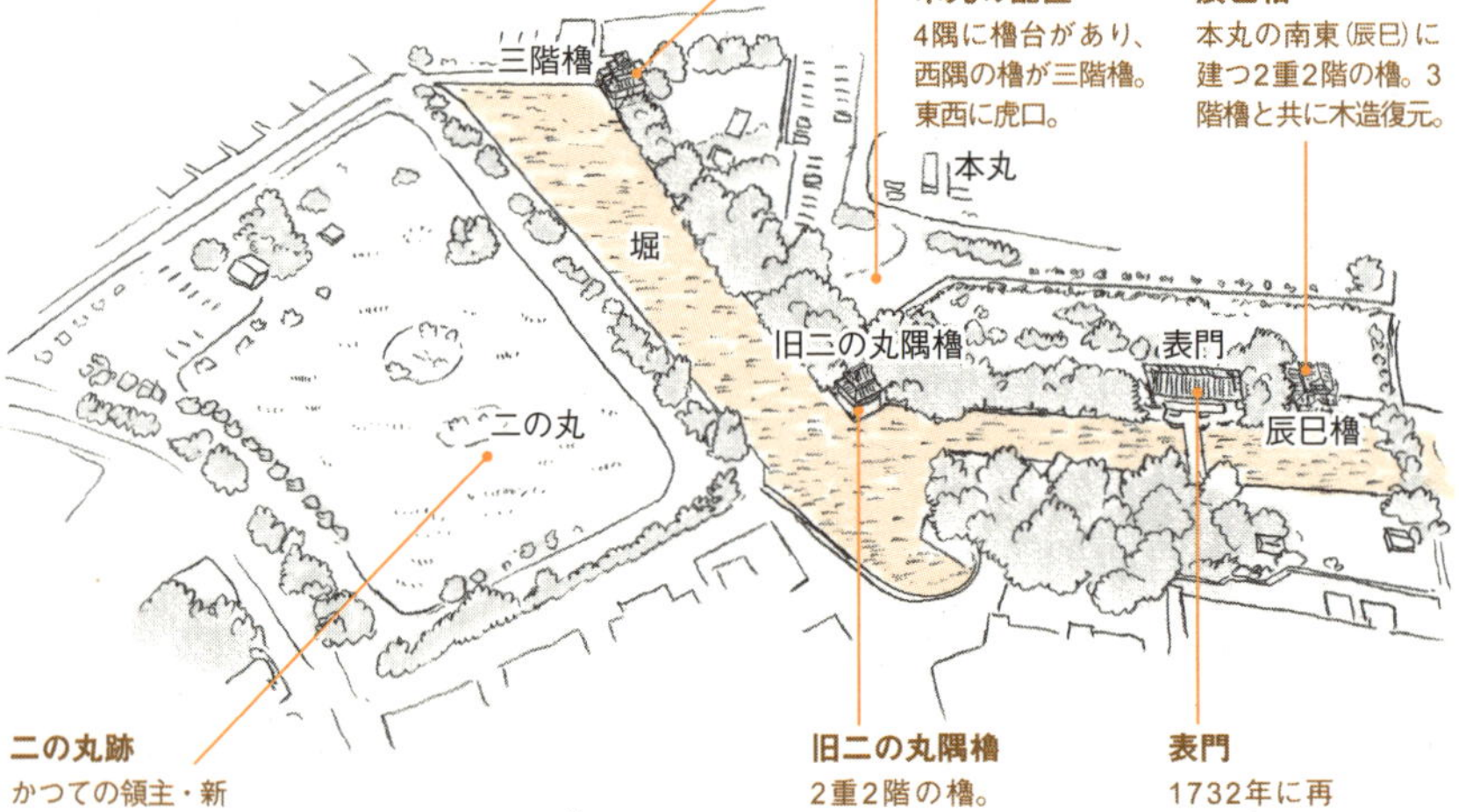

二の丸跡
かつての領主・新発田重家時代に本丸があったといわれる場所。別名、古丸（ふるまる）。

旧二の丸隅櫓
2重2階の櫓。1668年の大火後の建築。現在は本丸鉄炮櫓の跡に移築。

表門
1732年に再建されたもの。上階に格子窓を設けた櫓門。

築城年：慶長3年（1598）、形式：平城、築城主：溝口秀勝

見所は現存する門と櫓

表門

本丸への入口にあたる門。櫓門で内部も公開している。

壁
一部に海鼠壁（なまこかべ）が使われている。

桁
桁の両端は石垣にのっている。桁行は9間、梁間は3間の櫓門だ。

扉
鉄で補強されている。

鏡柱
大扉の両脇、一番太い長方形断面の柱。乳金物が残っている。

石落《いしおとし》
表門内部には床板を上げて敵を攻撃できる仕掛けがある。見学可。

旧二の丸隅櫓

元は二の丸にあった。1960年に現在の地に移築された際、腰の海鼠壁が復元された。

長押《なげし》
窓の上には三階櫓にはない長押形がある。

突上戸
三階櫓は白塗の戸に復元されたが、ここでは塗られていない。

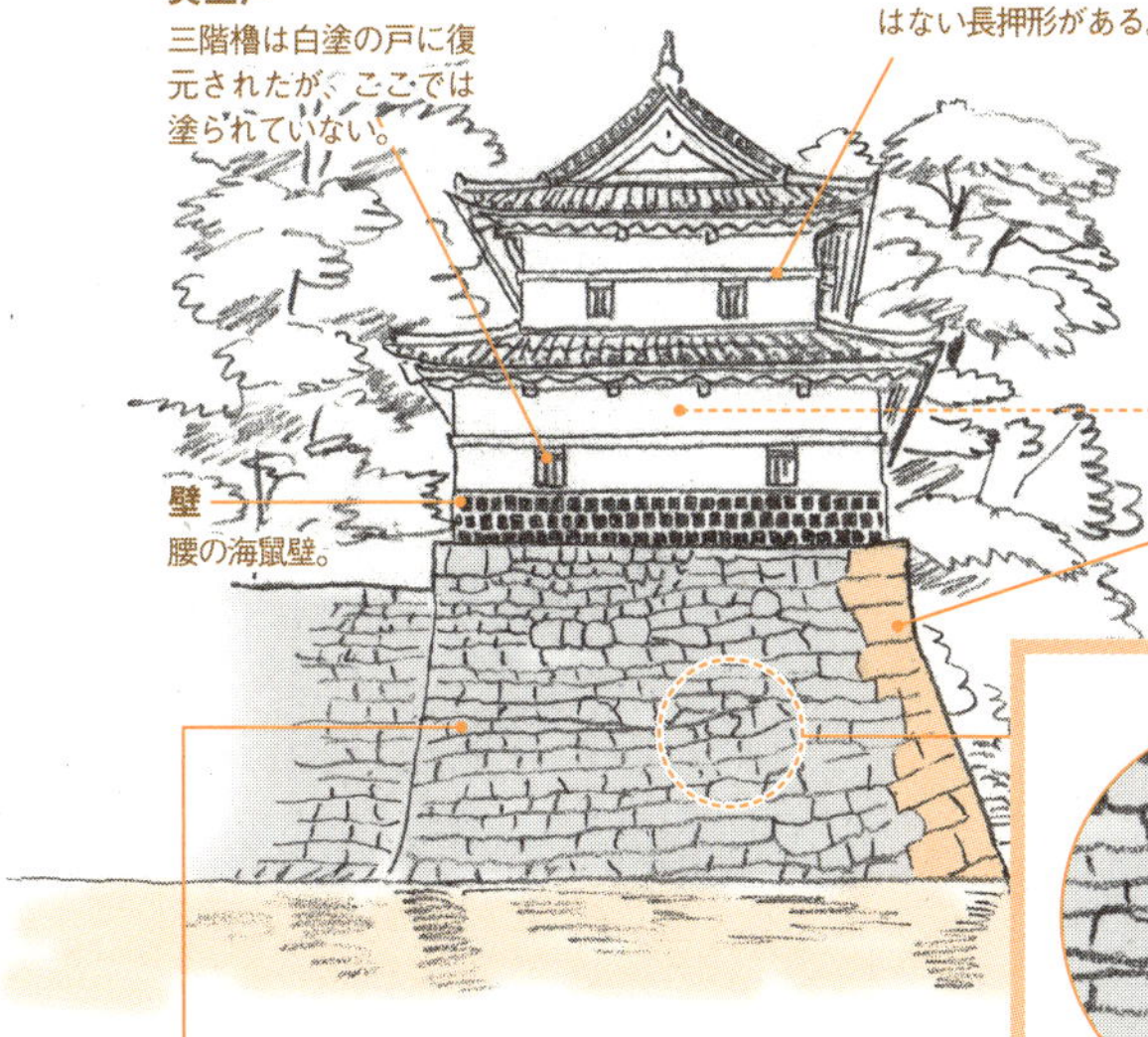

壁
腰の海鼠壁。

算木積
隅は算木積とし強度を増している。

本丸では、整然と積まれた切込接の石垣を見ることができる。櫓の復元では石垣に力を掛けないよう杭基礎を打って、建物を支えている。

根太天井《ねだてんじょう》
1階の天井は根太天井で2階の床になっている。

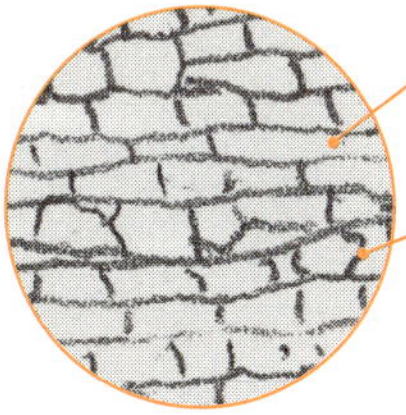

布積《ぬのづつみ》
石の目地がほぼ水平に重なっていくように積む方法。

切込接《きりこみはぎ》
石同士の接合部が隙間なく合わさるように整えて石を積む方法。

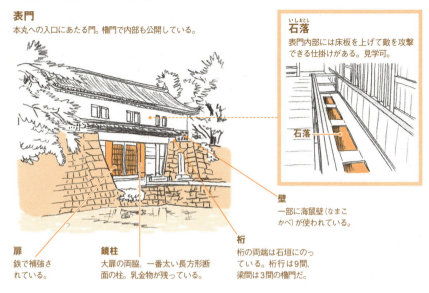

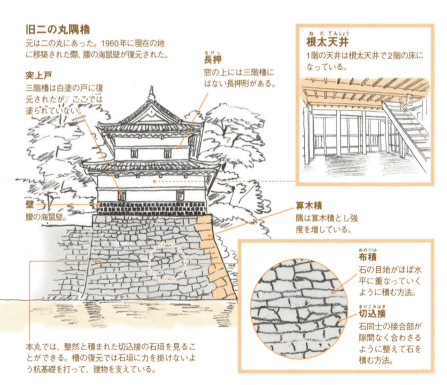

復元！ 3匹の鯱をのせた独特な三階櫓

三階櫓の復元では古写真、古絵図、古文書にもとづいて外観、平面、大きさが決められた。木造での復元にあたり、高さが建築基準法に抵触したため、保存建造物の原形を再現する建築物として法の適用除外を受けている。

T字形の屋根
三方に入母屋破風が見え、正面（東面）では3匹の鯱が見える。特異な構造だ。

鯱《しゃち》
新発田城の特徴、3匹の鯱は阿形（あぎょう）が2つ、吽形（うんぎょう）が1つ。

壁
大地震に備えて外周壁の通し貫の間に板を入れて耐震壁としている。

破風・軒
意匠上重要なこれらの部分は、原寸の型板を実際の位置に上げて目視し、最終的な勾配、反りが決定された。

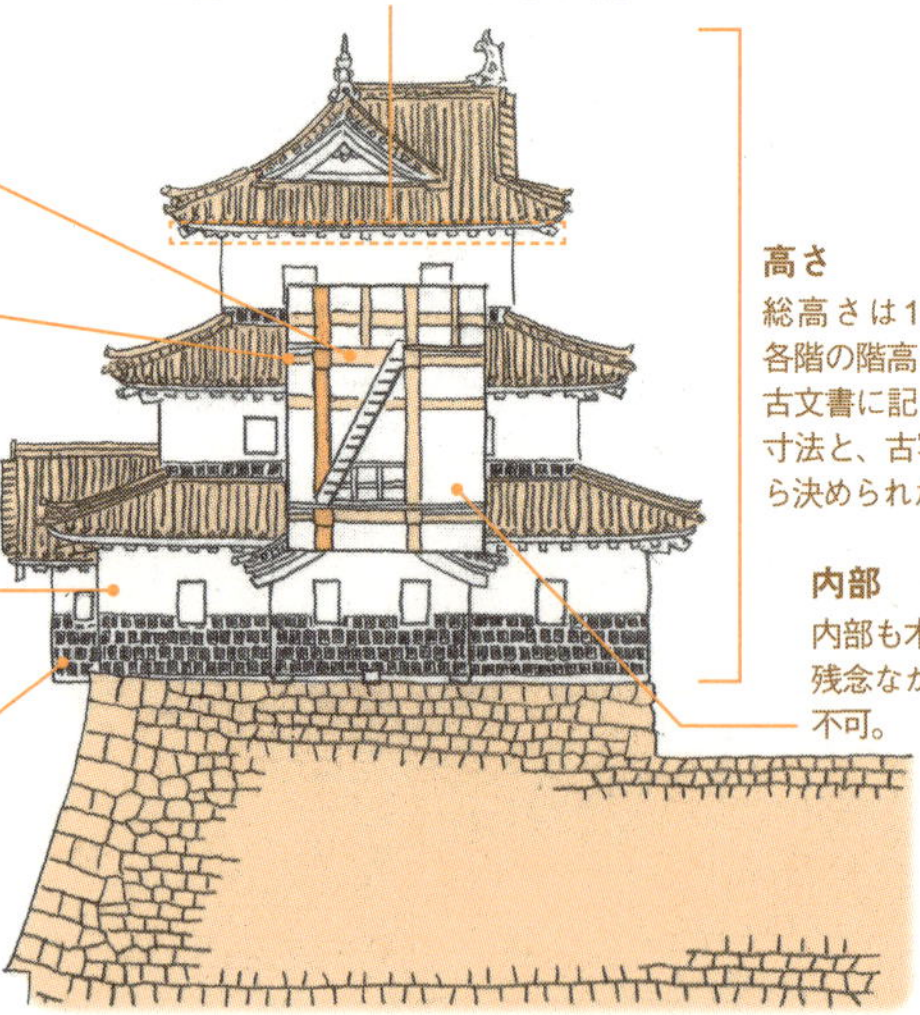

柱・梁
柱は杉材。梁は檜で伝統的な釿（ちょうな）はつり仕上げ。

切裏甲《きりうらごう》
ここのみ黒色塗として軒先の線を強調し、美しく見せる工夫。松材。

木組
柱と梁・桁の組方は、城内の現存建物、全国に残る三階櫓の技法から決定された。

高さ
総高さは12m弱。各階の階高などは古文書に記された寸法と、古写真から決められた。

平面
古文書の各階規模、発掘結果などをもとに平面が復元された。

内部
内部も木造で復元。残念ながら立入り不可。

海鼠壁
四角い平瓦を貼り、目地の漆喰を盛り上げ仕上げる。防火・防水・防雪の効果がある北国の城の特徴。

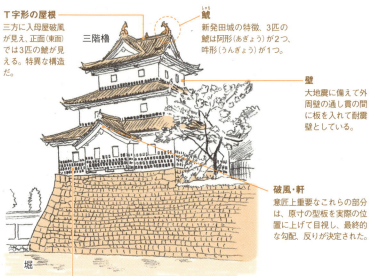

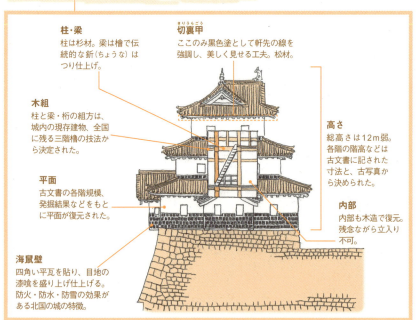

辰巳櫓の復元

辰巳櫓も古文書、古絵図から復元された。三階櫓が立ち入れないのに対し、辰巳櫓は内部を見ることができる。

屋内床

屋内の床の一部はガラスになっていて、保存された礎石を見ることができる。

軒

三階櫓、旧二の丸隅櫓ともに軒は、出桁で支えられていて、漆喰で塗籠られている。

切裏甲《きりうらごう》

三階櫓と同じく、この部分のみを黒くしており、デザインのアクセントになっている。

石落

堀に面した2面に石落が造られている。

石垣

櫓の基壇の高さに合わせて積み増しした。新しい石材の裏には+の印が付けられている。

石垣の補強

堀際の石垣が変形してきており、石垣が崩れるのを防ぎ、現状維持するため、堀の水を抜かずに補強工事がなされた。石垣の下に杭を打ち、竹籠に石を積めたものを沈めて重しとして根石が浮かび上がることを防いでいる。

data

新発田城

所在地：新発田市大手町
行き方：JR新発田駅から徒歩約20分
主な遺構：表門、旧二の丸隅櫓（以上重文、現存）、石垣、土塁、水堀（以上現存）、三階櫓（復元）

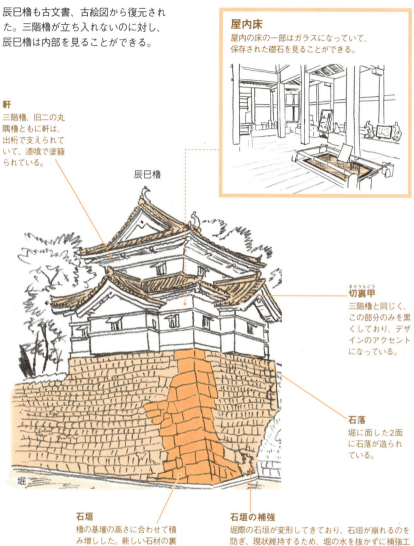

重文

静岡

掛《かけ》川《がわ》城《じょう》

本格的な木造復元天守の先駆け

東海道の要衝掛川に、近世城郭を造ったのは豊臣秀吉の家臣・山内一豊《やまうちかずとよ》。関東の徳川家康を押さえる役割を担った一豊は、天守と要所に配した櫓を持つ堅固な城を築いた。この天守は1604年の地震で被害を受け、再建されたが、その後再び地震にあい、本丸御殿と共に失われた。

戦後、城の元の姿を取り戻そうと、現存例の少ない城内御殿である二の丸御殿の整備や、日本初の木造での天守復元がなされた。また、城下町の風情を生かした町づくり※も進められている。

美しい「東海の名城」

掛川城は復元天守が有名だが、二の丸にある御殿は城郭の御殿としてはほかに3例あるのみで、全国でも珍しい遺構。江戸時代以来の建物で城内に残っているものに太鼓櫓がある。そのほか、明治時代に払い下げられた門が市内にいくつか残されており、旧状を偲ばせる。

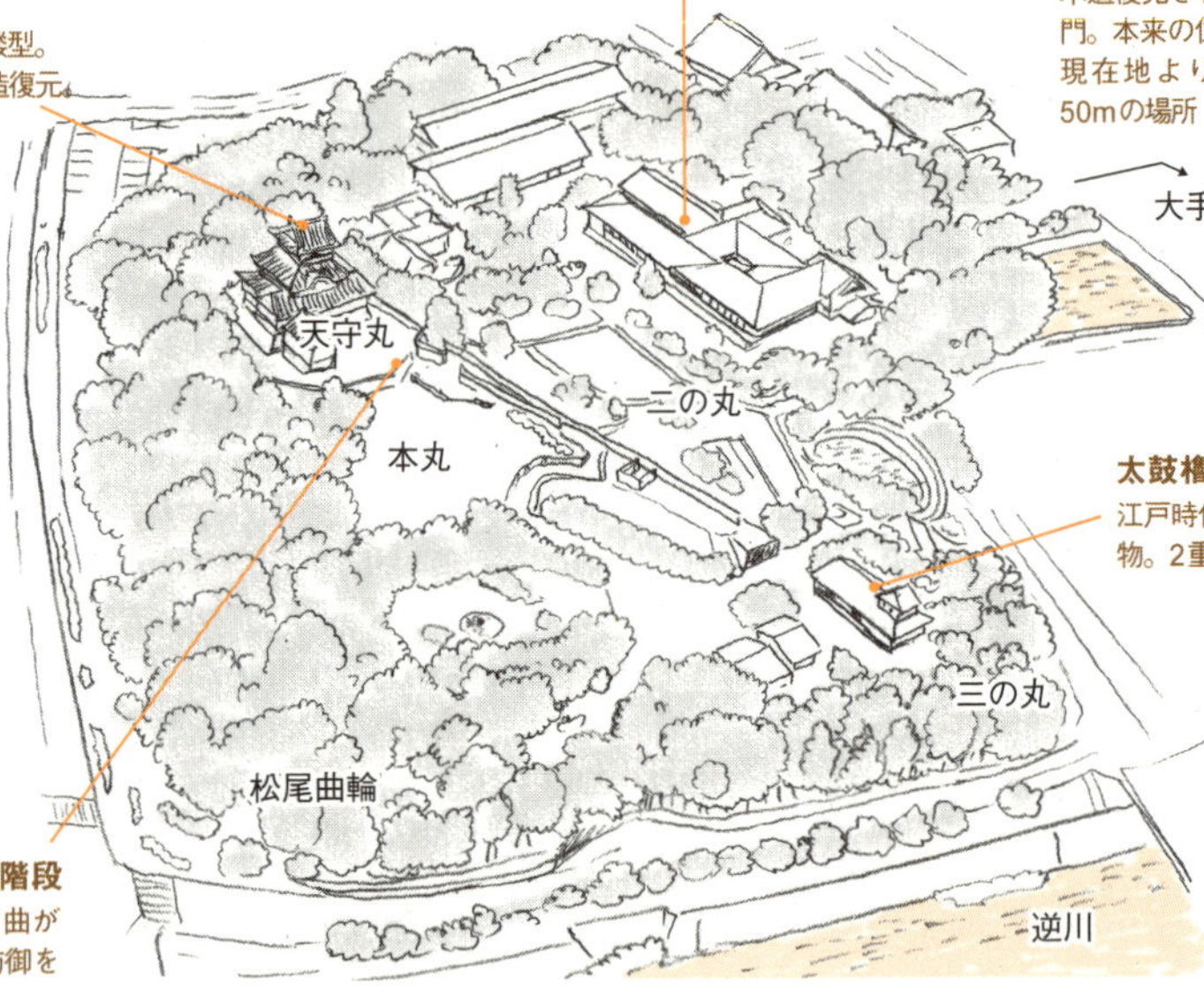
二の丸御殿
幕末に完成した御殿。城主の館であり、藩政を行う庁舎でもあった。
大手門
木造復元された櫓門。本来の位置は現在地より南へ50mの場所
大手門へ
天守
3重4階、望楼型。1994年に木造復元。
天守丸
二の丸
本丸
太鼓櫓
江戸時代の建物。2重の櫓。
三の丸
松尾曲輪
逆川
天守丸への階段
細く、急で、曲がった階段は防御を考えたもの。

築城年：天正18年（1590）、形式：平山城、築城主：山内一豊　※城下町・東海道の宿場町である掛川は、天守の復興だけではなく、歴史を意識した町づくりも展開。掛川駅から城までの道沿いは、鉄筋コンクリート造の建物でも、歩行者から見える範囲には瓦屋根・海鼠（なまこ）壁など伝統的な意匠を用い、景観をそろえようとするデザインが見られる。

現存する江戸期の貴重な遺構

二の丸御殿

1854年の地震で倒壊した御殿を1861年に再建したもの。書院造の建物で、玄関先の広間から延びる廊下の左側が藩主の空間、右側が藩庁。明治時代以降は小学校、町役場などに使われた。

賄方《まかないかた》、吟《ぎん》味《み》奉《ぶ》行《ぎょう》
藩庁の仕事をしていた部屋。

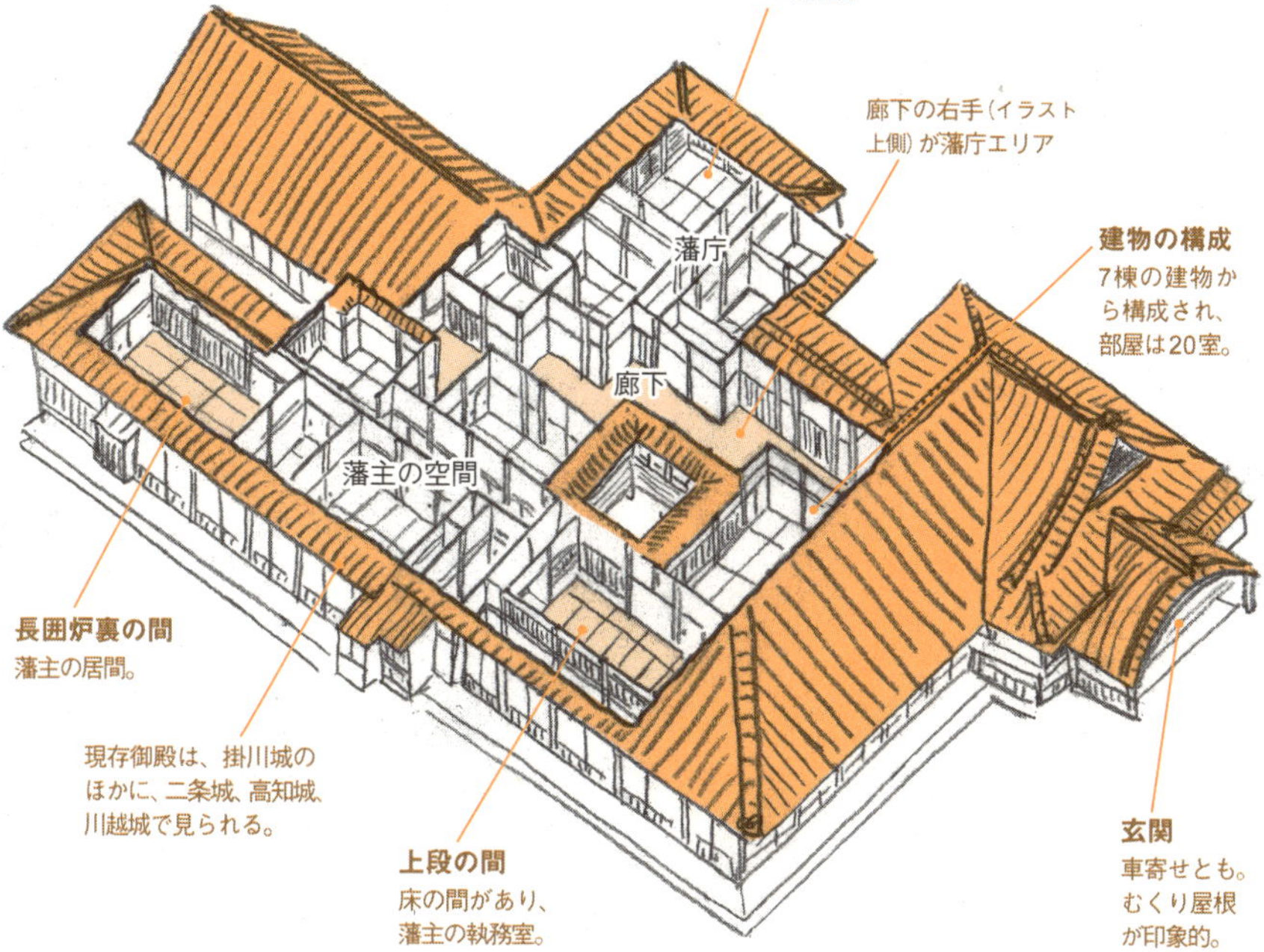

廊下の右手（イラスト上側）が藩庁エリア

建物の構成
7棟の建物から構成され、部屋は20室。

長囲炉裏の間
藩主の居間。

現存御殿は、掛川城のほかに、二条城、高知城、川越城で見られる。

上段の間
床の間があり、藩主の執務室。

玄関
車寄せとも。むくり屋根が印象的。

太鼓櫓

名前は時を知らせる太鼓があったことに由来。望楼を上げた2重の建物であるが、古い絵図には3重の櫓として描かれている。元は三の丸にあったが、現在は本丸に移築されている。

太鼓
吊してあった太鼓は御殿に展示。

下見板張
天守は総漆喰（しっくい）塗籠（ぬりごめ）で復元されたが、太鼓櫓は下見板が張られている。特に妻面は全面下見板張。

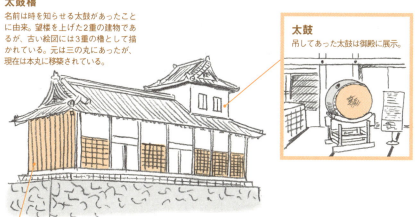

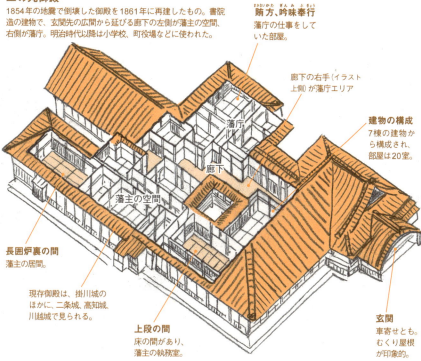

日本初の木造復元天守

資料にもとづいた天守の復元を木構造で行った初めての城が掛川城だ。復元は、江戸時代の城内絵図、石垣崩落時の記録図、掛川城天守をモデルにしたと伝わる高知城天守（山内一豊が築城）を参考にして行われた。

高欄
幕末の絵図には見られないが、高知城天守にはあるため復元。織豊系城郭の特徴。

最上階
天井は魚梁瀬杉（やなせすぎ）の格天井、壁・建具には掛川特産の葛布が張られ、座敷風。

2階
天守の屋根にのっている鯱の複製品が見られる。

高さ
石垣上端から大棟まで16.42m。建物の高さ、階高は高知城の寸法をもとに算出された。

付櫓《つけやぐら》
天守への入口。絵図に描かれている。

軸組
太い柱と梁が、天守を支える力強さを見せてくれるのは木造ならでは。材は青森ヒバ。

忍返《しのびがえし》
天守の壁には鋭い忍返がついている。高知城にならっている。

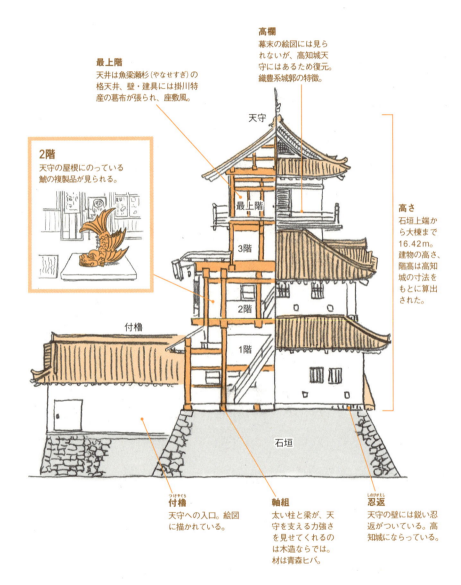

6 天守とともに復元された大手門

大手門

楼門の形をした大手門は2階建で、間口約12.7m、高さ約11.6m、鏡柱(かがみばしら)や冠木(かぶき)などには大ぶりな材を用いた立派な門だ。当初造られた門は1854年の地震で壊れ、1858年に再建された門は明治時代に払い下げられたが、火災に遭い焼失。発掘調査により柱の礎石後が発見され、規模が確認できたため、1995年に復元された。

鯱瓦《しゃちがわら》

焼物の大きな鯱瓦がのる。

庇

1階と2階の間に腰屋根のように木製の庇が付き、意匠の特徴になっている。

土塀

土塀の位置も発掘で明らかになったため、門と一緒に部分復元されている。

鏡柱

開口部両脇の鏡柱は正面が66cm、奥行が45cmもある。

区画整理などの事情により、当初位置よりも50m北に再建された。

江戸期の現存建物、大手門番所

木造平屋建、瓦葺、入母屋造の建物。大手門と並行して建てられ、外から門を通ると正面に位置する。1854年の大地震で倒壊し、1859年に再建されたものが残る。廃城後には移築されていたが、発掘調査で位置が判明し、現在地に再び移された。大手門の番所が残っているのは珍しい。

庇

正面側だけに庇が付いている。役人が通行人を見張るのに都合がよい。

床・壁

建物の中は板張、壁は漆喰壁。実用的な建物。

窓

隅部には二方向に窓があり、城門を通る人をよく見張れる。背面に窓はない。

data

掛川城

所在地：掛川市掛川1138－24
行き方：JR掛川駅から徒歩約7分
主な遺構：二の丸御殿(重文、現存)、太鼓櫓、石垣、土塁、堀(以上現存)、天守、大手門(以上復元)

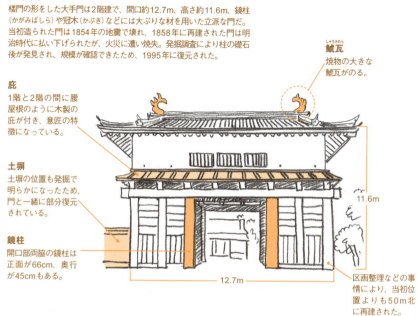

重文・国史跡

和歌山

和歌山城《わかやまじょう》

さまざまな姿を見せる連立式天守を持つ名城

和歌山城は豊臣政権の紀伊統治の拠点として築かれた。続く桑《くわ》山《やま》氏、浅野《あさの》氏が城郭・城下町の建設を引き継ぎ、江戸幕府御三家の紀伊徳川家が大改修を行い、現在の姿となる。1846年に天守が落雷で焼失、4年後に再建された。当時、城の作事・普請は厳しく制限されたが、御三家ゆえに特別に許可※された。この時に再建された本丸の建物は戦災で失われてしまう。現在、城内には江戸以来残る岡口門《おかぐちもん》や、外観復元天守、木造復元の御橋廊下《おはしろうか》などがある。

（普請は藤堂高虎《とうどうたかとら》が行った。）

城地と紀伊国の自然を活かした城

和歌山城の縄張は、自然の地形を活かしたもの。虎伏山（とらふすやま）の頂に造った本丸を中心として、周囲に曲輪を配し、川から水を引いた堀が北・東・西に廻る。また、石垣の石はいずれも藩内産。当初は虎伏山産などの青石、その後は友ヶ島産の砂岩や熊野産の花崗斑岩が多く用いられている。

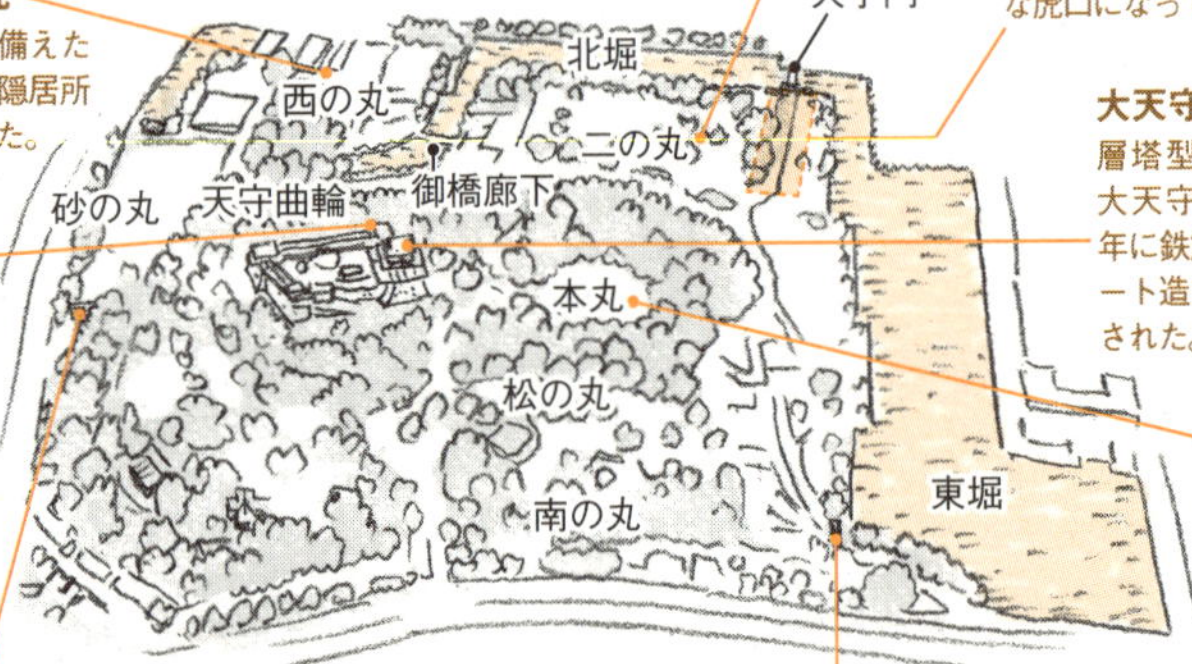

二の丸
表、中奥、大奥に分かれた大きな御殿が建っていた。

大手門から二の丸入口の一中御門までの間は大きな虎口になっていた。

西の丸
庭園を備えた藩主の隠居所であった。

大天守
層塔型3重3階の大天守は、1958年に鉄筋コンクリート造で外観復元された。

小天守
2層2階の櫓で、唐破風の玄関が付く。大天守など連立式天守の建物とともに外観復元された。

本丸
かつては御殿が建っていた。

追廻門《おいまわしもん》
江戸時代に建設された門で、高麗門形式。藩主の御座の間からみて裏鬼門に当たるため魔除けの意味で赤く塗られたという。

岡口門
城内に残る江戸時代以来の櫓門。1621年の建造。両脇にあった櫓は失われている。

築城年：天正13年（1585）、形式：平山城、築城主：豊臣秀長

※：幕府は通常、城郭の再建を許さなかったが、御三家紀伊徳川家の居城だったため、特別に再建を認めた。

木造復元された遺構を探せ

殿様のための御橋廊下

御橋廊下は、藩主が生活していた二の丸と、庭園が広がり数寄・娯楽の空間であった西の丸をつなげる橋。藩主と限られたお供の者のみが渡れた。壁付きなのは藩主が移動するのを気づかれないためといわれている。復元は江戸時代の図面をもとに木造でなされた。実際に中を通ることができる。

傾斜

橋の傾斜はおよそ6.3度。二の丸から西の丸への3mほどの高低差を長さ27m弱の橋でつなげている。

天井

天井は座敷で用いられる棹縁(さおぶち)天井となっており、藩主の通路にふさわしい。

廊下橋

橋に壁を造り屋根を掛けた橋を廊下橋という。ほかの城でも見られたが、御橋廊下は高低差のある廊下橋として珍しい。

橋桁《はしげた》

橋桁の構造、形は江戸時代の図面から復元した。

床板

滑り止めのためか、傾斜の上側に木口がでるように端を重ねて床板を張っている。

大手門

間口幅およそ11mの高麗門。徳川氏時代にここが大手門となった。1909年に自然倒壊したが、古写真などにもとづいて1983年に木造復元された。

乳《ち》金物《かなもの》

門扉や柱に装飾として付けられる半球状の金物で、古写真から打たれた位置がわかった。

土塀

復元では門の左右両方とも土塀となったが、向かって左手は多聞櫓であった。

潜《くぐり》戸《ど》

潜戸は門の左側のみについており、古写真から鏡柱側に蝶番が付いている様子もわかった。

一の橋

大手門への橋で、擬宝珠(ぎぼし)の付いた柱、高欄の形などは写真をもとに復元。

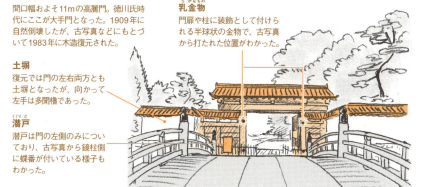

小天守

2重2階の小天守は大天守と短い廊下で接続している。天守曲輪の内側に向かって、天守への正式な入口である唐破風造の玄関がある。外観の特徴は大天守と共通し、復元にあたっても大天守と同様に造られた。鉄筋コンクリート造。

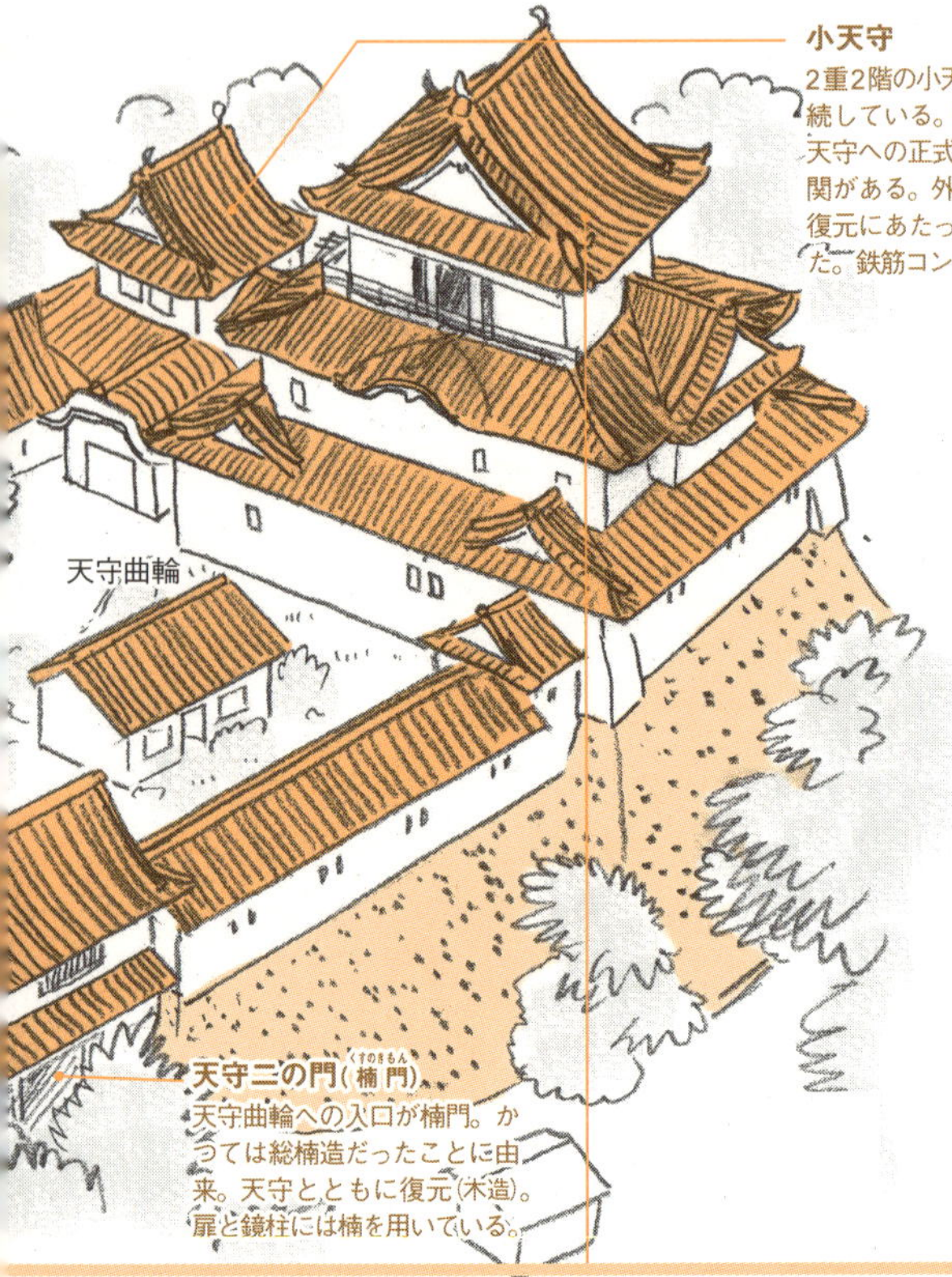

天守二の門(楠門《くすのきもん》)

天守曲輪への入口が楠門。かつては総楠造だったことに由来。天守とともに復元(木造)。扉と鏡柱には楠を用いている。

壁

江戸時代後期に再建された白壁の姿に復元された。

比翼入《ひよくいり》母《も》屋《や》

1重の屋根には2つならんだ千鳥破風がある。これは1階が不整形の初期天守に多く見られる。

1階平面

1階の平面は不整形な天守台にあわせて菱形になっている。

石落《いしおとし》

石落は曲線の膨らみをもった形をしており、「袋狭間」とも呼ばれる。

妻飾《つまかざり》

入母屋破風の妻面には青海波模様を打ち出した銅板張。創建天守は木連(きつれ)格子だったと考えられる。連立天守群のほかの建物の入母屋破風も同じ。

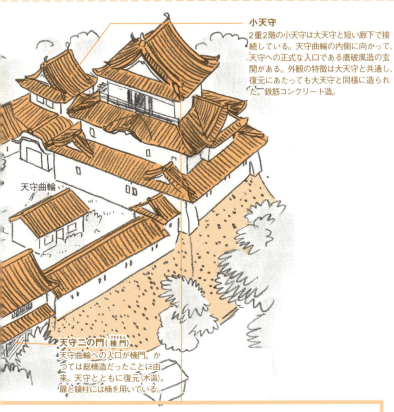

7 平山城の中心、天守曲輪

天守曲輪は菱形をしており、4隅に天守、櫓を建て、これらを多聞櫓で連結した連立式天守である。入口である天守二の門(楠門)も櫓門とし、強固な防御力を見せている。また、台所櫓(御台所)の下の石垣には埋門(うずみもん)があり、いざという時にはここから外に出られるようになっており、これも復元されている。

乾櫓《いぬいやぐら》
2重2階の櫓。 石垣に面した3つの隅に袋狭間を付ける。
御台所
1重1階の櫓。 屋内に埋門への階段が造られている。
二の門櫓
2重2階。天守曲輪が菱形であるため、二の門櫓の石垣側は鈍角になっている。

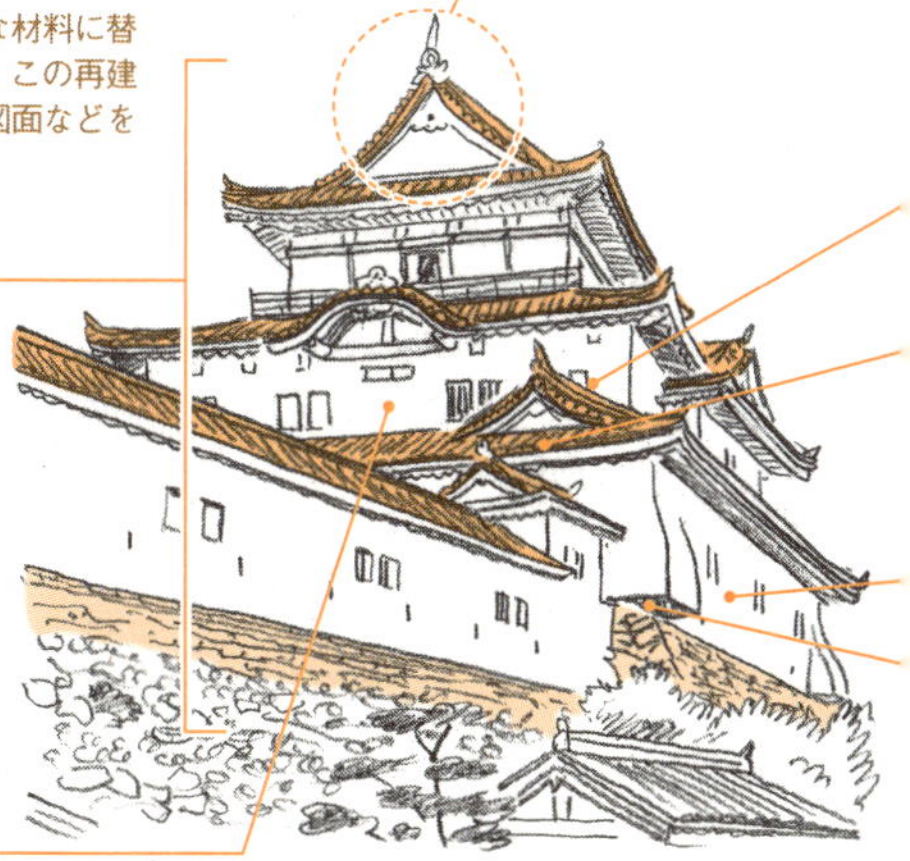
大天守
江戸時代後期に再建された大天守は、不整形な平面や石落(いしおとし)の形などに古風を残す一方、壁や破風を新たな材料に替えていた。現天守は、この再建天守の外観を当時の図面などをもとに復元したもの。
高さ
大天守も含めた天守群の高さは、資料から確認できなかったため古写真から算出された。
戦前には国宝に指定されていた。空襲で焼け、鉄筋コンクリート造で復元された。

data

和歌山城

所在地：和歌山市一番丁
行き方：南海和歌山市駅から徒歩約10分
主な遺構：岡口門(重文、現存)、土塀、追廻門(以上現存)、大天守、天守曲輪群、御橋廊下(以上再建)

重文・国史跡

岡山城《おかやまじょう》

岡山

烏城《うじょう》の名を持つ黒い名城

廊下門
天守と同時に復元された櫓門。

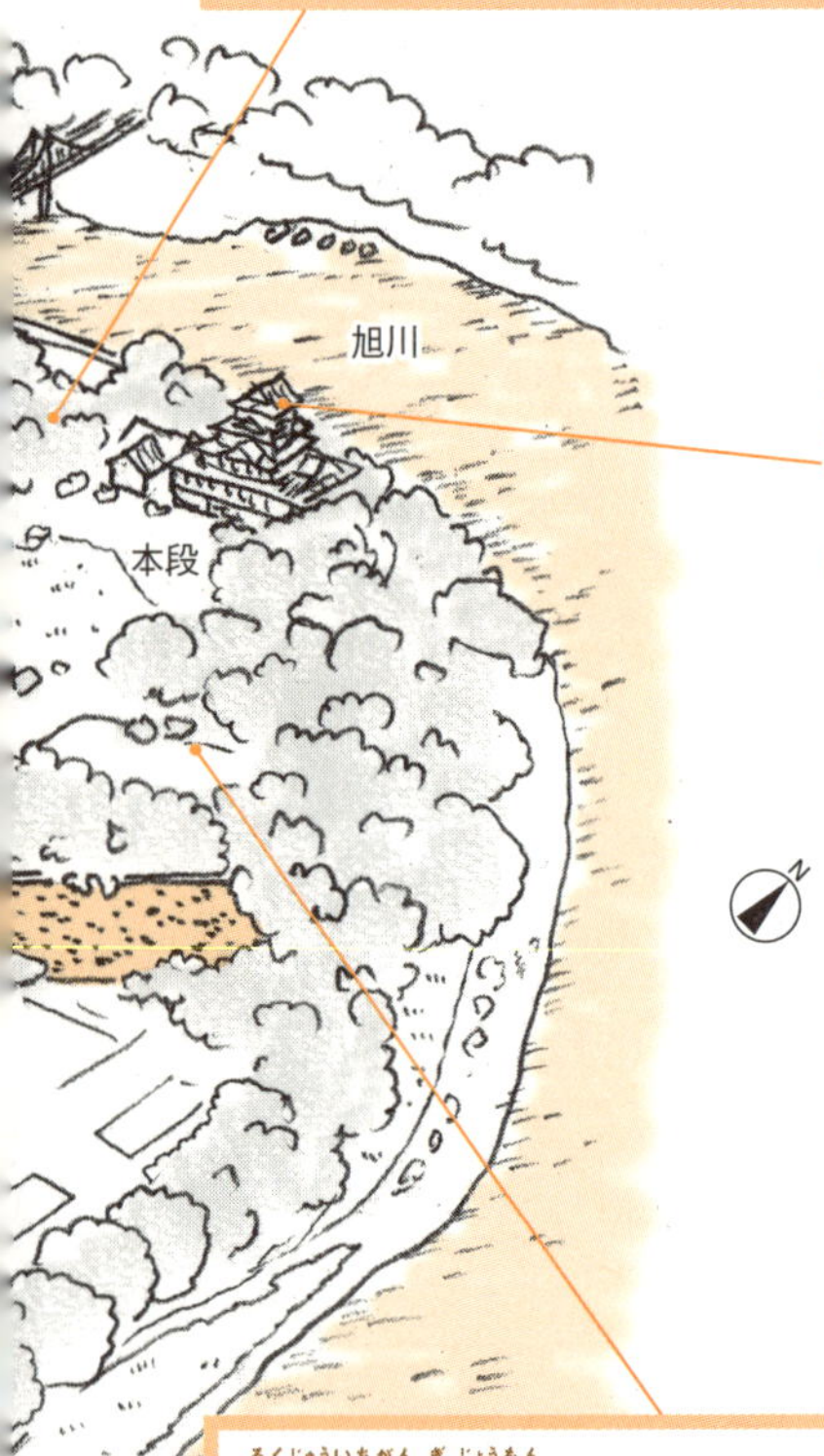

天守
5重6階望楼型の天守。1966年に鉄筋コンクリート造で外観復元された。

六十一雁木上門《ろくじゅういちがんぎじょうもん》
木造復元。雁木は階段のことで、名前はその段数にちなむ。その上にある門で薬医門（控柱を省略し、鏡柱上にのみ屋根をのせた門）形式。

岡山城の歴史は南北朝時代に遡り、戦国時代には宇喜多《うきた》氏の本拠となった。豊臣政権で大大名となった宇喜多家は城の拡張に着手、高石垣や4重6階の天守を備えた近世城郭とした。関ヶ原の戦い後は、小早川氏、池田氏が城主となった。池田氏時代に今残る縄張《なわばり》が完成し、名園・後楽園が造られている。明治時代に天守、櫓2棟、門1棟を除く建物が失われ、残った建物は旧国宝に指定された。太平洋戦争の空襲で天守と門を焼失、1966年に天守が外観復元された。後楽園から望む烏城の美しい姿は趣がある。

築城年：天正18年（1590）、形式：平山城、築城主：宇喜多秀家

川の屈曲部を活かした縄張

岡山城の縄張は、本丸の東と北で天然の堀・旭川に面し、西側に曲輪が展開する梯郭式(ていかくしき)。城内には現存建物が櫓2棟、復元建物が天守など4棟存在する。本丸が本段・中段・下段の3段に分かれるのも特徴。また野面積(のづらづみ)、打込接(うちこみはぎ)、切込接(きりこみはぎ)の3種の石垣が見られ、歴代城主によって整備された様子がわかる。城の北側には旭川を挟んで後楽園がある。

月見櫓

岡山藩二代藩主池田忠雄(ただかつ)の代に建造された。本丸の北西隅に建ち、装飾性の高い櫓。重要文化財。

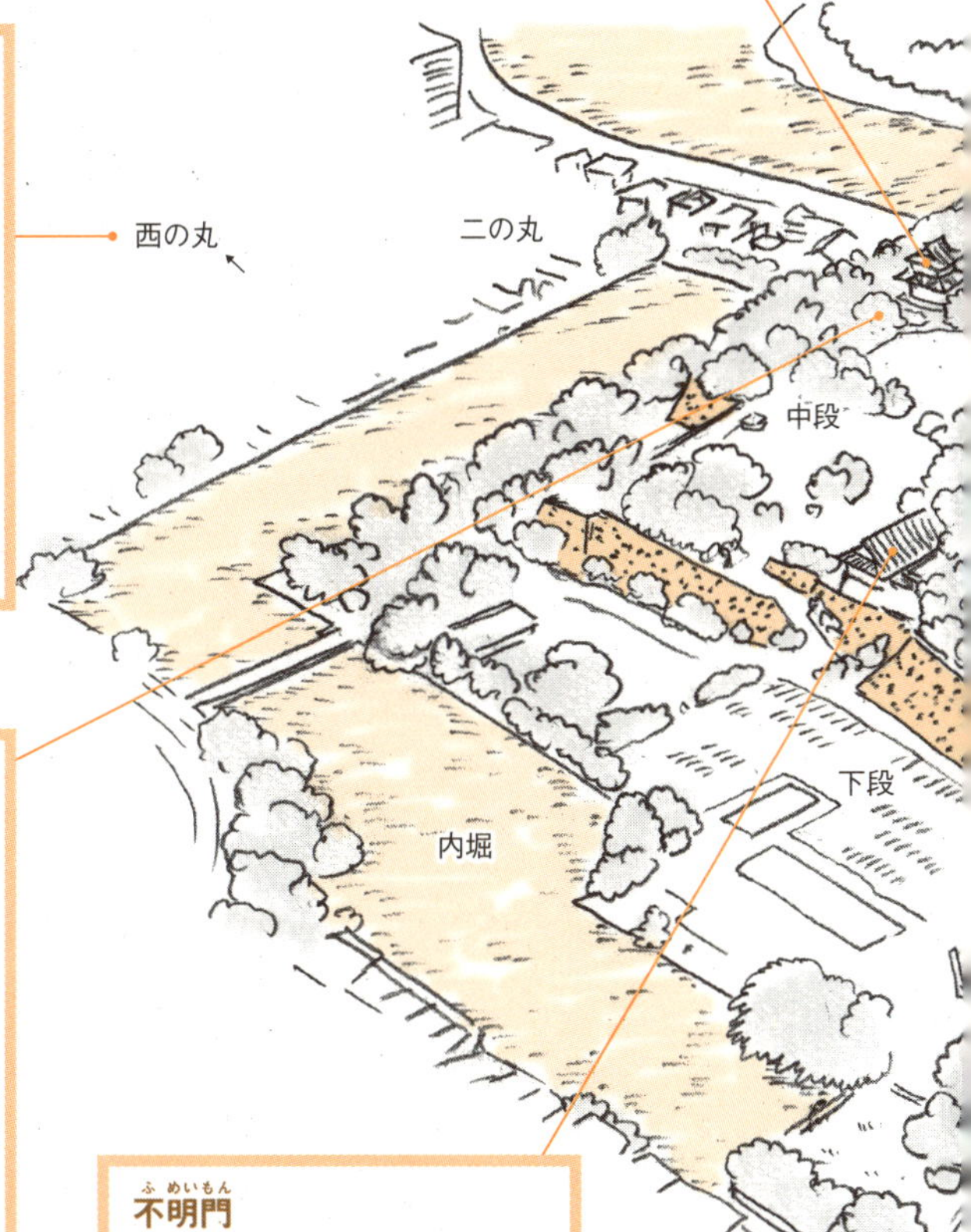

西の丸西手櫓

江戸時代初期に建てられた櫓で、同じ一門の池田家が城主であった姫路城の建物と似ている。

銃眼石《じゅうがんせき》

月見櫓周辺の土塀の礎石には銃眼が造られている。当時の最新式設備。

不明門《ふめいもん》

本段への入口となる門。天守と同時に鉄筋コンクリート造で復元。

外観復元の鉄筋コンクリート製天守

白壁の「白鷺城(しらさぎじょう)」の姫路城に対し、黒壁の「烏城(うじょう)」といわれる岡山城。天守は、安土城を模したとも伝えられる初期天守の遺構として重要なものだったが、戦災で焼失した。戦前に旧国宝に指定されており、当時の実測図面が残っていたためそれを元に外観を復元している。

城主の間

2階には城主の間として床、棚、帳台構(がまえ)を備えた格式高い書院造の部屋があり、これも復元されている。安土城や豊臣大坂城などと同じく、初期天守の使われ方をうかがうことができる。

内部

現在は、地階から5階までが城の歴史の展示施設、最上階は展望台となっている。

下見板張

烏城の名の由来である黒い下見板張は、織豊(しょくほう)時代の天守に多く見られる。

塩蔵

天守に直接接続した櫓。こうした形式の天守を複合式天守という。なお、復元にあたって1階の窓の数が変化している。

石垣

野面積(のづらづみ)の高石垣で、戦国大名・宇喜多氏によるもの。石材は瀬戸内海の犬島産。

平面

1重目は天守台にあわせた不整形の五角形平面で、2重目との関係が面白い。これも初期天守の特徴。

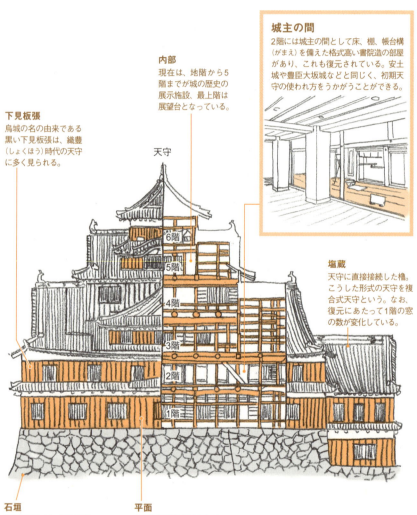

重文の月見櫓は江戸期の建物

城内に残る往時の遺構は櫓が2棟のみであるが、そのうち月見櫓は意匠にも優れた華やかな建物である。本丸の外側（西・北面）は白漆喰塗廻の壁に格子窓と堅固な姿を見せるが、内側（東・南面）は最上階の窓がすべて開け放てるようになっており、眺望を楽しめるように造られている。4面の意匠がすべて異なる装飾性の高い姿は必見だ。

本丸内側（東・南西面）

長押と釘隠

2階は棹縁（さおぶち）天井、長押を備え、釘隠も付けられている。かつては畳も敷かれていたといい、その名の通り月見も楽しめる座敷として造られていた。

高欄と縁

東・南面に設けられた全開放の窓には高欄と縁が廻されている。

地階

地階は武器などを収納した倉庫となっていた。

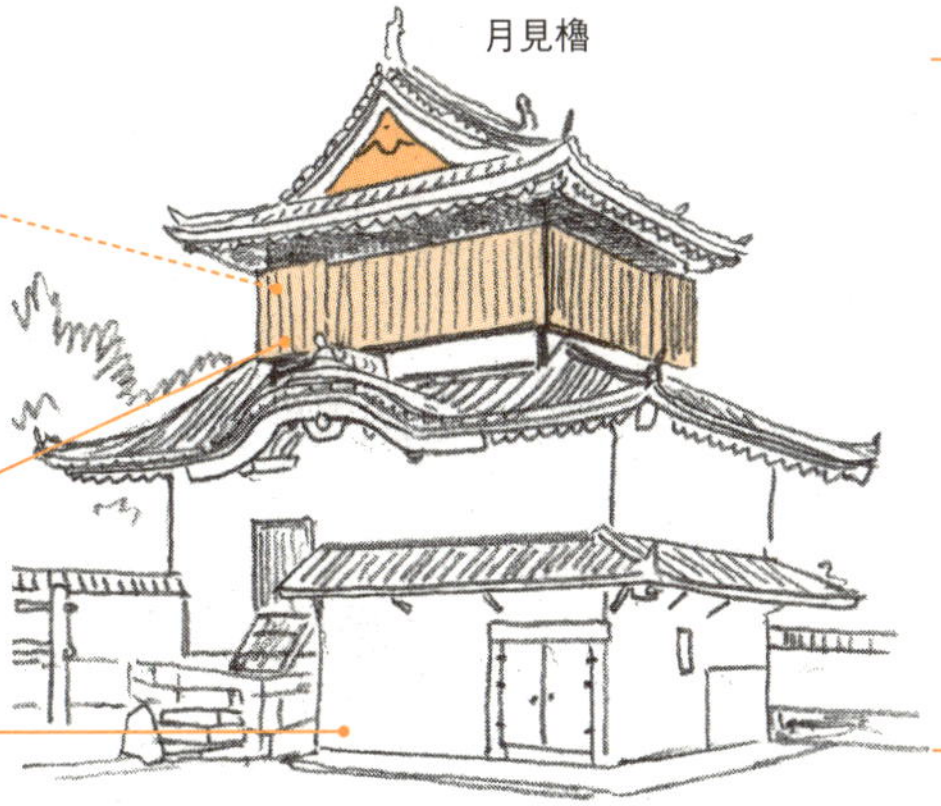

二重櫓

二重櫓であるが、本丸内から見ると2重の腰に庇が付くため3重に見える造りになっている。

本丸外側（西・北西面）

木連格子《きづれ》

屋根の千鳥破風には木連格子が入っており、瀟洒な印象を与える。

石落《いしおとし》

本丸石垣の外側に向く西・北面には石落を備えた出格子があり、城の防御も考えた造りになっている。

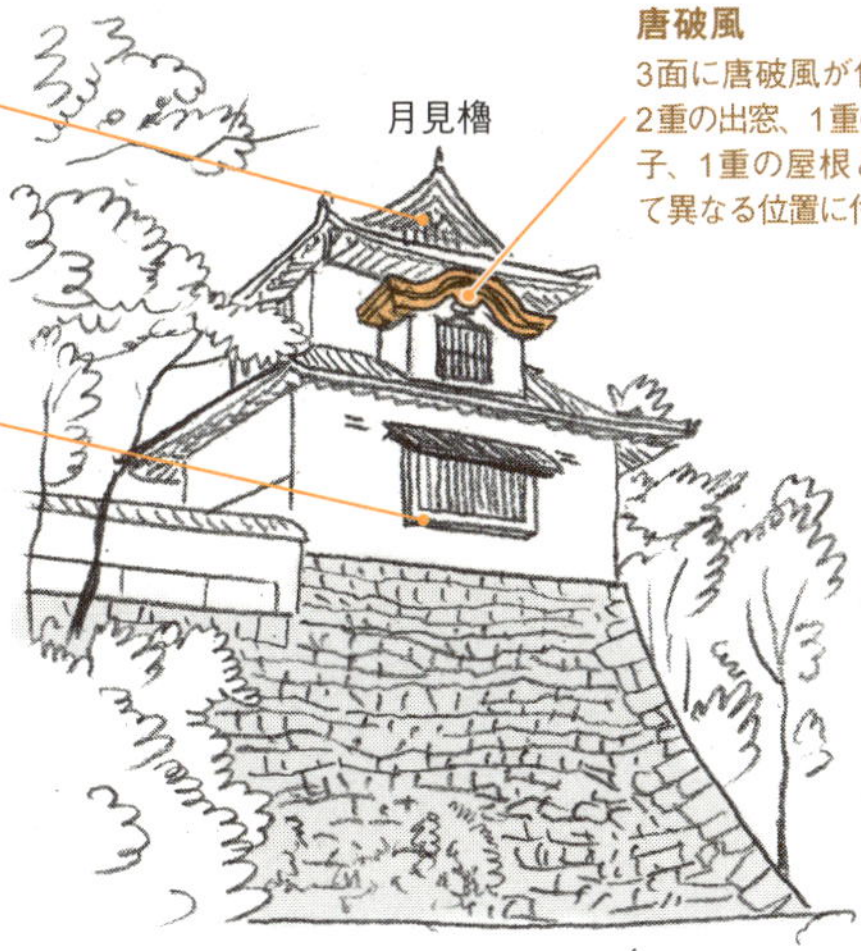

唐破風

3面に唐破風が付くが、2重の出窓、1重の出格子、1重の屋根とすべて異なる位置に付く。

data

岡山城

所在地：岡山市丸の内
行き方：JR岡山駅から徒歩約20分
主な遺構：月見櫓、西手櫓（以上重文、現存）、石垣、内堀、後楽園（以上現存）、天守、不明門、廊下門、要害門（以上再建）

国史跡

広島

広島城《ひろしまじょう》

原爆からよみがえった天守

広島城は中国地方を制した毛利氏が本拠とするため、豊臣秀吉に許可を得て築城したことに始まる。この時、指導・監視役で黒田官兵衛《くろだかんべえ》が送りこまれた。後に名護屋城へ向かう途中の秀吉も立ち寄っている。関ヶ原の戦い後は福島正則《ふくしままさのり》が入城、大規模な改修をし多くの櫓を持つ城が完成した。

明治期には多くの建物が失われたが、天守など残った建物が旧国宝に指定された。しかし、原子爆弾によりすべての建物が吹き飛ばされた。それから12年後、天守が再建され、その姿を再び現した。

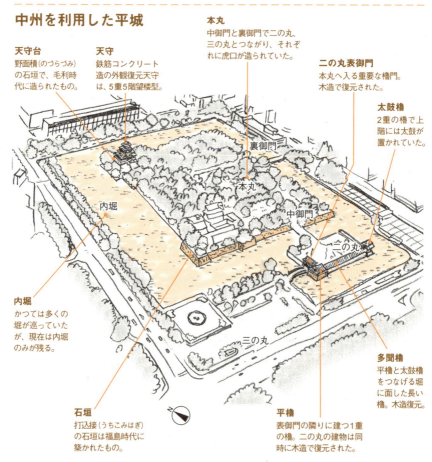

中州を利用した平城

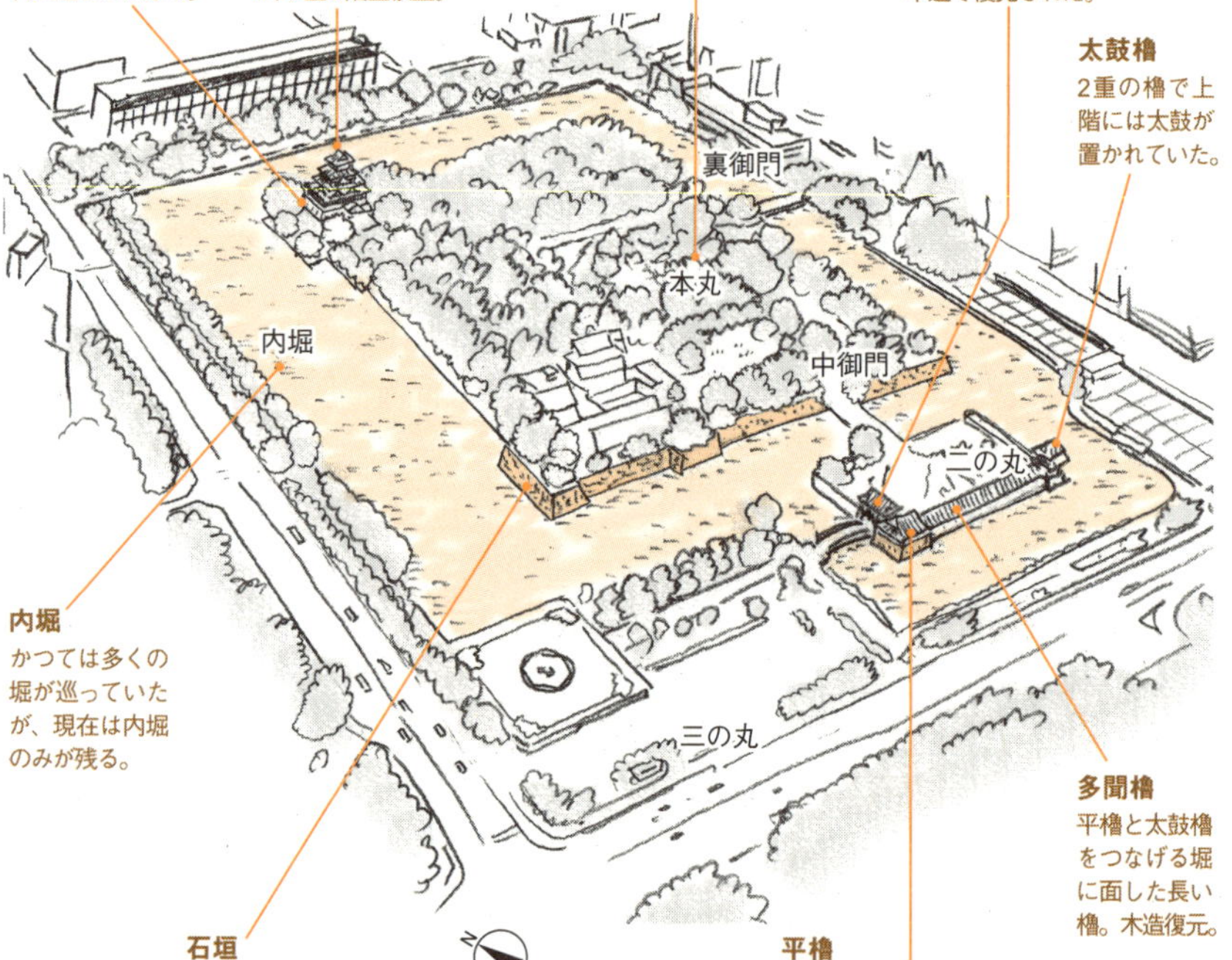
本丸
中御門と裏御門で二の丸、三の丸とつながり、それぞれに虎口が造られていた。
天守台
野面積（のづらづみ）の石垣で、毛利時代に造られたもの。
天守
鉄筋コンクリート造の外観復元天守は、5重5階望楼型。
二の丸表御門
本丸へ入る重要な櫓門。木造で復元された。
太鼓櫓
2重の櫓で上階には太鼓が置かれていた。
裏御門
本丸
内堀
中御門
二の丸
三の丸
内堀
かつては多くの堀が巡っていたが、現在は内堀のみが残る。
多聞櫓
平櫓と太鼓櫓をつなげる堀に面した長い櫓。木造復元。
石垣
打込接（うちこみはぎ）の石垣は福島時代に築かれたもの。
平櫓
表御門の隣りに建つ1重の櫓。二の丸の建物は同時に木造で復元された。

築城年：天正17年（1589）、形式：平城、築城主：毛利輝元

鉄筋コンクリート造の外観復元天守

原爆で失われた天守の復元は、観光面からも推進すべきという意見、原爆で失われた姿に文化財価値があるという意見などがあったが、1957年に建設決定、翌1958年に竣工、広島復興大博覧会（1958年）の会場となった。戦前の実測図面を基本に、不明な細部は写真などを参考に外観復元された。

内部

広島の郷土・歴史・自然に関する展示がされていた。1989年からは、広島の武家文化、歴史を専門とした展示に一新された。

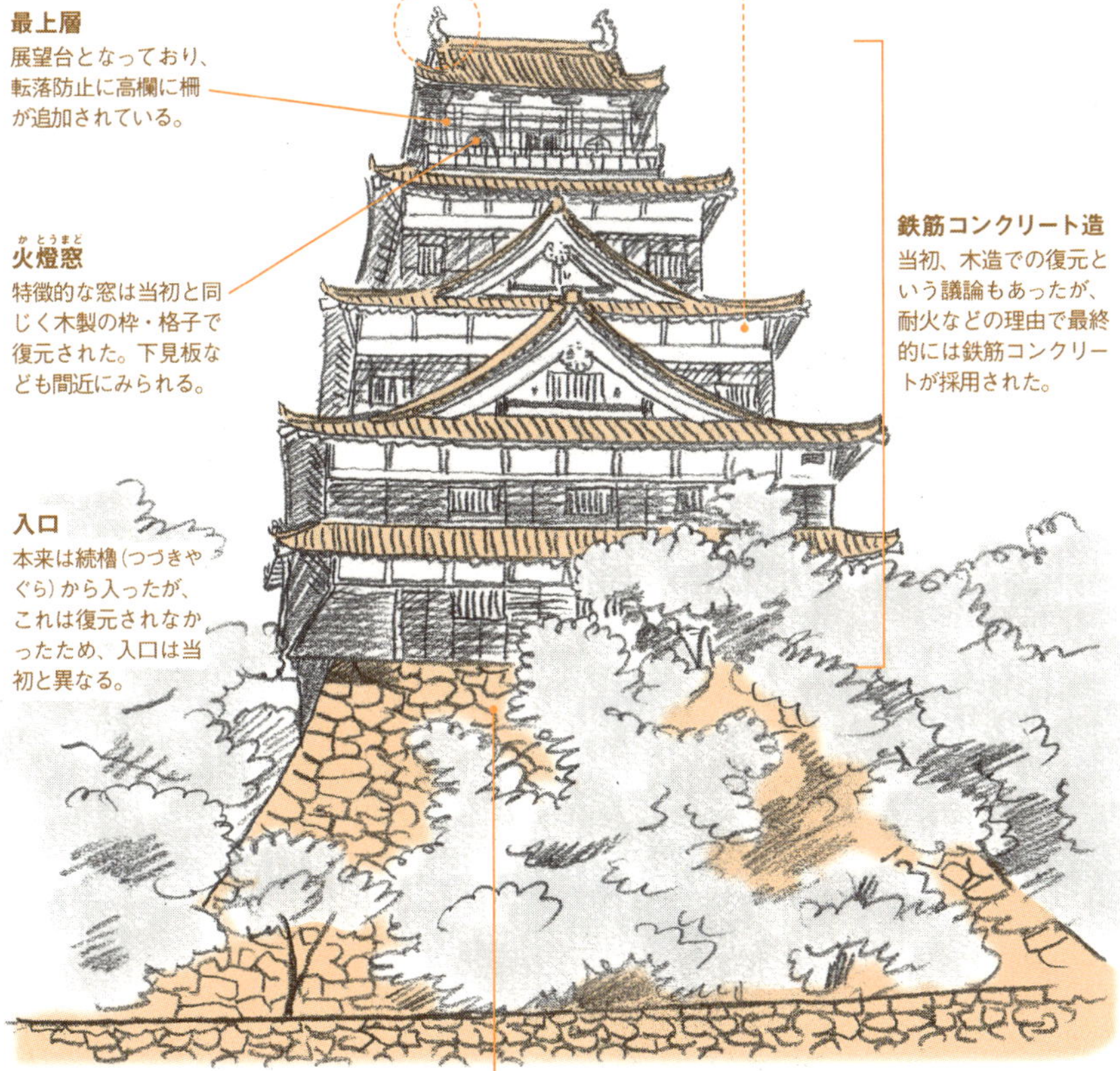

鯱瓦《しゃちがわら》

古写真と、建造時代や地域の近い福山城筋鉄御門（すじがねごもん）の鯱瓦を参考に作成した。

最上層

展望台となっており、転落防止に高欄に柵が追加されている。

火燈窓《かとうまど》

特徴的な窓は当初と同じく木製の枠・格子で復元された。下見板なども間近にみられる。

入口

本来は続櫓（つづきやぐら）から入ったが、これは復元されなかったため、入口は当初と異なる。

鉄筋コンクリート造

当初、木造での復元という議論もあったが、耐火などの理由で最終的には鉄筋コンクリートが採用された。

基礎

重い鉄筋コンクリート造天守を支えながら天守台を維持するため、モルタルなどを流し込んで栗石を固めた。

木造復元された二の丸の建物

二の丸の建物群は古写真などをもとに木造で1991年に復元された。細部意匠や構造手法は天守も参考にされた。技法や道具は1600年頃のものを想定して造っている。

表御門内部(2階)

間仕切りがあったとされるが、櫓の機能から当初はなかったと判断し、復元されていない。

二の丸表御門と平櫓

発掘調査と明治時代の実測図から平面規模がわかり、写真・実測図を基本に、機能や増改築の過程を検討することで外観を復元。平櫓は古写真は残っていないが、太鼓櫓と対になる位置にあり一対として計画されたと考え、復元。

鯱瓦《しゃちがわら》
鯱瓦は古写真から形式の似ている大坂城乾櫓のものを参考に製作。

壁
実測図では北端まで格子窓だったが、隣接建物の増築での改造と考え、端は土壁となった。

欄干
詳細寸法は不明のため、江戸時代の大工技術書である『匠明(しょうめい)』を参考に復元。

上部構造
景観に影響を与える橋板、橋桁などは木で造られた。

御門橋
当初は木造の橋であり、表御門とともに復元。

橋脚
耐用年数などを考え、鉄筋コンクリート造としている。

窓、外壁
資料が残されていないため、窓・狭間の位置や外壁の下見板は太鼓櫓をもとにして復元された。

太鼓櫓

石垣上端痕跡から建物の不等辺四角形の平面が判明。上部に太鼓を備えていた機能からも復元が考えられている。

天井
内部は不明であるが、太鼓の音を響かせるため天井があったと考え、天守を参考に猿頬天井としている。

多聞櫓
高さの違う平櫓と太鼓櫓をつなげているため、その接続部については類例からの推定復元となっている。

窓
古写真から突上戸付き連子(れんじ)窓、高窓、狭間の姿と位置がわかった。

外壁
写真から長押と貫が廻っていたことがわかった。

軸組
軸組は構造上必要なものを考え、当時の一般的な形式を用いている。

これまでの天守

現在の復元天守（109頁参照）は三代目の天守。初代天守は江戸時代初期に建てられた5重5階の望楼式で、明治時代に詳細な調査がなされ、図面が作成されている。二代目の天守は戦後、体育文化博覧会（1951年）のためにが建てられたが、閉会とともに取り壊された。

初代天守

毛利輝元によって建てられた天守は戦前に国宝に指定され、実測調査が行われていた。こうして作成された図面と古写真から当時の姿を詳しく知ることができる。

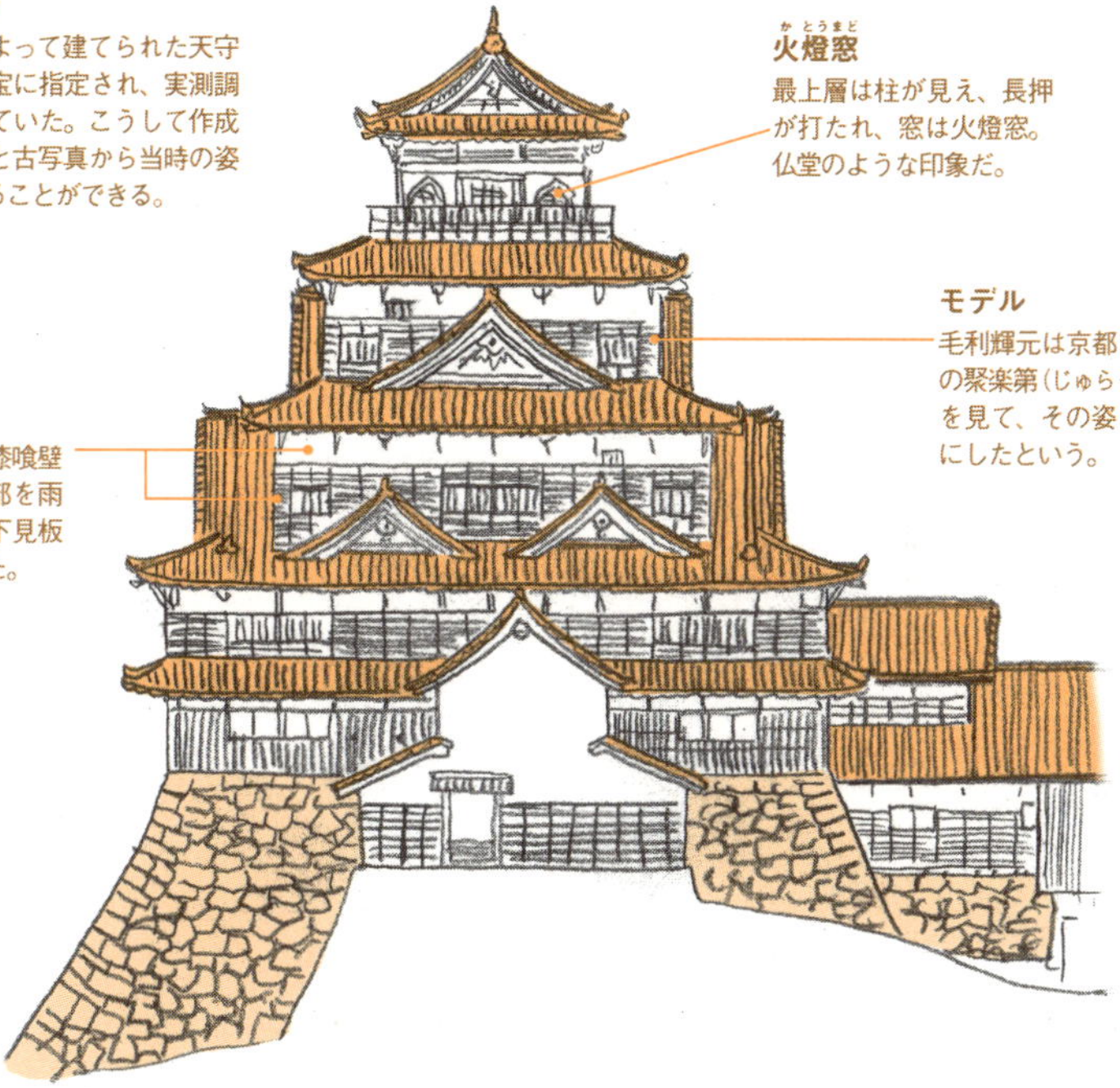

火燈窓《かとうまど》
最上層は柱が見え、長押が打たれ、窓は火燈窓。仏堂のような印象だ。

モデル
毛利輝元は京都で秀吉の聚楽第（じゅらくてい）を見て、その姿を参考にしたという。

外壁
上部を白い漆喰壁として、下部を雨に強い黒い下見板張としていた。

二代目天守

1951年に開かれた体育文化博覧会にあわせて木造の仮設建築として建てられたもの。写真から外観を知ることができる。

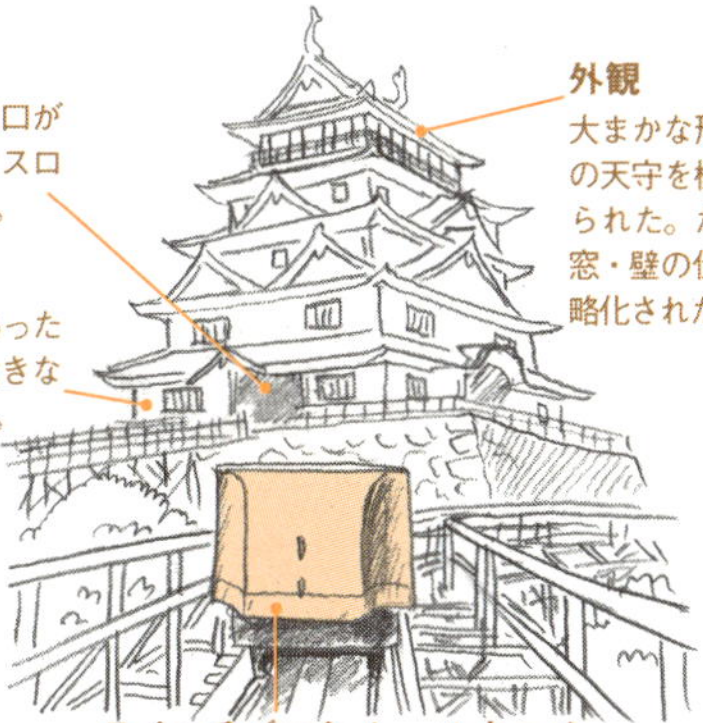

入口
天守の南・東に出入口があり、小天守台へとスロープが造られていた。

構造
木造の仮設建物であったが、期間中に来た大きな台風にも耐えている。

外観
大まかな形は初代の天守を模して造られた。ただし、窓・壁の仕様は簡略化された。

スイッチバック・レールウェイ
天守のすぐ近くに造られた、アメリカで流行していたジェットコースターのようなアトラクション。

data

広島城

所在地：広島市中区基町21－2
行き方：広島電鉄紙屋町東、紙屋町西から徒歩約15分
主な遺構：石垣、内堀（以上現存）、天守、表御門、平櫓、太鼓櫓、多聞櫓（以上再建）

愛媛

重文

大洲城《おおずじょう》

戦後最大の木造復元天守

大洲城の始まりは中世に遡り、現在の姿は近世に戸田氏、藤堂氏、脇坂氏により徐々に築かれたもの。本丸には、4重の天守と2重の台所櫓と高欄櫓とを多聞櫓でL字形に連結した四国初の連結式天守が建てられた。各曲輪と天守台は石垣で造られ、城の周囲を川と水堀によって囲む。

城内にあった多くの櫓、門はほとんどが明治時代に取り壊された。天守も解体されたが、2004年、木造で忠実に復元された。重要文化財の2つの櫓と復元天守が連結した姿は壮観である。

防御と交易の要の川

大洲城の本丸は北東を肱川（ひじかわ）に面し、反対の南西方向に二の丸、三の丸を広げ、それぞれの間に内堀・外堀を設ける構成となっていた。現存する苧綿櫓（おわたやぐら）のほか、かつては品川櫓、水手櫓などいくつかの櫓が川に向かって建てられ、にらみをきかせていた。肱川は城の背後を守る天然の堀であったことがわかる。

天守
江戸時代の雛型、絵図、明治時代の古写真にもとづき木造で復元。

多聞櫓
復元天守と台所櫓、高欄櫓を結ぶ。天守と共に木造復元。

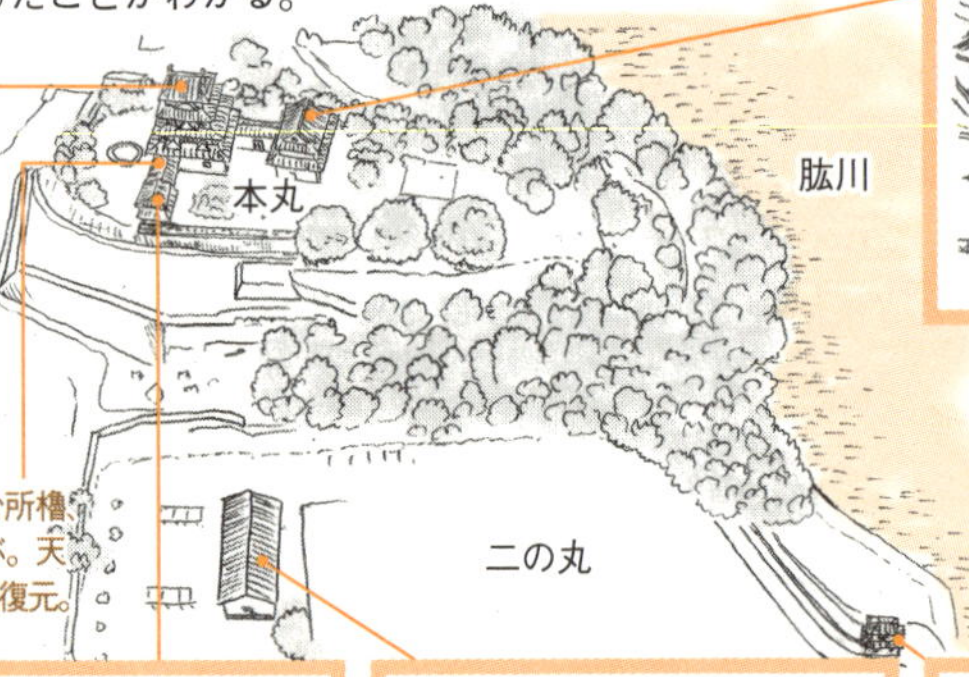

台所櫓
1859年復元。2重2階、入母屋造、壁は白漆喰塗籠の部分と下見板張の部分がある。

高欄櫓
1860年復元。2重3階、入母屋造、塗籠（ぬりごめ）壁、白漆喰仕上げ。西面と南面に高欄が付いている。また、南西隅には下見板張の石落（いしおとし）がある。

下台所《しもだいどころ》
江戸時代以来の建物。1重1階、切妻造。二の丸にあり、台所としての役割を果たしていた。

苧綿櫓《おわたやぐら》
1833年復元。2重2階、入母屋造、北東隅に窓の付いた石落がある。

築城年：文禄4年（1595）、形式：平山城、築城主：宇都宮氏

10

最大の木造復元天守

天守は戦後に建てられた最も高い木造建築物。しかし、この高さ19.15m、4重4階という規模が建築基準法に抵触し、建設には粘り強い取り組みがあった。当初、計画は認められなかったが、保存建築物として基準法の適用除外に。天守復元が実現し、2つの現存櫓(小天守)と同じ木造の大天守が復活した。

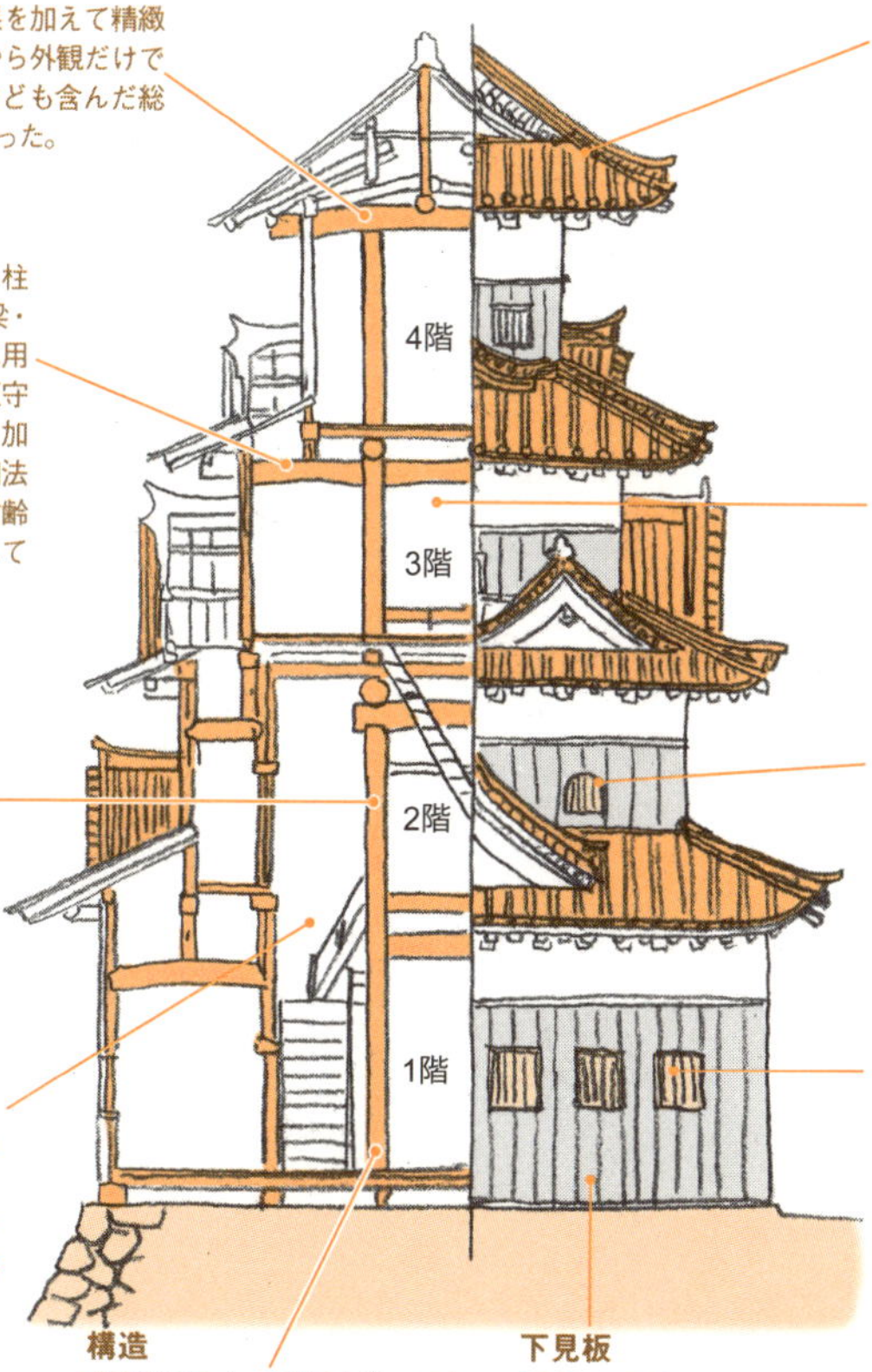

全体の構成
絵図、写真、雛型が残っていたこと、これに発掘調査の結果を加えて精緻な検討ができたことから外観だけではない、材料・構法なども含んだ総体的な復元が可能になった。

材料
木材はすべて国内産。柱はほとんどが地元産、梁・床板などには檜が主に用いられている。特に天守の心柱には大洲藩主・加藤家の菩提寺である如法寺から切り出された樹齢250年余の檜が使われている。

心柱《しんばしら》
1、2階で1本、3、4階で1本の通(とお)し柱(ばしら)として、3階床下で継いでいる。また、柱の位置は1階平面の中央からややずれている。

吹抜
1、2階の心柱のまわりは吹抜になっていて、太い心柱に梁桁がかかりながら登っていく姿は見応え十分。

外観
江戸時代の絵図だけではなく、三方向から撮影された明治時代の古写真が残されていたことで、各立面の正確な復元が可能になった。

内壁
1、2階は漆喰壁、3、4階は板壁となっている。3階は畳は敷かれず納戸として使われ、4階も眺望のために使われたと考えられ、これら部屋の用途に応じた壁仕上げであろう。

火燈窓
2重目の外観の特徴となっているのが火燈窓。

隠《かくし》狭《ざ》間《ま》
天守の狭間には普段は壁に隠されて外から見えず、いざという時には突き破って狭間となる隠狭間がある。これは三の丸南隅櫓にも見られる。

構造
雛型(模型)より江戸時代の天守の構造も判明し、内部の木組もこれにのっとって復元された。

下見板
黒色の下見板は白漆喰の壁とのコントラストから引き締まった印象を与える。ただし、デザインのためだけではなく、雨に強いという機能的な利点もある。

data

大洲城
所在地：大洲市大洲
行き方：JR伊予大洲駅から徒歩約20分
主な遺構：高欄櫓、台所櫓、三の丸南隅櫓、苧綿櫓(以上重文、現存)、下台所、石垣(以上現存)、天守(復元)

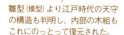

重文

佐賀

佐《さ》賀《が》城《じょう》

広大な堀が廻る沈み城

佐賀城は鍋島直茂《なべしまなおしげ》・勝茂《かつしげ》により築かれた。沈み城※1の名は、籠城《ろうじょう》時に本丸以外を水没させる策にちなむともいう。

創建天守は層塔型５重で、黒田《くろだ》官兵衛《かんべえ》が提供した小倉城天守の図面をもとにした。本丸は１７２６年に火災でほぼ焼失、代わりに二の丸・三の丸を整備したが１８３５年に焼失。その後本丸に御殿が建てられたが、天守は再建されなかった。１８７４年、佐賀の乱※2では戦場となり、城内の多くの建物が焼失したが、２００４年に本丸御殿の一部が復元された。

幅広い堀に囲まれた方形の城

佐賀城は方形の曲輪（くるわ）で構成され、輪郭式と連郭式を複合した縄張を持つ。城を囲う堀は狭いところでも幅50m以上あり、石垣ではなく土塁によって築かれている。

天守台

焼失した天守は再建されず、天守台のみが残る。

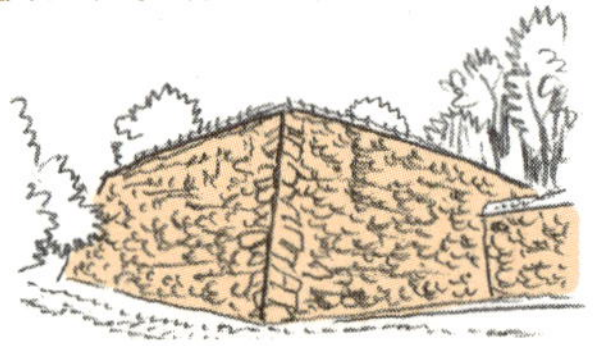

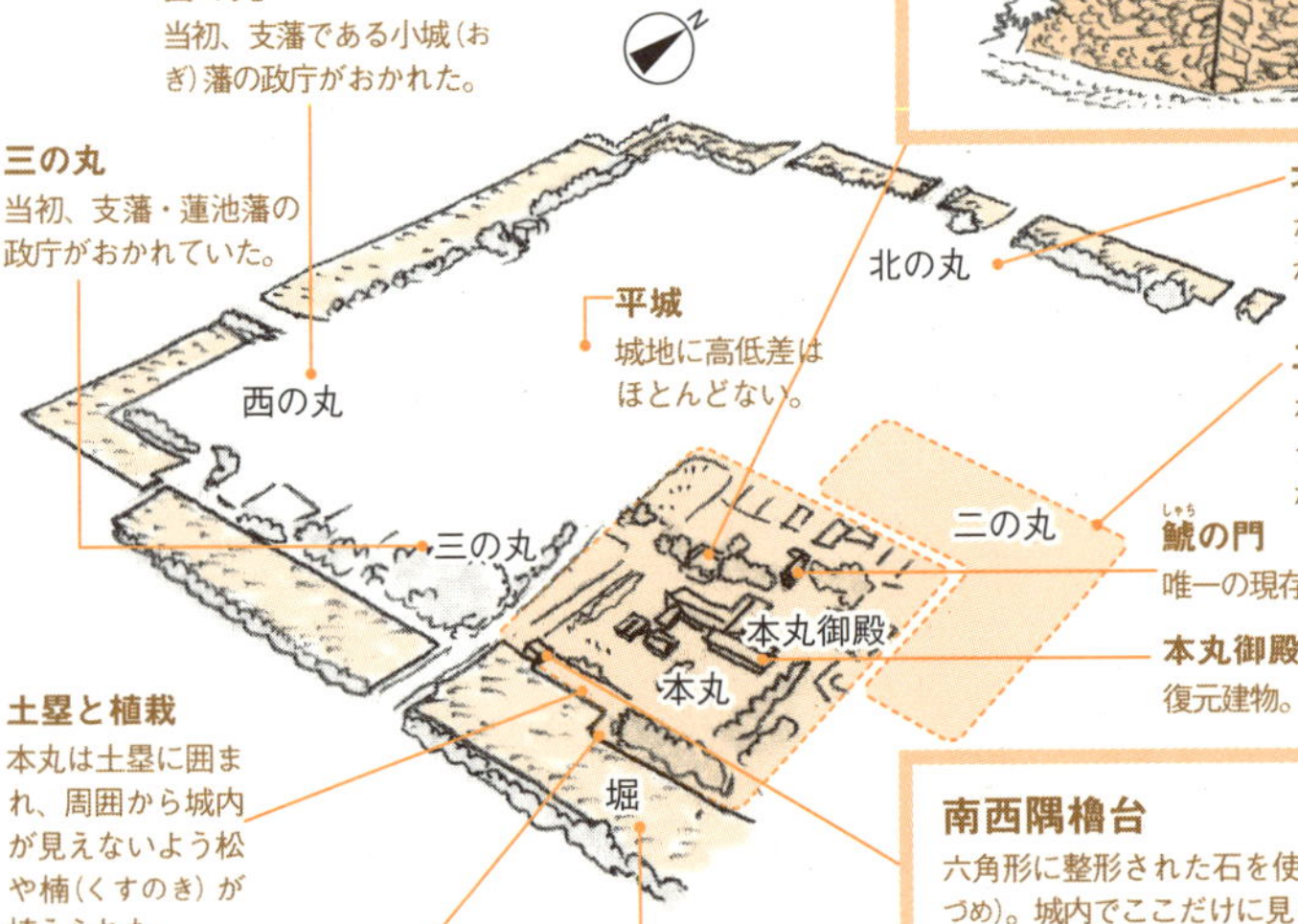
西の丸
当初、支藩である小城（おぎ）藩の政庁がおかれた。
三の丸
当初、支藩・蓮池藩の政庁がおかれていた。
北の丸
かつての重臣の屋敷が建ち並んでいた。
北の丸
平城
城地に高低差はほとんどない。
西の丸
二の丸
かつての二の丸は残っていないが、御殿が建てられていた。
三の丸
二の丸
鯱《しゃち》の門
唯一の現存遺構。
本丸御殿
本丸御殿
復元建物。
本丸
土塁と植栽
本丸は土塁に囲まれ、周囲から城内が見えないよう松や楠（くすのき）が植えられた。
堀
堀の護岸
土塁の押さえは初め板であったが、後に赤石積に改めた。石ははしご状に組んだ丸太の上に積んで沈下を防ぎ、杭を打ってせり出さないようにしている。
堀
幅広の堀。最も広いところで約90mもある。

南西隅櫓台

六角形に整形された石を使う亀甲積（きっこうづめ）。城内でここだけに見られる。

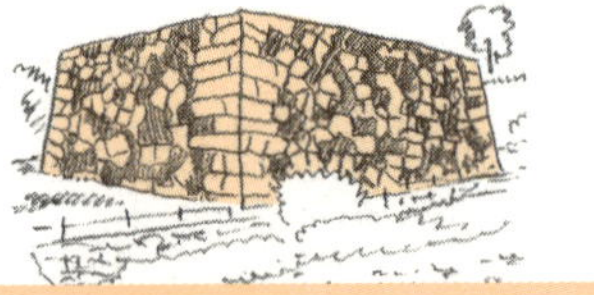

築城年：慶長年間（1596～1615）、形式：平城、築城主：鍋島直茂、勝茂

※1：沈み城の名は、籠城時に本丸以外を水没させる策にちなむという。　※2：1874（明治7）年に、江藤新平や島義勇（よしたけ）を中心に、佐賀で起きた明治政府に対する不平氏族による反乱。政府軍に敗れ、江藤らは処刑された。

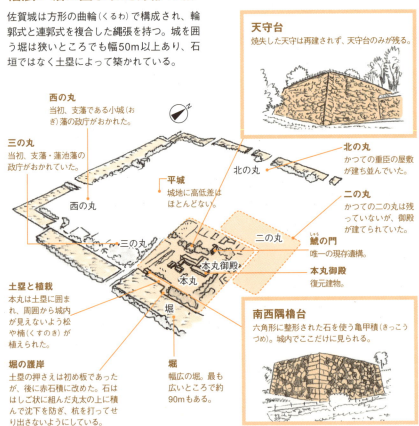

11

佐賀城

唯一現存！ 青銅の鯱ののる櫓門

本丸は何度も火災より焼失したが、1836年に本丸が再建された際、本丸の表門として鯱の門(櫓門)が建造された。屋根にのる青銅製の鯱にちなんでこの名前がある。門には続櫓(つづきやぐら)が接続しており、石垣の上に建つ。かつて石垣は本丸を囲う土塁につながっていた。門の部材には佐賀の乱の戦闘による弾痕が残る。

舟肘木《ふなひじき》

漆喰塗籠の壁には柱形と長押形が造られ、長押形上の木製舟肘木が装飾的。

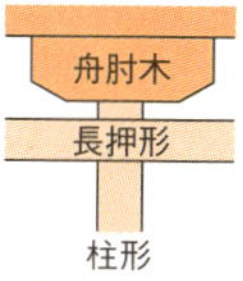

格子窓

続櫓の格子窓は正面側三方に向かって高さのある出窓に造られる。

続櫓

1重2階の続櫓は門に対してL字形に付き、門を攻める敵の側面を攻撃できる。

鯱

門の名の由来である鯱は高さが約1.7m、藩御用鋳物師谷口氏の手になるもの。

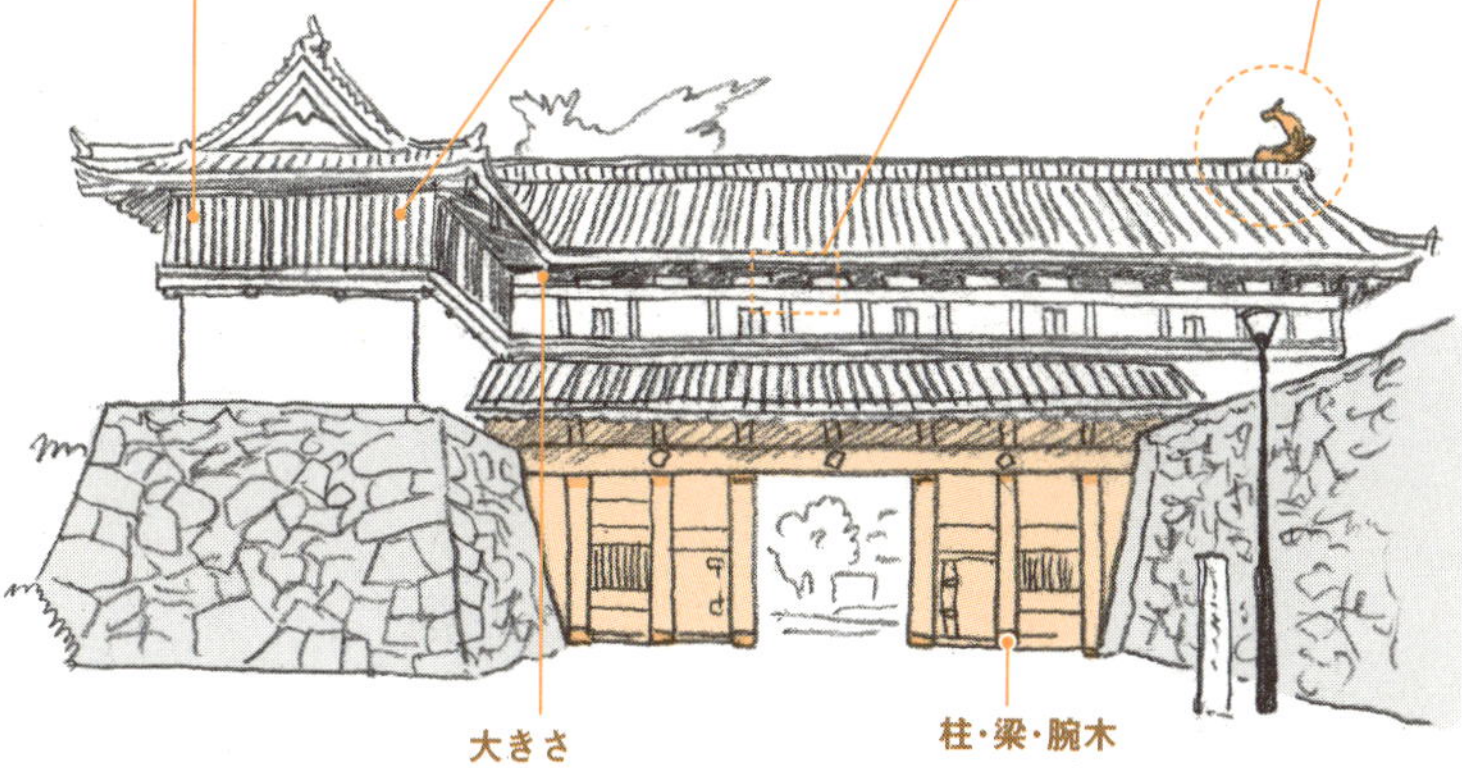

大きさ

幅25.4m、奥行き4.55m。

柱・梁・腕木

門の下層部分の柱や梁は角に銅板が付けられ、庇を支える腕木は銅板包となっていて、装飾と強度を上げる役割をしている。

櫓門内部

櫓門

外観は門部分の上に屋根があることで2重に見えるが、櫓部分の内部が2階に分かれている、3階建の門。

小屋組

使われている木材の種類は欅(けやき)、松、楠などであることが修理で判明した。

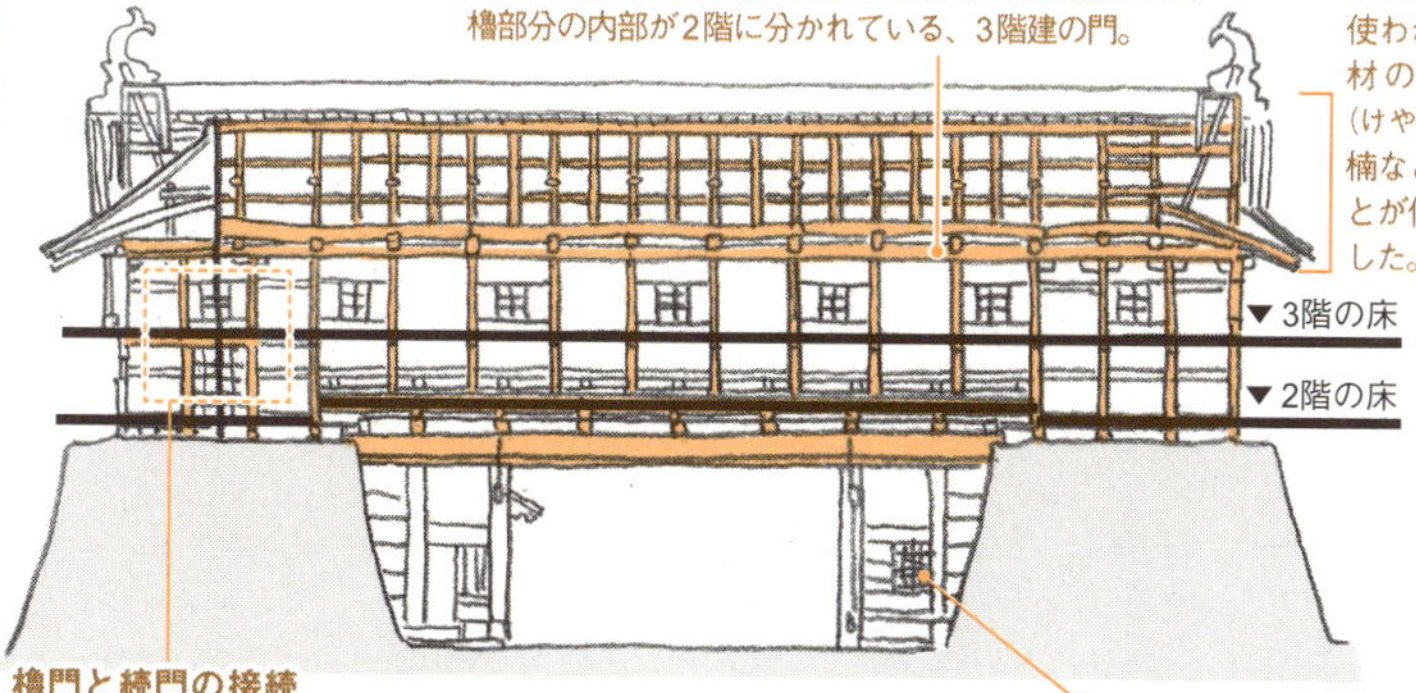

櫓門と続門の接続

櫓門の櫓部分の3階と続門の2階は、同じ床の高さでつながっている。同じく櫓門2階と続門1階も同じ高さでつながるが、門の上にあたる部分は一段高くなっている。

門衛所

櫓門1階には床が張られ、格子戸が入った門衛の詰所がある。

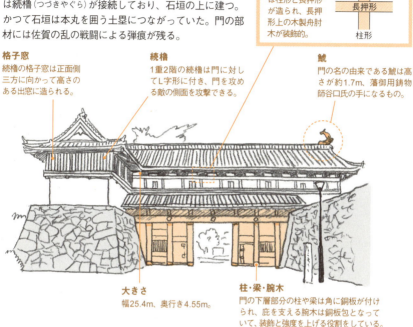

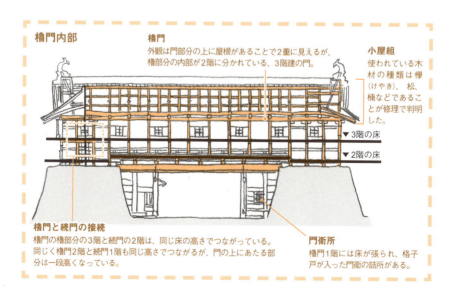

入母屋破風

玄関の入母屋破風の妻面には絵様（彫刻）の入った虹梁（こうりょう）と蟇股（かえるまた）、懸魚（げぎょ）が付き、玄関を華やかに飾っている。

玄関組物

玄関の組物は大斗（だいと）と巻斗（まきと）からなる平三斗（ひらみつど）。庇や書院などほかの部分が舟肘木（ふなひじき）であることと比べて格が高い。

庇の瓦

御殿屋根が本瓦葺であるのに対して、庇は桟瓦葺と異なる。

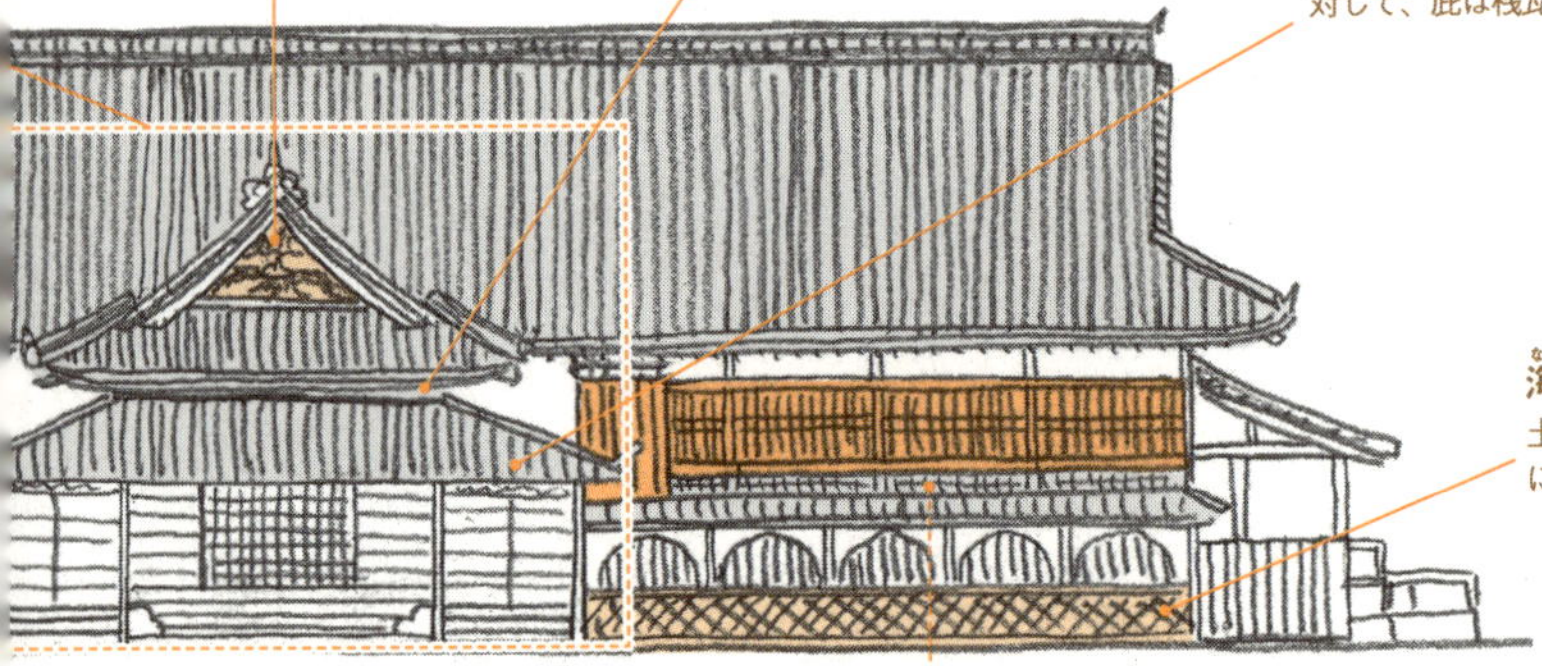

海鼠壁《なまこ》

土塀の腰部分は海鼠壁になっていて装飾的。

2,500㎡の広さの御殿内部

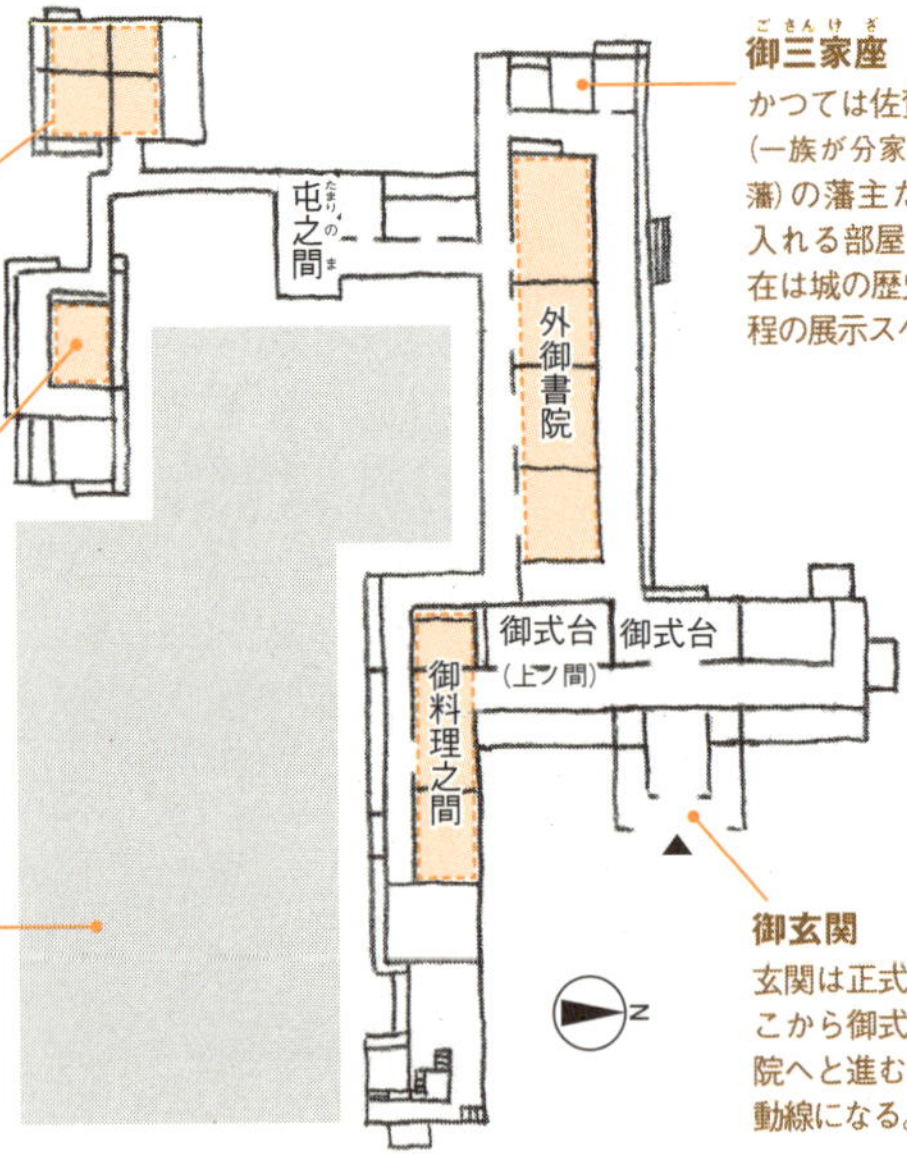

御小書院《ごこしょいん》

近しい人との面談の場に使われた。現在は展示空間。

御座間《ござのま》

江戸時代の姿に復元され、藩主の日常の空間を体験できる。

未復元部分

復元されたのは一部であり、御料理之間の南にはまだ多くの建物が連なっていた。

御三家座《ごさんけざ》

かつては佐賀藩の支藩（一族が分家してできた藩）の藩主たちのみが入れる部屋だった。現在は城の歴史や復元過程の展示スペース。

御玄関

玄関は正式な入口。ここから御式台、外御書院へと進むのが主要な動線になる。

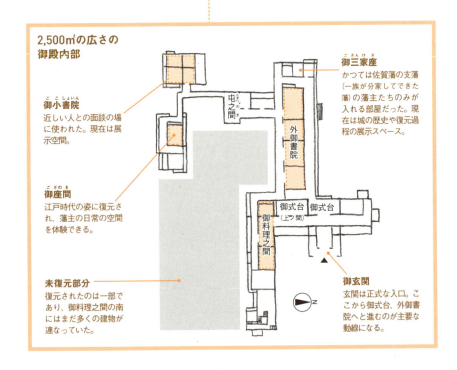

修理と復元で再現、日本最大級の御殿

本丸御殿の建物で現代まで残ったのは藩主の居間「御座間（ござのま）」のみ。御座間は小学校、公民館として使われていたが、現在は本丸の元の場所に移築、旧状に復元された。古図面、古写真、発掘成果等にもとづき玄関、式台、外御書院など御殿の一部を忠実に復元、再現し、佐賀城本丸歴史館となっている。

御玄関《おげんかん》
現在の資料館の入口。かつての御殿でも正式な入口であった。入母屋屋根と庇、格天井が格式を示している。

切妻造
御料理之間は切妻造になっており、妻面には整然と組まれた束と貫が現れる。

棟の高さ
いくつもの建物が連結する御殿では屋根同士の取り合い、棟の高さの違いが豊かな表情を生み出す見所の1つ。

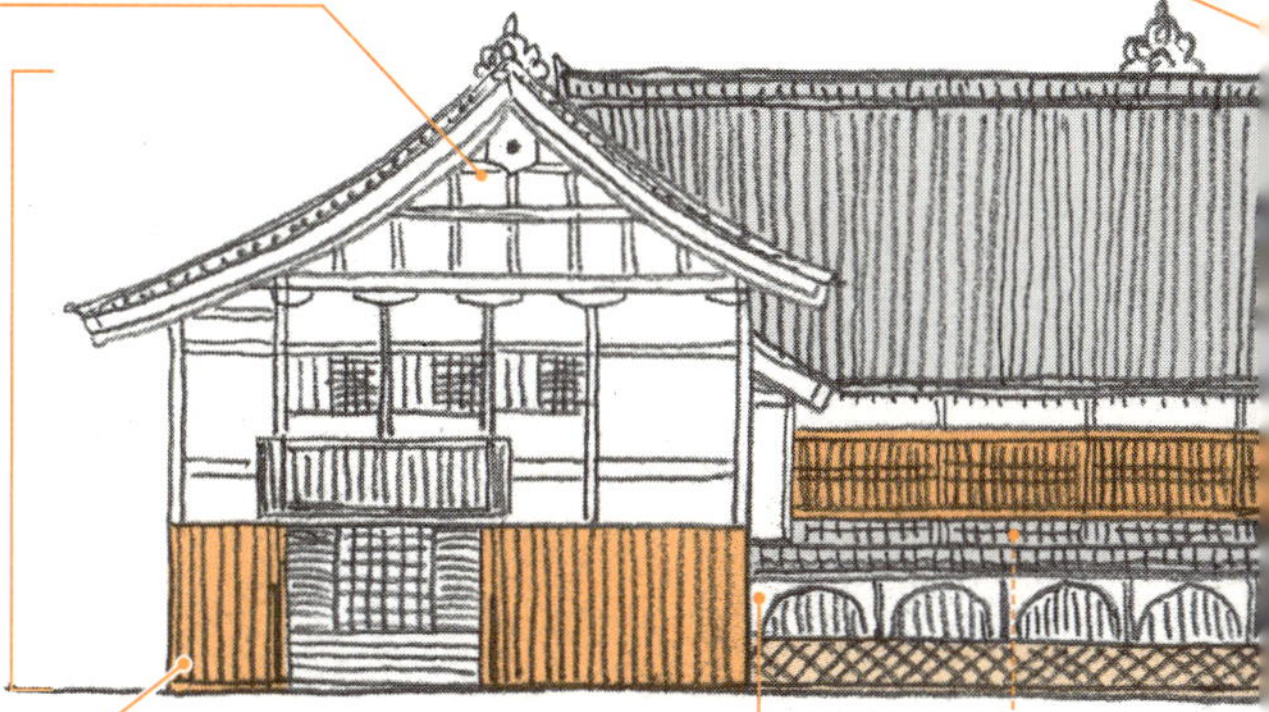

外壁
外壁は上部は漆喰壁で下部は竪羽目板張。

土塀
玄関の両脇には土塀が廻り、そこに設けられた火燈窓とも相まって重厚感を出している。

320畳の大広間　外《そと》御《ご》書院《しょいん》

床の間
2間半の広い床（とこ）。柱や長押（なげし）が白木であるため、漆塗の床框と落掛が意匠のポイントになっている。

欄間
外御書院の部屋同士の間と、床の間に向かって右手の広縁との間は筬欄間（おさらんま）をはめ、格調高く造り、左手は障子欄間として採光を行っている。

吊束《つりづか》
鴨居を上部から吊っている束。鴨居がたわんで襖の開閉に支障が出ることを防ぐもので、この御殿のように鴨居が長くなると重要。

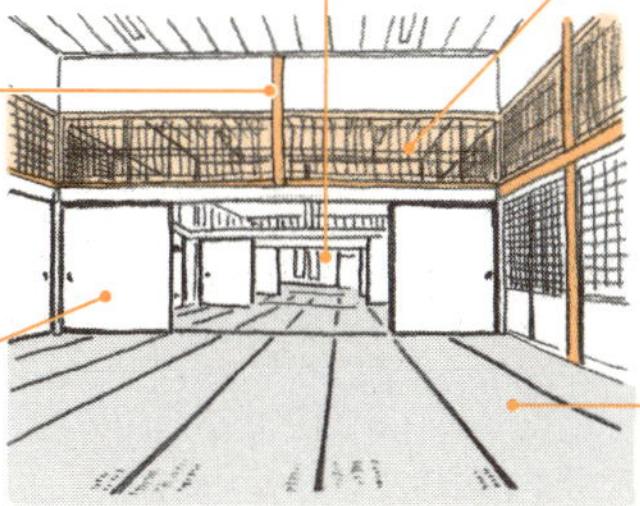

襖
かつては襖絵が描かれていたが、その絵が残されていないため白い襖となっている。

大広間
一の間から四の間まで部屋が連なり、すべてあわせて320畳の大広間。

data

佐賀城

所在地：佐賀市城内2－18－1　佐賀城公園
行き方：JR佐賀駅からバス鯱の門下車、徒歩3分
主な遺構：鯱の門・続櫓（重文、現存）、御座間（移築）、石垣、堀、土塁（以上現存）、本丸御殿（再建）

世界遺産・国史跡

沖縄

首里城《しゅりじょう》

琉球王朝の華麗な宮殿

14

世紀頃に小さな城塞として造られた首里城は、沖縄を統一した第一尚《しょう》氏により拡張され王城《おうじょう》となった。16世紀に第二尚氏が中国風に整備した後※火災に遭い再建、大修理が行われた。1879年の琉球処分後は荒廃したが、修理を経て旧国宝となる。1945年の沖縄戦で破壊された城は、戦後、守礼門《しゅれいもん》の復元に取り組み、1992年に正殿《せいでん》などが遺構を埋めた上に再建された。2000年には「琉球王国のグスク及び関連遺産群」の要素としてユネスコ世界遺産に登録された。

首里城の中心となる正殿

建物前面の庭は、群臣が並び王に謁見したり、外交使節を歓待したりする場所。中国の宮殿と同じ空間構成だ。正殿は1重裳階(もこし)付きの外観であるが、内部は3階になっていて、主として1階、2階が使われた。戦災で焼失した建物の復元は、文書や絵図、過去の修理時の記録、戦前の古写真などをもとに内部空間まで正確に行われた。また、建物を使った儀礼も再現されている。

御差床《うさすか》
琉球王の玉座。正殿の1階と2階に置かれた。2階の玉座は黒漆塗に沈金を施した高欄が廻っている。

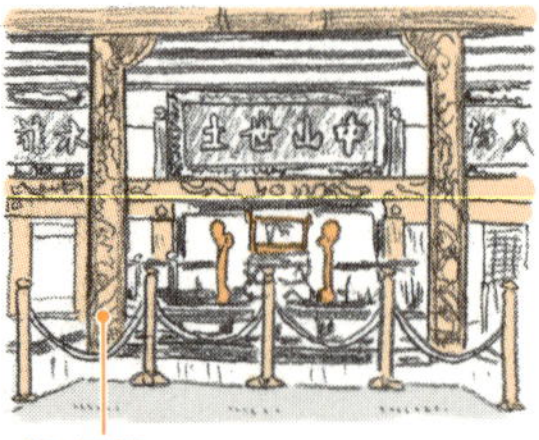

柱・長押
内部の柱などは朱に塗られ、玉座周辺では龍と雲の絵が描かれている。

龍頭《りょうとう》
大棟と正面の唐破風の上に龍の頭がのっている。焼物で復元されており、戦前の建物では漆喰細工で造られていた。

唐破風《からはふ》
建物の名称を唐玻豊(からはふう)とした由来にもなっている、建物のシンボル。

瓦
伝統的な赤い琉球瓦を使って復元された。初代の正殿では黒い高麗瓦が使われていたという。

石高欄
正殿正面に設けられた石製の高欄。中国の宮殿デザインの影響がみられる。

彫刻
建物の装飾である彫刻の復元は、写真と拓本からなされ、彩色は技法もかつての修理記録から正確に再現された。

築城年：不明、形式：山城、築城主：不明

※：明治新政府によって、琉球王国が強制的に近代日本国家に組込まれていった過程のこと。1872(明治5)年の琉球藩設置から、1879年の沖縄県設置までのことをいう。

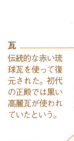

12

首里城

独特な門と石垣に注目

王城の正門、歓会門《かんかいもん》

尚真王の代（1477年～1500年頃）に創建。石造のアーチ門の上に櫓をのせた形式で、中国宮殿建築とよく似ている。古文書、古図面、戦前の平面図と記録、古写真にもとづき1974年に復元。石垣は発掘によって基礎が見つかり、写真をもとに石積を正確に復元。内部の構造手法は沖縄在来の古建築のものを用いている。

高さ
地面から櫓の棟までは約9.5m。

獅子
門の両脇には石獅子が置かれていて、両方口を開けた阿形となっているのが特徴。

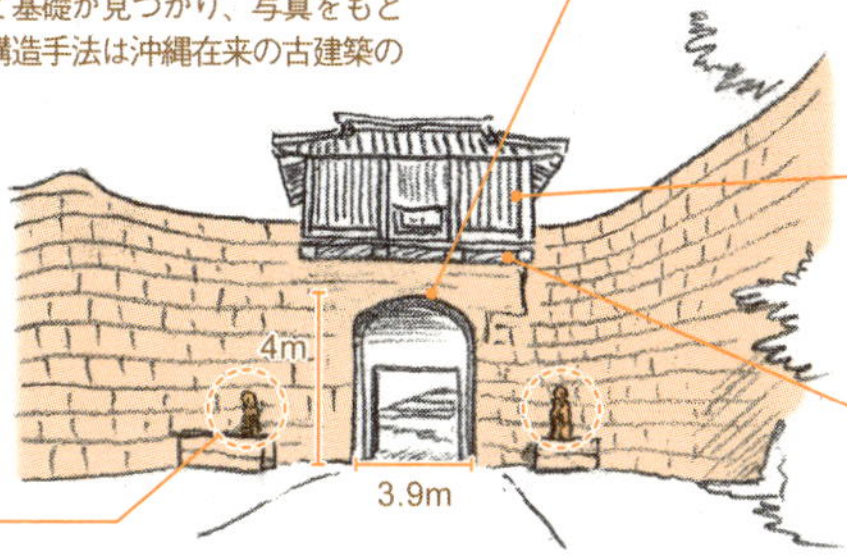

アーチ
中国や韓国ではよく見られるが、日本では珍しい。開口部間口は3.9m、高さは4m。アーチは3心円で描かれる曲線。

壁
板を竪に張り、継ぎ目に板（目板）を打つ形式。

霧除け庇
土台の突出した部分の上には霧除け庇が付けられている。

カラフルな守礼門

1527年～1555年の尚清王の代に建立。首里の大通りに建ち、中国からの使節を王がここで出迎えたという。建物は牌楼（はいぼう）と呼ばれる中国の門の形式で、鮮やかな色彩。沖縄戦で失われた守礼門は1958年に首里城の建物として、最初に復元された。元にしたのは1937年の修理工事図面や資料。1972年には沖縄県指定有形文化財となった。

瓦
沖縄の赤瓦を漆喰で塗留めている。強い風雨がある気候のため。

組物
柱の上部にある組物は挿肘木（さしひじき）と貫を使った独特なもの。

木材
柱には国頭（くにがみ）産の樫、そのほか軸部にはイヌマキやモッコクが使われている。

挟石《はさみいし》
本柱の下部には柱を挟み込む石があり、柱の安定と保護の役に立っている。

控柱
本柱の前後に付く控柱のうち、4隅の柱は輝石（きせき）安山岩製。

独特な石垣

首里城には中国や韓国の宮城と同様の石造の城壁が廻らされている。この石垣には本土の城と異なる独特の要素があり、見所の1つ。

隅頭石《すみがしらいし》
隅の上部には天を指すように延びる隅頭石が置かれる。首里城の石垣の特徴。

石材
主として島で採れる珊瑚石灰岩を用いる。

角
石垣の隅は角が丸い。

積み方
門の廻りでは整形した石を隙間なく布積（ぬのづみ）にしている。そのほかの場所では野面積（のづらづみ）と相方積（あいかたづみ）が混在している。

胸壁
石垣の上には、さらに高さ1mほどの胸壁を造っていて、内側は武者走になる。

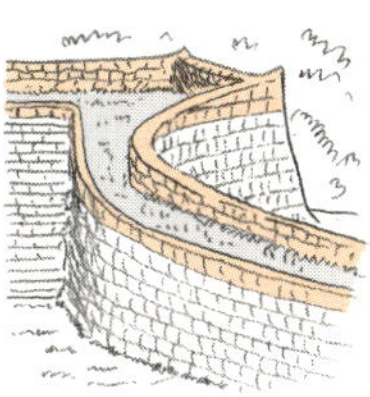

data

首里城
所在地：那覇市首里当蔵町
行き方：ゆいレール首里駅から徒歩約15分
主な遺構：石門、石垣（以上現存）、正殿、御嶽、城壁（以上再建）

城用語解説④

城の「施設」に関する用語

城の中には軍事、行政拠点としての役割を補助する建物もあった。

【番所《ばんしょ》】

番所は城内に立ち入る人物を見張る番人のいる建物。門の近く、通行が見張れる向きに建てられ、大きな門では門に付属して小部屋が設けられ、そこが番所となる。いざという時に駆けつける守備兵が詰めるようになっている番所もあり、その時は江戸城百人番所《ひゃくにんばんしょ》のように長い建物になる。

【蔵《くら》】

城は軍事、行政の拠点だったため、さまざまなものが保管されており、そのための建物、蔵が造られた。食品をしまう米蔵や塩蔵、武具を納める弓蔵や矢蔵、焔硝蔵《えんしょうぐら》、金銭や財宝を納める金蔵《かなぐら》などがある。いずれも防火・耐火性能を重視して造られ、漆喰塗籠の土蔵や石造の石蔵、地中に掘った穴である穴蔵などがある。

江戸城百人番所(32頁)

大坂城焔硝蔵(125頁)

column ｜ 築城の名手　馬場信房《ばばのぶふさ》(1515－1575)

馬場信房は武田信玄・勝頼(かつより)に仕え、数々の戦に出陣して戦功を上げた勇将。軍師・山本勘助(かんすけ)に築城術を学んだ縄張名人とも伝えられ、牧之島城(長野県)、田中城(静岡県)などの築城、改修を行った。信房や勘助も含め、武田氏系の縄張の特徴に丸馬出(まるうまだし)がある。これは土塁と堀で囲われた曲輪の出入口前方に、半円形の土塁と三日月型の堀を造り小さな曲輪を造るもので、弱点である出入口を守るとともに出撃の拠点となる施設であった。武田氏の系譜を引く真田幸村が築いた大坂冬の陣の真田丸も丸馬出を発展させたものである。

小山城《こやまじょう》丸馬出

信房が縄張したといわれる小山城(静岡)では丸馬出が復元されている。城の本丸虎口とは堀の上に渡された橋で連結され、敵に占領されてもすぐには城内には入れないように工夫されている。

三日月堀

土塁の前面には半円形の堀が造られ、土塁の防御力を上げている。

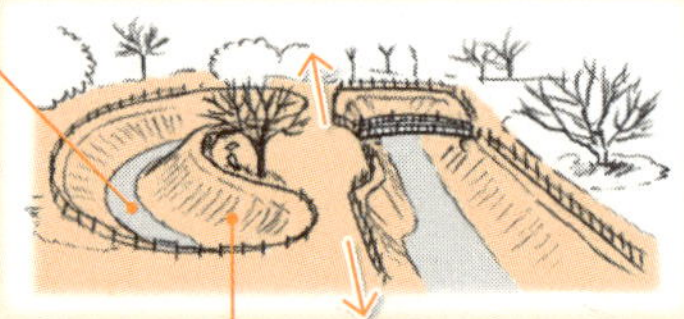

出入口

丸馬出からの出撃は両側面に造られている。

半円形の土塁

敵の攻撃を防ぎ、身を隠す役割がある。

4章

復興された城たち

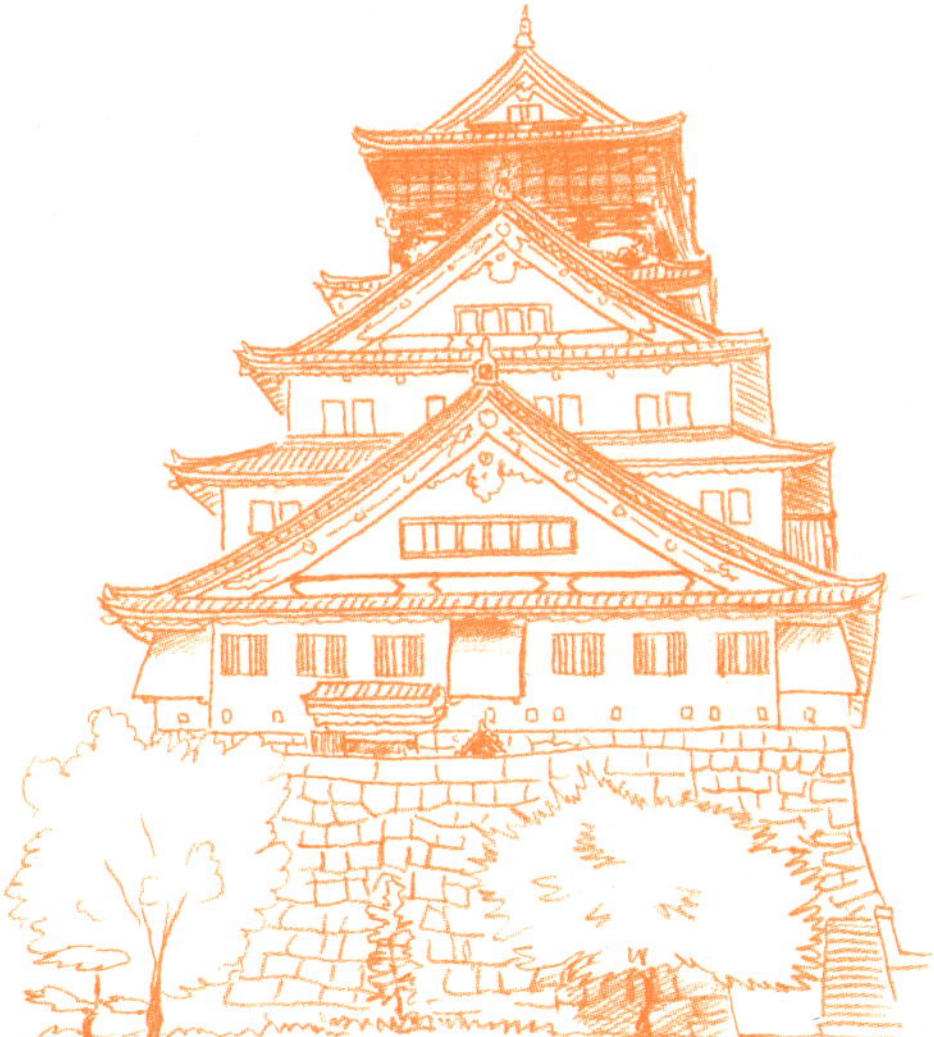

重文・国特別史跡

大阪

大《おお》坂《さか》城《じょう》

太閤秀吉の天下人の象徴する城

初代の大坂城は、豊臣秀吉が天下人の権勢を示すべく建造した広大な城で、5重6階といわれる天守がそびえていた。その後、大坂夏の陣で豊臣家が滅びるとこの城も灰燼《かいじん》に帰《き》した。代わって権力を握った徳川家康は、そのことを示すべく諸大名に命じて新たな大坂城を築城させた。これが現在の大坂城で、豊臣時代の城に盛土《もりど》をして新たな縄張《なわばり》をし、5重5階の天守が建てられた。この天守は1665年に落雷で焼失し再建されずにいたが、1931年に鉄骨鉄筋コンクリート造、5重8階の姿に復興された。

現在の徳川大坂城

現在見られる大坂城は、江戸時代に徳川氏が造ったもの。建物は復興された天守のほか、江戸時代以来の門や櫓、明治時代に建てられた桜門などが残る。特に、江戸時代の建物である大手門と多聞櫓からなる虎口（こぐち、出入口）は、この城の風格を伝えている。

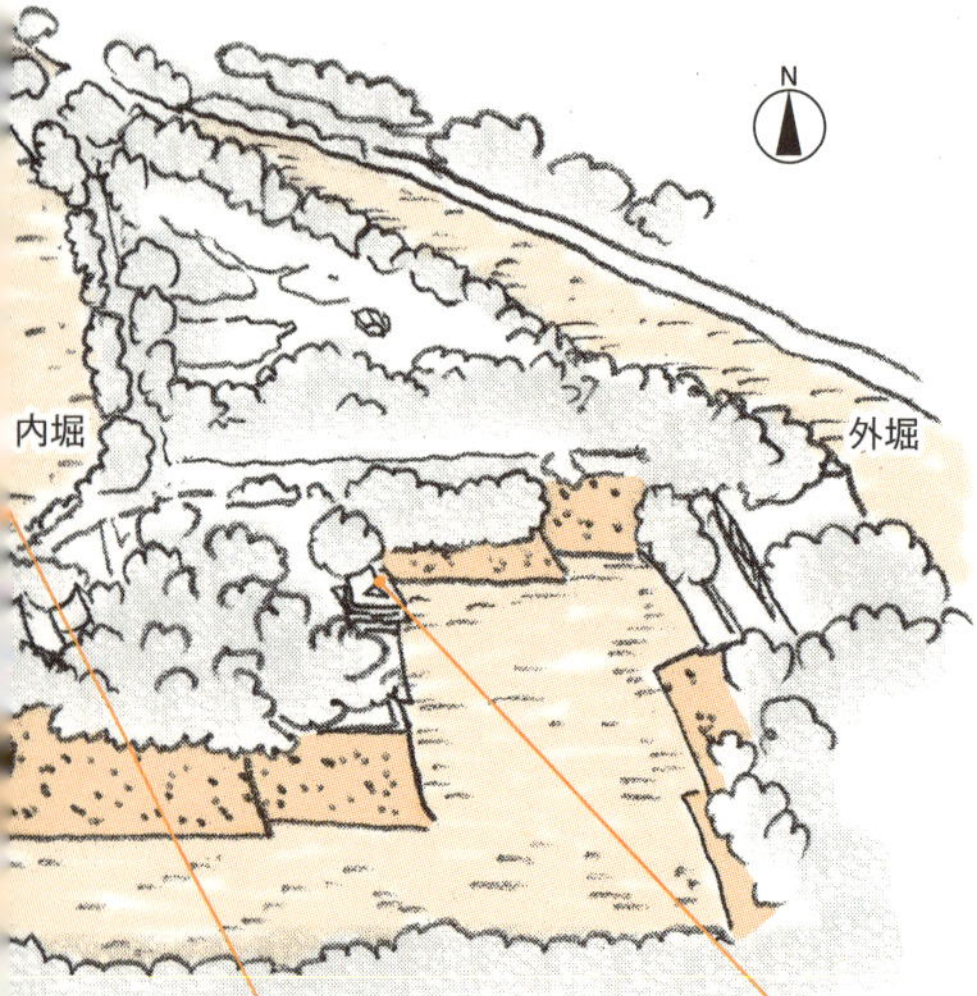
N
内堀
外堀

一番櫓
2重2階の櫓。1629年建造。南面に石落（いしおとし）を設け、屋根には千鳥破風が付く。

豊臣時代の天守の位置

徳川大坂城は、豊臣大坂城をすべて埋め立て、その上にまったく別の城を築いたもの。豊臣時代の天守は現天守よりも東にあり、現在の大手前配水池の辺りとされている。

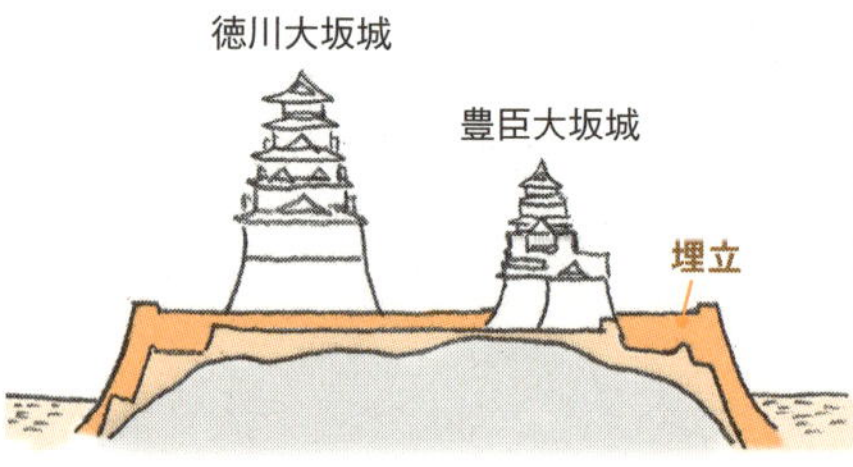
徳川大坂城
豊臣大坂城
埋立

築城年：天正11年（1583）、元和6年（1620）、形式：平城、築城主：豊臣秀吉、江戸幕府

乾櫓《いぬいやぐら》
千貫櫓とともに城内現存最古の建物。2重2階、L字形の平面で1階と2階が同じ床面積である総2階造。

焔硝蔵《えんしょうぐら》
1685年建造。

天守
1931年に建てられた復興天守。

金蔵《きんぞう》
1626年建造。1重の建物で幕府の金庫。

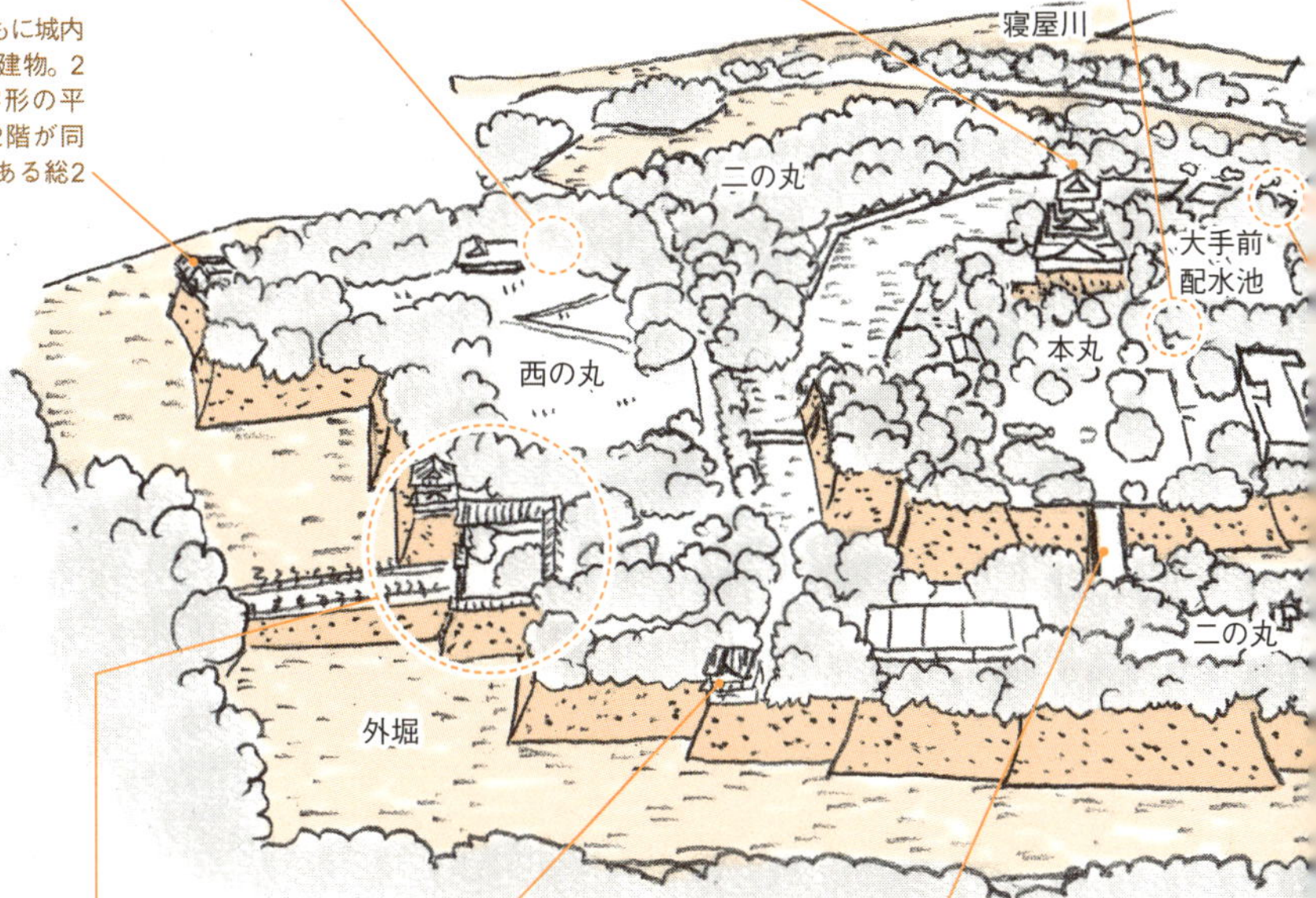

六番櫓
2重2階、1629年建造。一番櫓と外観はほぼ同じで、西面に切妻屋根の石落が加わる点が異なる。

桜門
高麗門形式で、1626年に建てられた。明治維新で焼失したが1887年に再建された。

大手門は日本最大の枡形《ますがた》虎口

多聞櫓《たもんやぐら》
大手門を抜けた左手に建つ櫓門。大手門とともに虎口を造っている。

大手門
門の左右の壁とともに1628年の建造。高麗門形式で、柱と扉には鉄が張られる。

千貫櫓《せんがんやぐら》
1620年建造の城内現存最古の建物。2重2階の櫓。

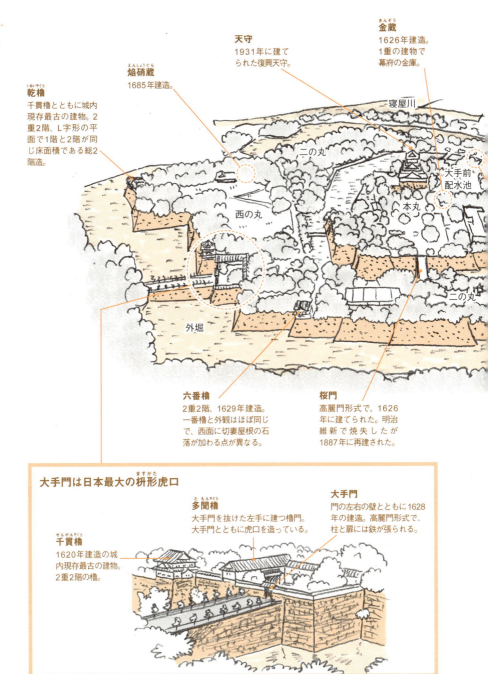

豊臣大坂城を目指した復興天守

1931年に再建された天守はコンクリートで造られた最初の復興天守だ。大坂の陣を描いた屏風などを参考に豊臣時代の外観の再現が目指された。設計者責任者は波江悌夫（なみえやすお）、復元研究・設計には古川重春。古川氏は桃山時代の建築を研究、同時代の意匠を用いて設計し、できあがった復元案を建築史家・天沼俊一、建築家・武田五一が監修し、建設されるに至った。

懸魚《げぎょ》

懸魚のデザインも桃山時代風に渦の巻きが抑えられている。

鯱瓦《しゃちがわら》

鯱瓦については、設計者の古川氏らから慶長期の特徴を持ったデザインにすべきとの案も出された。

屋根勾配

設計にあたっては意見の衝突もあったといい、屋根勾配は古川氏と波江氏で意見が相違したため、武田氏がその間を取って決定した。

5重

黒板壁に金箔を貼った彫刻が付けられる様子を再現。

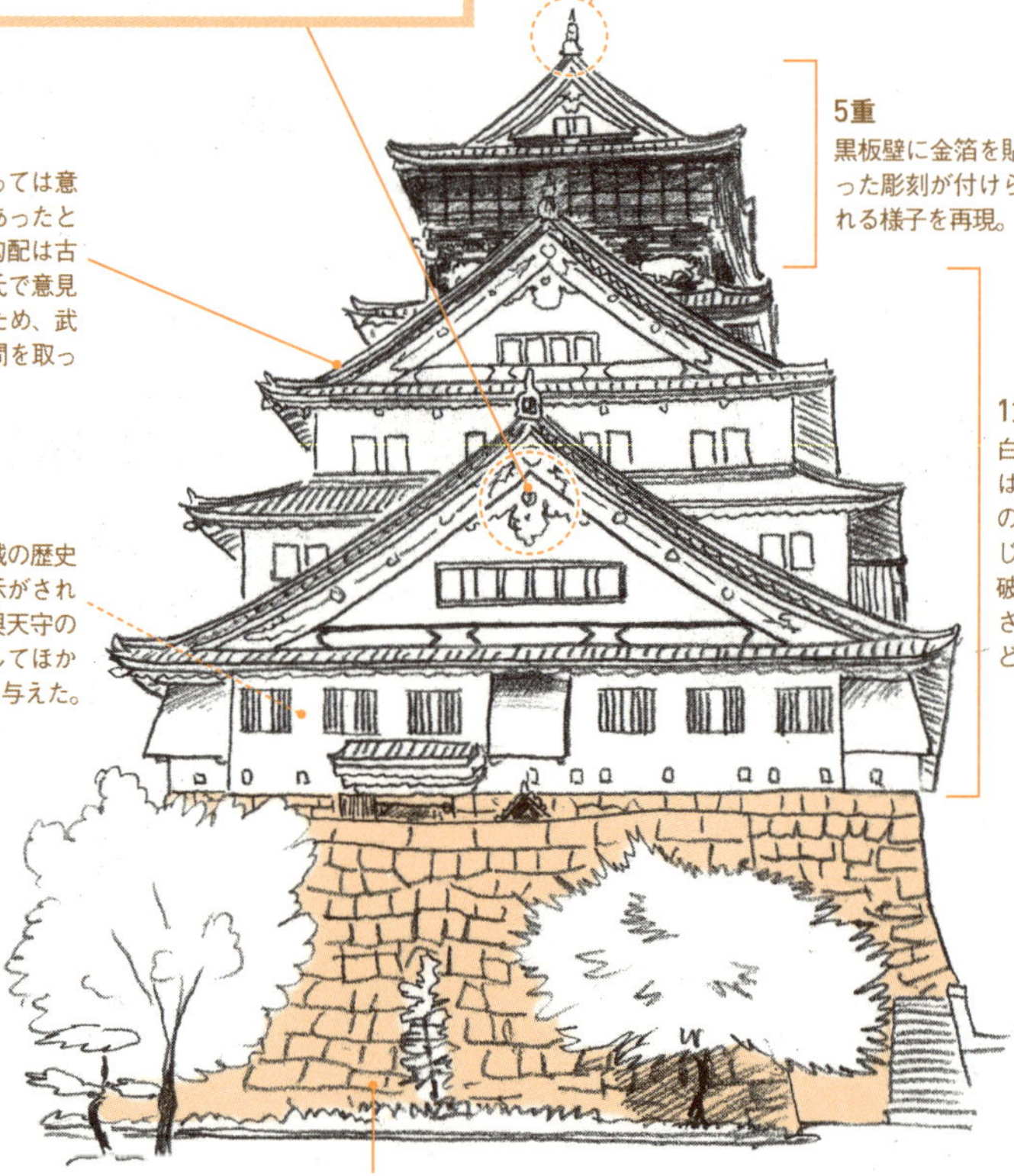

内部

内部は大坂城の歴史を学べる展示がされており、復興天守の活用方法としてほかの城に影響を与えた。

1重〜4重

白壁の外観は徳川時代の天守と同じであるが、破風の大きさや位置などは異なる。

天守台

復興天守の建つ天守台は徳川期に造られたもの。豊臣期の大坂城は現在の大坂城の地下に埋められており、現存の天守台の上に建てざるを得なかったため。この点でも現存天守は豊臣期、徳川期の両方を受け継いだものになっている。

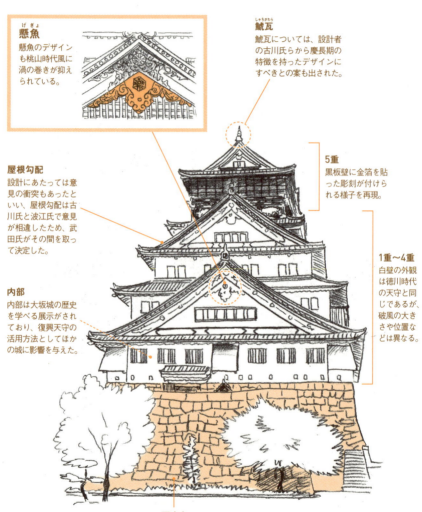

現存する徳川時代の遺構

江戸幕府にとって大坂城は豊臣に代わる権力者であることを示すもの。上方、西国の防衛の中心にふさわしい堅城とするためにも、多くの櫓や門が造られ、御殿や蔵などの建物も数多く建てられた。これらの大半は、明治維新前後の混乱や太平洋戦争中の空襲で失われ、櫓、門、蔵などがわずかに残されている。

千貫櫓《せんがんやぐら》

大手門脇に建つ櫓。この櫓と乾櫓の工事は、茶人としても名高い大名・小堀遠州が監督した。

窓
窓は堀に面した南面、西面に多く設けられ、大手門に向かう敵への攻撃を考えている。

石落
窓と同じく西面と南面に付き、堀側を見張っている。

焔硝蔵《えんしょうやぐら》

大量の火薬を保存しておく火薬庫であった。1度爆発事故を起こしており、現在の建物はその後に造られたもの。

屋根
天井と屋根の間には粘土が詰められている。

構造
爆発事故を受けて造られたため、柱、梁、壁、床、天井はすべて花崗岩でできている。

壁
石造の壁は厚さ2.4mあり、石の隙間は漆喰が塗られている。

金蔵《きんぞう》

西国の天領からの収益金を保管していた幕府の金庫。厳重な防犯、防火のための仕様が施されている。内部は2室に分かれ、床下は石敷になっている。

壁
腰壁は城内では珍しい海鼠(なまこ)壁で、その上は漆喰壁になり、軒裏まで塗籠められている。

換気口
床下に設けられた換気口には鉄格子がはめられている。防犯防火のため、窓、換気口は2重窓になっている。

扉
建物の入口は土戸2枚と鉄格子戸1枚の合計3枚の扉が入る厳重な造り。

豊臣時代の天守

1585年頃に完成したとされる豊臣時代の天守。不明な点も多いが、5重6階で、連結式あるいは複合式（10頁）であったといわれる。外観の特徴は黒色の外壁とそこに映える黄金の装飾。内部には座敷、茶室があり、そのほかは武具・衣装・宝物などの蔵になっていたという。

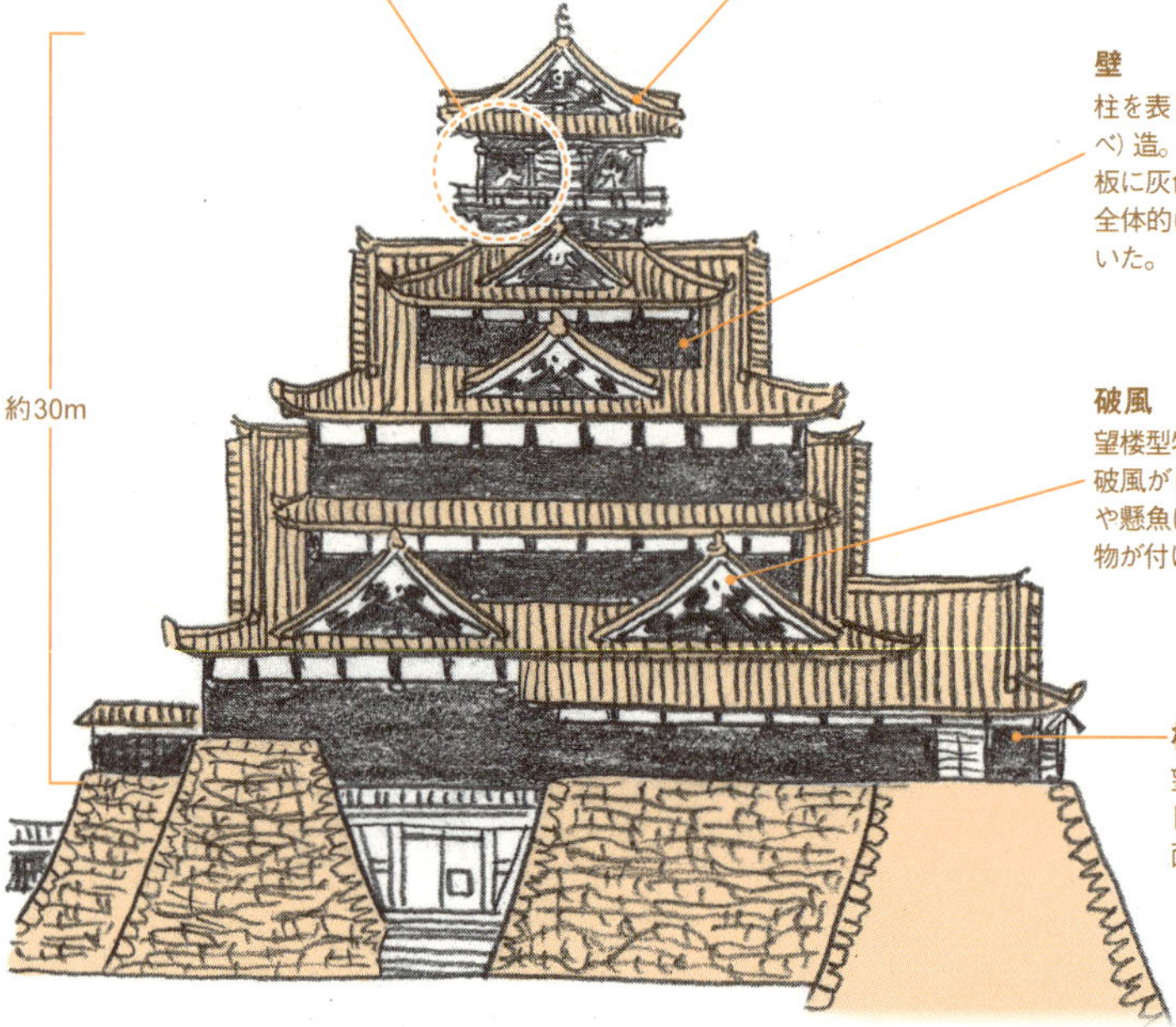
約30m
装飾
金箔押しの浮彫（うきぼり）が付けられていたといい、特に望楼の下部の外壁の虎が有名。
屋根
すべての「重（じゅう）」の屋根が瓦葺で、鬼瓦などには金箔が貼られていた。
壁
柱を表した真壁（しんかべ）造。黒漆塗の下見板に灰色の漆喰壁とし全体的に黒色になっていた。
破風
望楼型特有の大入母屋破風が目立ち、破風板や懸魚には金の飾り金物が付けられた。
構造
望楼型で、1重目は長方形の平面をしている。

column ｜ 徳川を苦しめた堅固な出城《でじろ》

大坂冬の陣で真田幸村（さなだゆきむら）が築いた真田丸（さなだまる）。幸村も知っていたであろう甲州流の丸馬出（まるうまだし、63頁）を発展させたものと考えられる。

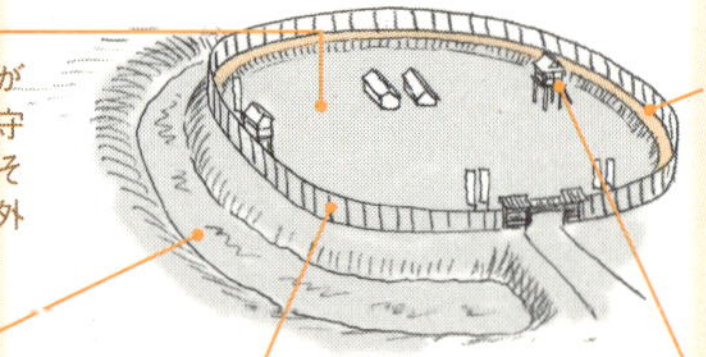
真田丸の位置
豊臣秀頼や淀君がいる大坂城の天守から南へおよそ2km弱、総構の外側に造られた。
武者走《むしゃばしり》
土塁の上、塀の内側には兵が移動するための通路、武者走があったはずである。
空堀
真田丸の防御は、周囲に掘った空堀とその土で造った土塁によった。
塀
土塁の上には簡単なものだろうが塀が造られ、狭間も設けられたであろう。
櫓
物見台が造られ、攻め寄せる敵の様子をうかがったと考えられる。

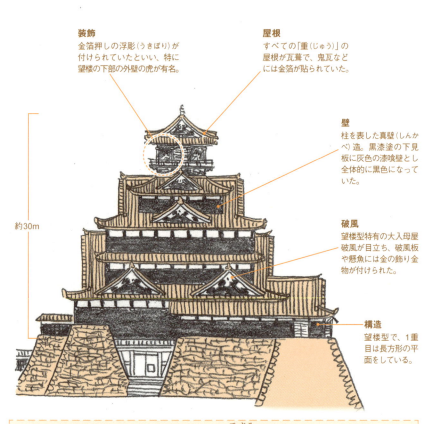

徳川時代の天守

1626年に完成した徳川時代の天守は層塔型5層5階で、独立式だった。外観は白漆喰塗廻(ぬりまわし)のすっきりとした姿で、破風が規則的に配されてるのが特徴。

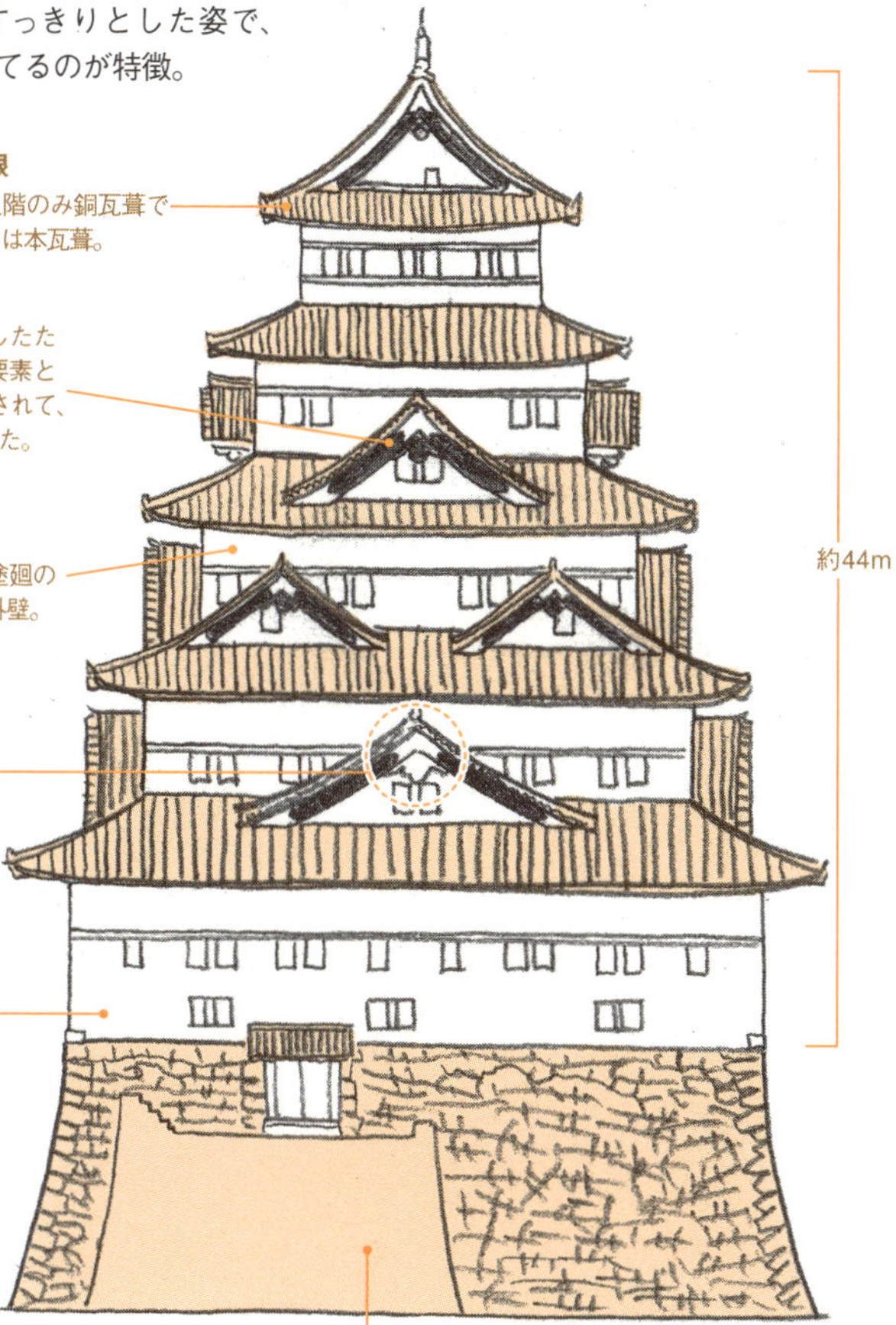

屋根

最上階のみ銅瓦葺で残りは本瓦葺。

破風《はふ》

高欄などの装飾要素をなくしたため、千鳥破風が外観の装飾要素として重要となり、規則的に配されて、破風板には飾金物が付いていた。

壁

漆喰塗廻の白い外壁。

装飾

装飾要素は少なく、破風の飾りや懸魚(げぎょ)の彫刻などが装飾要素としてみられる。

構造

層塔型で、内部の柱は上下で位置があう合理的な計画となっていた。

小天守台

天守の手前に小天守台が造られたが、小天守は建てられず、独立式天守となっている。ここには井戸が造られ、その屋形とともに現存する。

data

大坂城

所在地：大阪市中央区大阪城1－1
行き方：JR大坂城公園駅、森ノ宮駅または地下鉄天満橋駅、森ノ宮駅、谷町四丁目駅から徒歩約15～20分
主な遺構：大手門、千貫櫓、乾櫓、一番櫓、六番櫓、焔硝蔵、金蔵、金明水井戸屋形、桜門(以上重文、現存)、石垣、水堀(以上現存)、天守(再建)

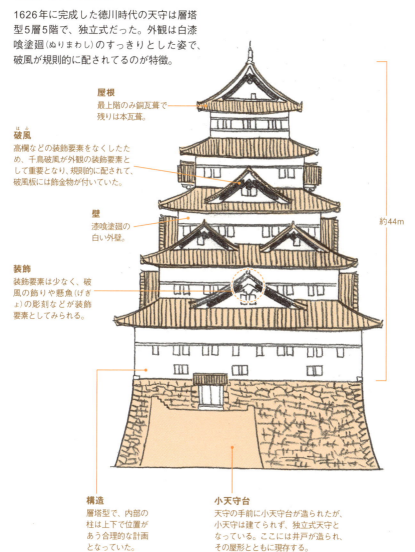

国史跡

小田原城《おだわらじょう》

神奈川

関東の堅城は信玄・謙信も落とせず

小田原城は北条氏により発展した城で、城の東側の八幡《はちまん》山《やま》には詰《つめ》の城が、山麓の現天守付近の曲輪《くるわ》には当主の館があった。北条氏は拡張を重ね豊臣秀吉の小田原攻めの直前には城下町を郭内に取り込んだ総構《そうがまえ》※となっていた。

江戸時代には、江戸の西を守る重要拠点となり、新たな縄張がされ、石垣・天守を備えた城となった。天守は2度の大地震で被害を受け、その度に修理・再建されたが、明治にほかの建物とともに破却された。今の城内の建物は再建されたものである。

北条氏の面影を残す江戸時代の城

戦国時代、関東に覇を称(とな)えた北条氏の本拠として武田信玄や上杉謙信の攻囲にも耐えた小田原城。江戸時代になると城主の改易で破却されたこともあったが、江戸の西の守りの城として重視され、整備された。これが現在見られる小田原城であり、北条氏時代のそれとはほぼ別物である。

天守
1960年に鉄筋コンクリート造で外観復元された。江戸時代の天守には将軍が登って眺望を楽しんだとの記録もある。

本丸
中世の曲輪は1度破却され、改めて石垣積の曲輪、天守台などが造られた。

用米曲輪《ようまい》
ここから護岸された池と建物の跡が出土、これが北条家当主の館であったとされている。

常盤木門《ときわぎもん》
1971年に木造で外観のみ復元。

銅門《あかがねもん》
1997年に木造復元。

二の丸隅櫓
明治の破却を逃れた平櫓が建っていたが、関東大震災で石垣とともに崩壊。規模を縮小し鉄筋コンクリート造で1934年に再建。

馬出門《うまだしもん》
2009年に木造で復元。

築城年：寛永9年(1632)、形式：平山城、築城主：稲葉正勝
※：北条氏によって造られた土塁と空堀からなる総構(曲輪)の長さは9kmにもなる。

復興された天守

小田原城の天守は1960年に鉄筋コンクリートで外観が復元された。復元にあたっては江戸時代の図面と雛型(模型)を元にして、明治時代の解体時の写真との照合などの検討を経てデザインが決定された。内部は北条氏と小田原城の歴史、小田原の産業などを紹介する展示館となっている。

内部

復元の元となった2つの雛型(模型)、絵図などの資料を見ることができる。ほかに武具なども展示され、最上階は展望台となっている。

高欄付廻縁《まわりえん》

高欄付の廻縁は元の天守にはないが、展望台としての用途を考慮して付け足された。

瓦

約1／3の瓦は市民からの寄付によるもので、寄付者の名前が裏に刻まれている。

構造

鉄筋コンクリート造。地上部分は3重4階(実質5階)と地階からなる。

高さ

復元高さは27.2m。江戸時代の2種類の雛型から算出した高さの平均値。石垣を含めた総高38.7mは小田原城周辺地区の高さ規制の基準となっている。天守が見える歴史的景観を守るために定められた。

付櫓《つけやぐら》

付櫓は天守への入口となっており、続櫓(つづきやぐら)を通っていく。どちらも天守と共に復興。

石段

付櫓へと向かう長い石段は江戸時代の天守以来のもの。

窓

3重は眺望のために広い開口を持ち、1・2重の窓は防御を考えた細い格子窓としている。

張出《はりだし》

入母屋屋根の掛かる張出には石落(いしおとし)があったと思われるが、再現されていない。

column | 豊臣の天下を誇示した伝説の城

豊臣秀吉が小田原を攻めるにあたって、1590年に小田原城を見下ろす石垣山の山頂に建造されたのが、石垣山一夜城。80日間で総石垣、天守を備えた城を造ったといわれ、完成してから周囲の木を切り倒すことで籠城する敵に城が一夜でできたように見せたという伝説もある。城跡の石垣は関東大震災で崩れた箇所もあるが、現在も曲輪の様子、井戸曲輪の石垣などを見ることができる。

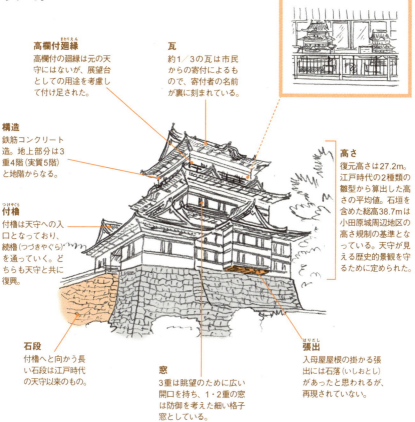

厳重な守りをつくる枡形《ますがた》虎口《こぐち》

銅門（あかがねもん）と内仕切門（うちじきりもん）との間は典型的な枡形（ますがた）となっており、土塀、武者走（むしゃばしり）など全体が復元。この部分の石垣は関東大震災後に取り除かれたが、下二段ほどが残っていたため全体の形を知ることができた。

住吉堀《すみよしぼり》

底からは北条氏時代の障子堀（しょうじぼり）や井戸が見つかっている。障子堀とは、堀の内部に障害を設けて敵軍の移動を防ぐためのもの。

武者走

狭間から敵兵を迎え撃つ兵士のための武者走も再現。

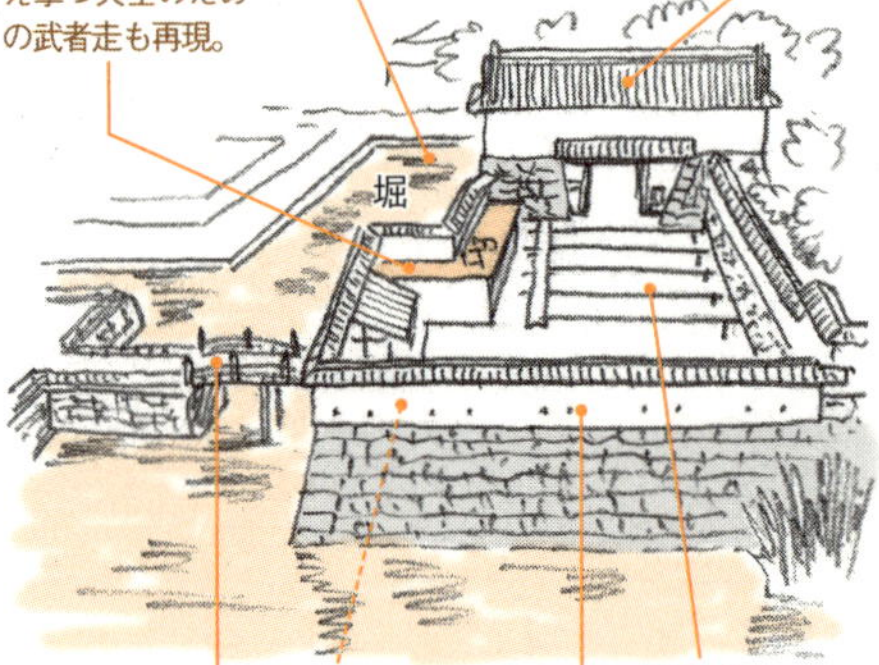

雁木

枡形には武者走に上がるための階段がある。

土塀

土塀も下地に土を何層も塗重ねる伝統的な工法で復元された。

枡形虎口

銅門

二の丸の入口の門。発掘調査、絵図資料、古写真をもとに木造、伝統的な工法で復元された。下部の門部分は銅板が貼られ、上部の櫓部分は漆喰仕上げ。

梁

梁は太い松材が使われ、表面の仕上げは当時と同じ釿（ちょうな）はつりとなっている。

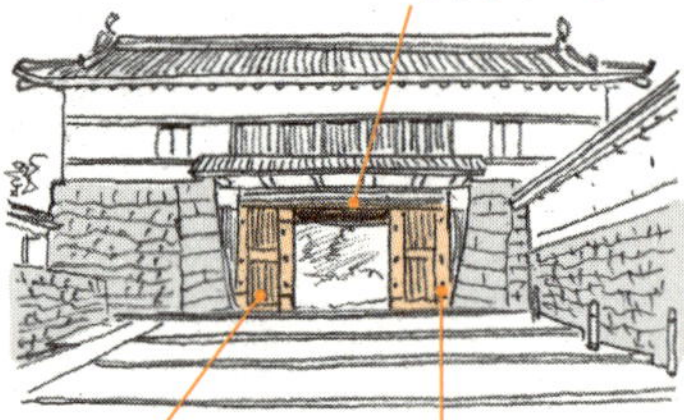

門

装飾と防備のため、柱と扉に付けられた銅製の金物が名前の由来。

寸法

江戸時代の絵図・史料に描かれた数値を元に設計されている。

住吉橋《すみよしばし》

銅門手前の内仕切門へとつながる橋で、銅門に先がけて1989年に復元された。門側は反りの付いた木橋、反対側は土橋となっている。これはいざという時に木橋を落として敵に浸入させないためである。

木橋

欄干は檜、橋脚は松、橋板・橋桁はヒバが使われている。橋脚は発見された古材と同じ材種である。

内仕切門

石垣の中にあけた埋門（うずみもん）形式。

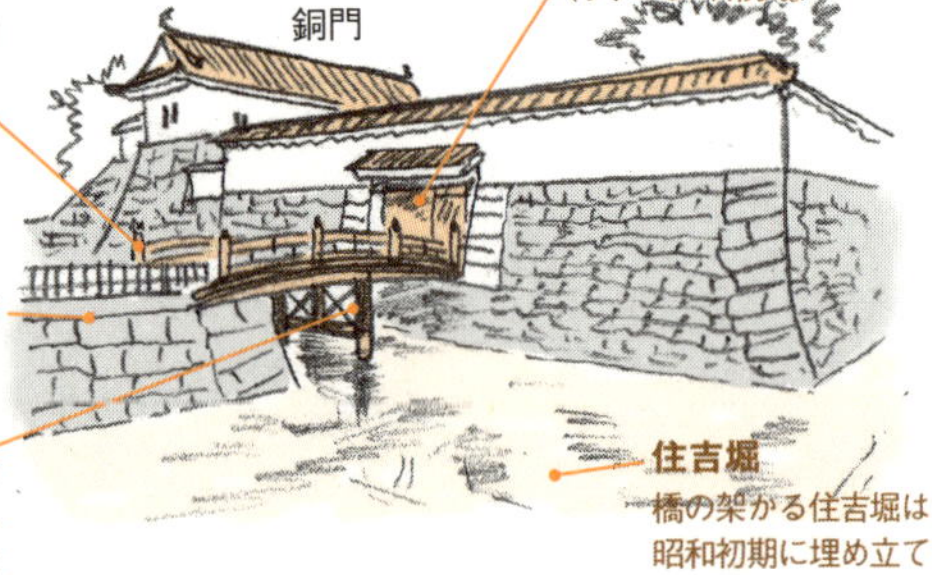

土橋

橋脚

江戸時代の橋脚3本が堀の土中から発見され、橋の正確な位置、規模が判明。

住吉堀

橋の架かる住吉堀は昭和初期に埋め立てられていたが復元。

江戸時代の姿を再現

江戸時代に造られた建物はすべて失われたが、比較的古くから復元が始められている。近年も馬出門(うまだしもん)の再建など、正規の登城ルートである大手筋の整備を目指して整備されて来た。さまざまな復元事例を楽しめるのが小田原城だ。

常盤木門《ときわぎもん》

本丸の正門にあたる門で櫓門の形式。古写真を参考に木造で外観のみ復元。内部は正確な再現ではなく、展示スペースとして使われている。

多聞櫓

常磐木門につながり、枡形を形成する。門とともに復元された。

壁と軒

壁は漆喰塗廻(ぬりまわし)。軒の垂木も波形に仕上げた漆喰の中に塗込まれている。

柱・門扉

柱と門扉には補強のために鉄帯が付けられている。

馬出門と内冠木門

馬出門は内側の控柱にも屋根が付く高麗門。発掘調査、史料、類似した門の遺構をもとに木造、伝統工法で復元された。内冠木門(高麗門)と共に虎口を形成する。

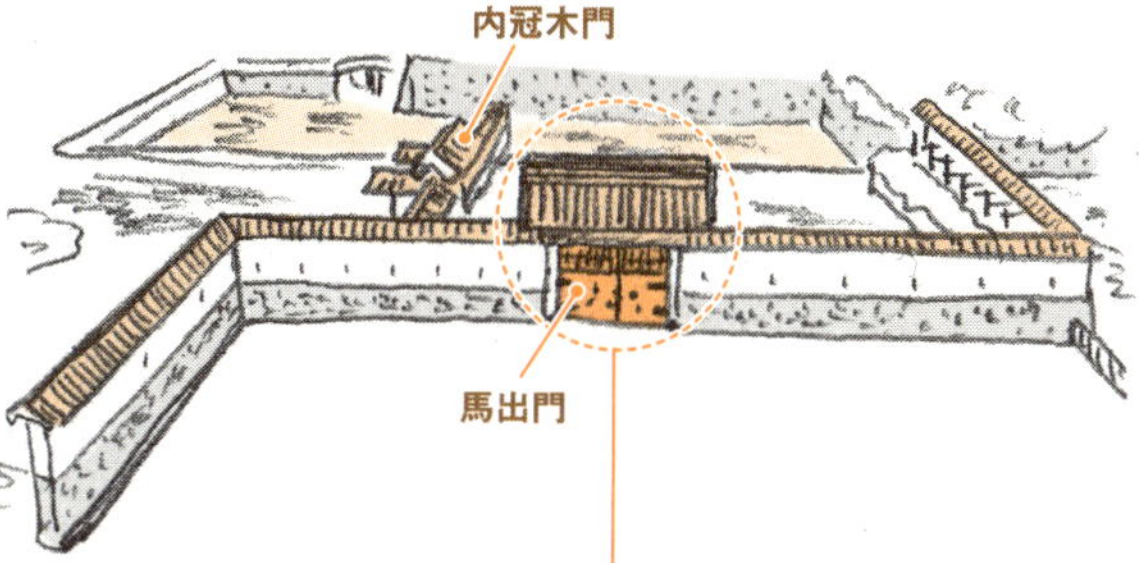

馬出門

かつての姿が判明しなかったため、立面は江戸城清水門など同形式の門が参考にされた。

寸法

門の高さは江戸時代の資料から。そのほかの部材の寸法は現存するほかの高麗門の遺構から決定した。

石垣

関東大震災後に積み直された状態が悪かった。そこで、石材を再利用し、伝統的な工法を用いて資料から判明した高さ5尺(約1.5m)に復元された。

data

小田原城

所在地：小田原市城内6－1
行き方：JR小田原駅から徒歩約10分
主な遺構：石垣、堀、土塁(以上現存)、天守など(再建)

MEMO：2014年現在、今建っている天守の耐震化工事の必要性が求められており、「いっそ、木造復元できないか」とその可能性について議論されている。実現には建築・防災関係の法律への対応や建設資金などの解決すべき課題はあるが、より正確な復元案を雛型や絵図から導ければ、その可能性は高まるだろう。

埼玉

忍城《おしじょう》

浮城《うきじろ》の名で呼ばれた水郷の要塞

成田氏が根拠とした忍城は、北条氏康《うじやす》や上杉謙信でも落とせず、石田三成を大将とした豊臣の大軍の包囲にも、主君の降伏まで耐えたことで有名だ。江戸時代には江戸北方の要衝《ようしょう》として重視され、17世紀後半〜18世紀初頭にかけて拡張整備、天守代わりの御《ご》三階櫓《さんかいやぐら》もこの時に建造された。

この名城も明治の廃城で建物がすべてなくなり、埋立により浮城と呼ばれた姿も失われた。戦後、御三階櫓が外観復興され、本丸周辺が公園として整備され現在に至っている。

再現された景観

かつての忍城は、沼や池の中の島を利用して、独立性の強い曲輪（くるわ）を橋でつなげる縄張だったが、廃城後の埋立によってこの様子はほぼ失われてしまった。現在、かつてとは異なる場所に造られてはいるが、御三階櫓、東門とその手前の堀、そこに渡された橋がかつての風景を想起させる。

時《とき》の鐘《かね》

松平氏が桑名より移封の際に持ってきた鐘のレプリカ。実物は郷土館にあり、時の鐘として突かれていた。

本丸

江戸時代以前の遺構は残っておらず、現在は行田市郷土博物館が建つ。

御三階櫓

1988年に鉄筋コンクリート造で復興。本来は現状とは異なる場所にあった。

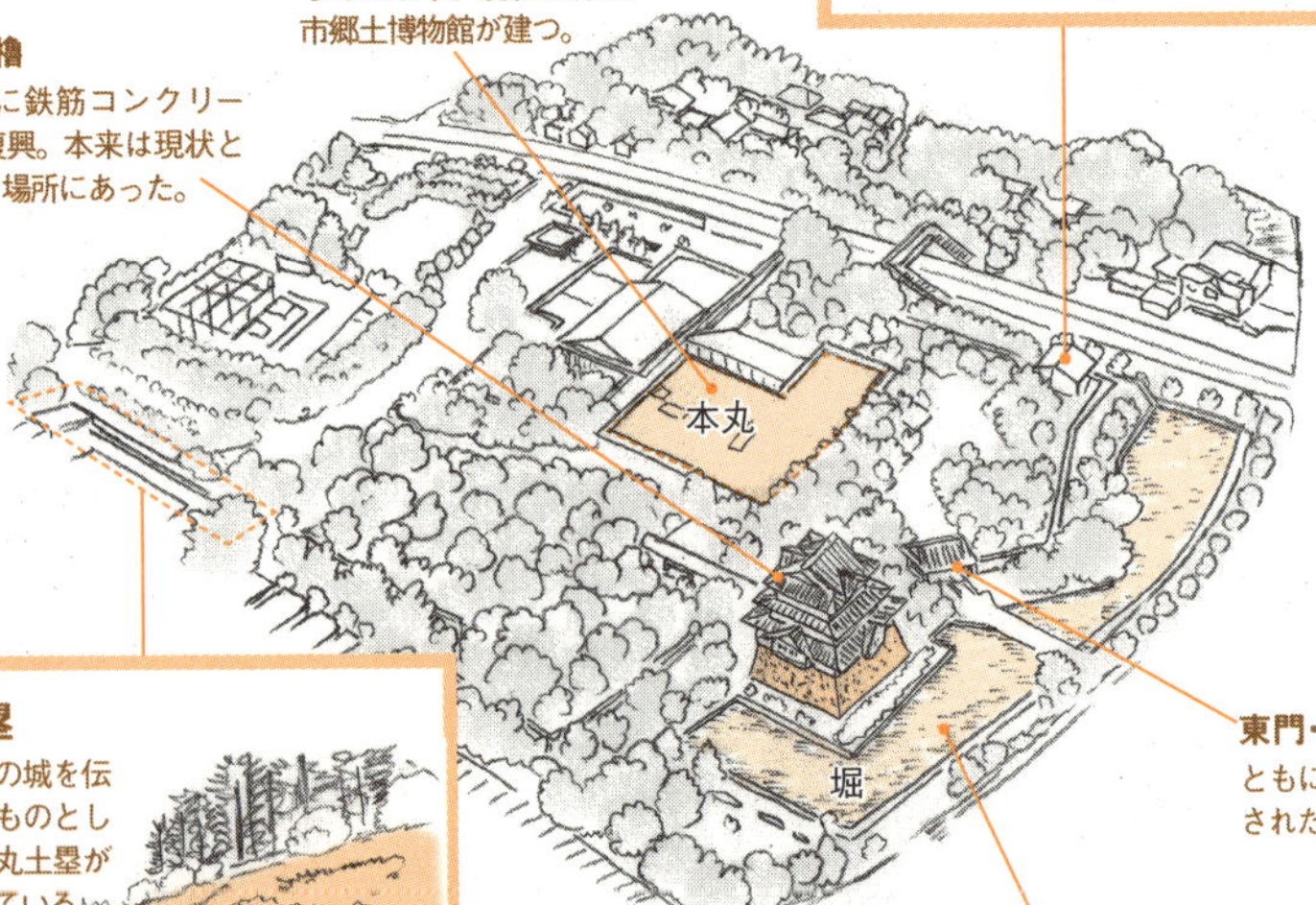

東門・あづま橋

ともに模擬再建されたもの。

堀

かつての水堀の一部が整備復元されている。

土塁

往時の城を伝えるものとして本丸土塁が残っている。

築城年：15世紀後半、形式：平城、築城主：成田氏

水攻めに耐えた浮城

豊臣秀吉の関東攻めで、石田三成率いる約3万の軍勢は忍城を攻囲し、堤（石田堤。一部現存）を築いて水攻めにしたが、大雨で堤が決壊、失敗に終わる。忍城も小田原城の北条家が降伏するまで持ちこたえた。この水攻めにも耐えたことが浮城の名を天下に知らしめることとなった。下のイラストは江戸時代の忍城をもとに水攻めの情景を想定したもの。

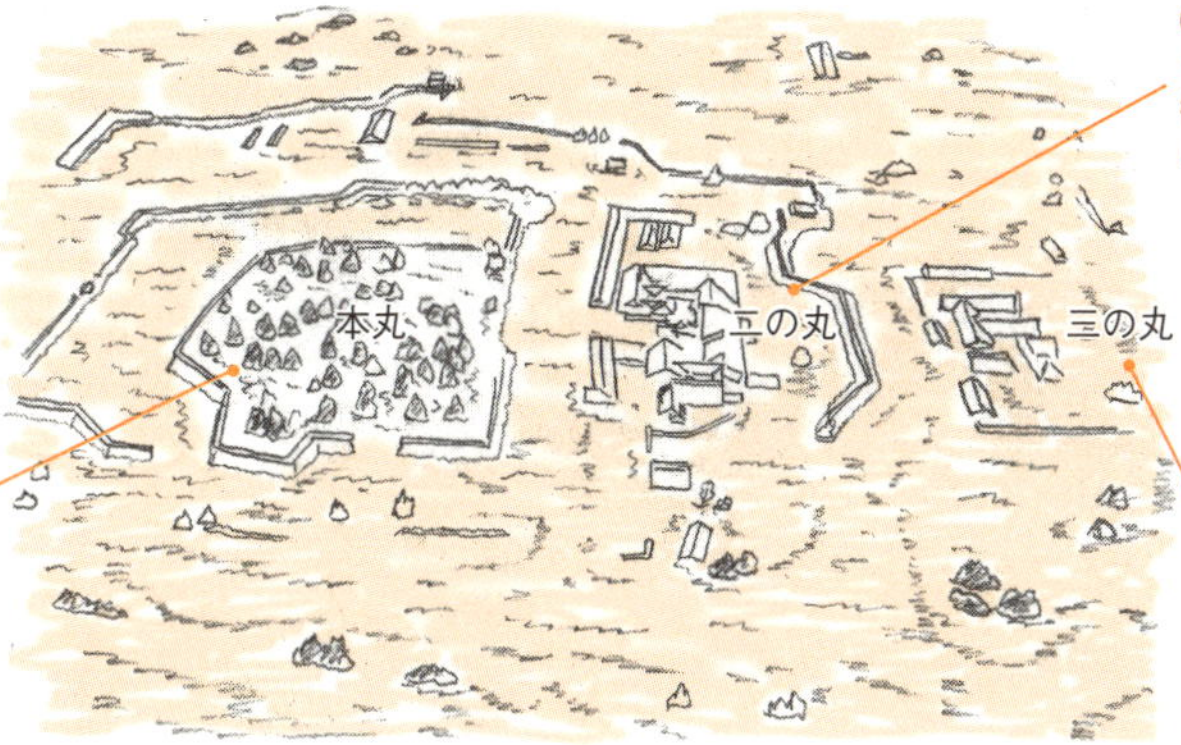

二の丸
600坪以上の広さを持つ城主の御殿が建っていた。

曲輪
曲輪はそれぞれ独立した小島であり、橋でつながれており、攻め難い城であった。

三の丸
勘定所などの役所があった。

再建された御三階櫓

忍城の天守代わりであった御三階櫓は、1988年に鉄筋コンクリート造で再建された。古写真が残っていなかったため、その姿は、明治初めに描かれた絵図をもとにしたもの。また、かつての場所ではなく、本丸内に移されている。これにあわせて土塀や東門、橋も模擬再建された。

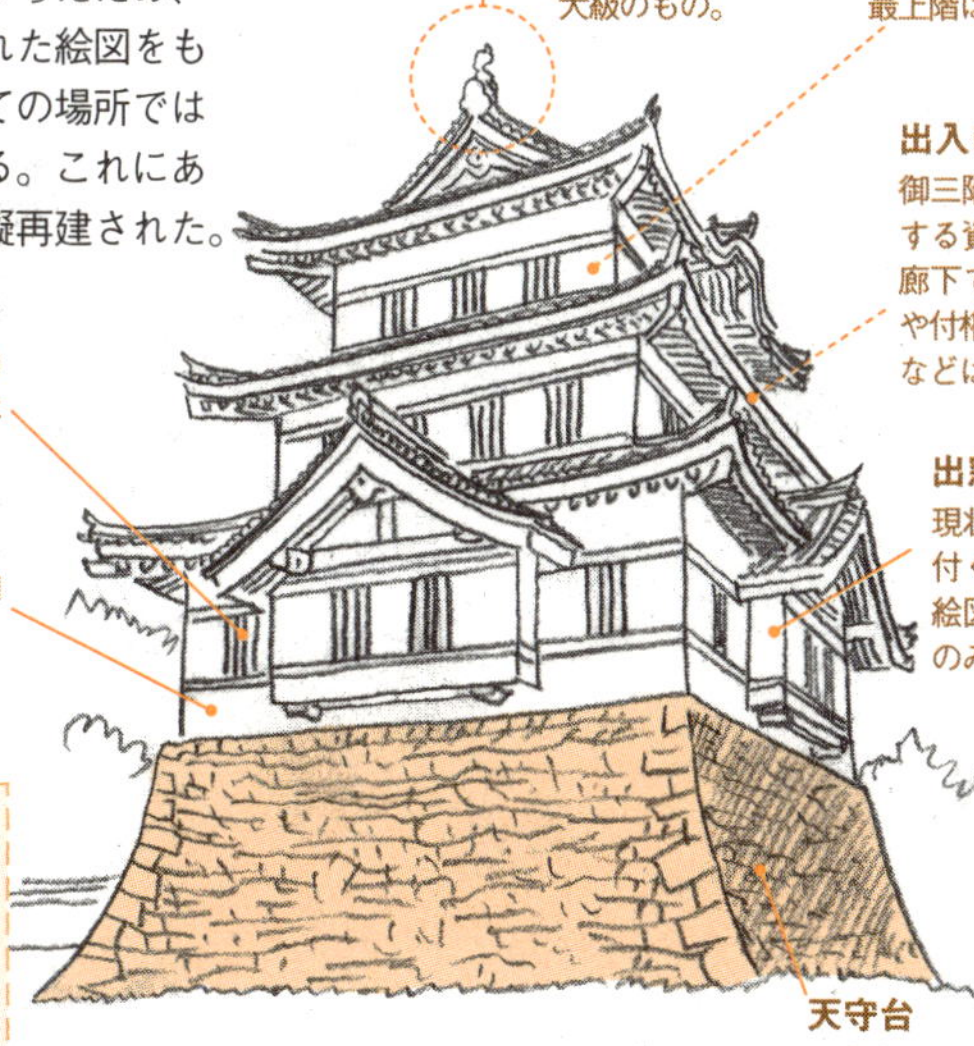

鯱瓦《しゃちがわら》
1.8mの大きさがあり、日本最大級のもの。

内部
忍城と城下町の歴史の展示がなされる。最上階は展望室。

出入口
御三階櫓へは隣接する資料館から渡廊下で入り、階段や付櫓（つけやぐら）などはない。

窓
いずれの重も塗籠連子（れんじ）窓となっているが、絵図では1重のみが連子窓。

外観
層塔型（10頁）の3重櫓で、白漆喰塗籠の姿に再建された。

出窓
現状では四方に付くが、明治の絵図では二方にのみ付く。

天守台
天守台も再建にあわせて造られたもので、打込接（うちこみはぎ）風。

data

忍城
所在地：行田市本丸17－23
行き方：秩父鉄道秩父本線行田市駅下車徒歩約15分
主な遺構：土塁（現存）、堀、御三階櫓、東門（以上再建）

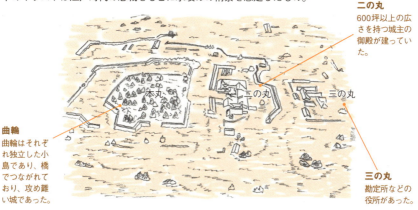

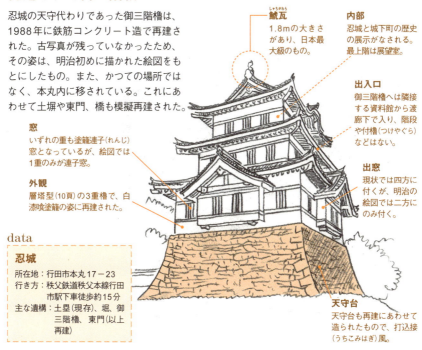

岐阜

大垣城《おおがきじょう》

かつての姿に近づいた復興天守

大垣は不破《ふわ》の関《せき》に近い交通の要衝。16世紀に築城され、織田氏と齋藤氏の争いの舞台となり、関ヶ原の戦いでは西軍の根拠地となった。天守は、羽柴秀吉家臣の一柳氏、伊藤氏が城主の時代に建造、江戸時代の城主・戸田氏により4重天守となった。

明治に多くの建物が取り払われ、残った天守と艮隅櫓《うしとらすみやぐら》が旧国宝となるが、戦災で焼失。戦後、天守、櫓、門などが外観復興された。2011年の改修で、より旧状に忠実な姿となった。天守をかつての姿と比べるのも面白い。

水堀を廻らした縄張

大垣城の特徴は4重の水堀であったが現在はそのほとんどが埋め立てられてしまった。当時、本丸、二の丸は堀の中に浮かぶように造られ、それぞれ1本の橋でつながれていた。また、外郭の各口には枡形があったが、これも現在残っている箇所はほとんどない。

艮隅櫓

鉄筋コンクリート造で復興。本丸を取り囲んだ腰曲輪の櫓。

東門

旧柳口門。櫓門。天守復興の時に正面入口となる東門へ移築された。

復興天守

層塔型、4重4階の天守は鉄筋コンクリート造で外観復興されたもの。

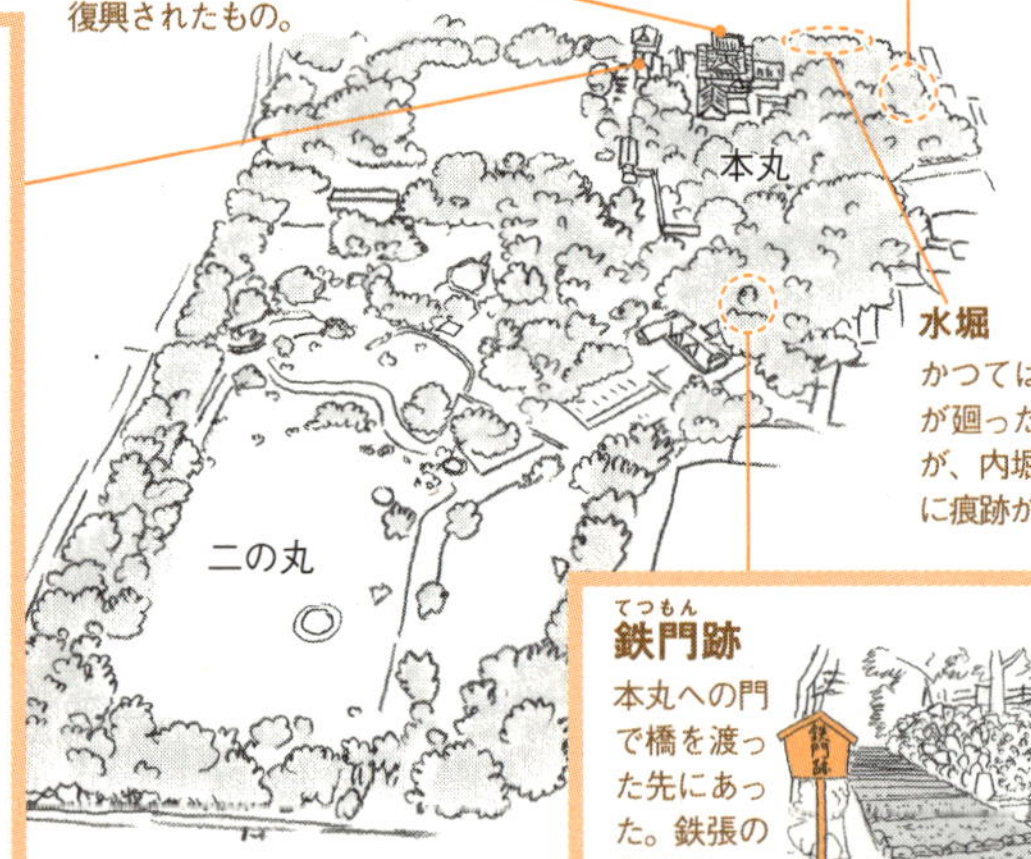

乾隅櫓《いぬいすみやぐら》

鉄筋コンクリート造で復興。近年の改修で鯱（しゃち）瓦が当時の復元に変更された。

石垣

野面積（のづらづみ）の石垣は石灰岩が使われ、珍しい。よく見ると古生物の化石が含まれている。

水堀

かつては幾重にも水堀が廻った堅城であったが、内堀は現在わずかに痕跡が残るのみ。

鉄門跡《てつもん》

本丸への門で橋を渡った先にあった。鉄張の高麗門で、現在は鵜沼宿（各務原市）に移築。

築城年：慶長元年（1596）、形式：平城、築城主：伊藤祐盛（すけもり）

旧国宝に近づけた天守の改修

大垣城天守の復興では、戦前の実測図面と古写真による外観の復元が可能であったが、観光スポットとして展望台の役割が加えられた復興天守となった。時代は変わり、復元建物にも時代考証にもとづいた正確さを求める人が多くなり、平成の改修によって国宝時代の天守に近づけられた。イラストは改修前の姿。

内部

内部は展示室になっており、関ヶ原の戦いや、江戸時代の大垣城下での生活の展示を見ることができる。

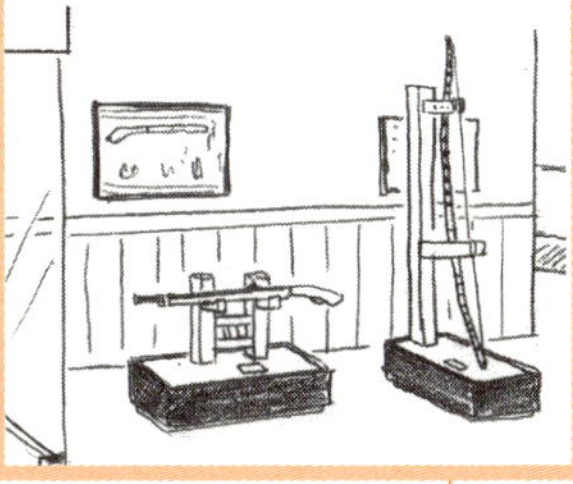

展望室

最上階は展望室になっている。

飾金物

復興に際して破風などに付けられた金物も元の姿にするため改修時に取り除かれた。

4階の窓

復興時には展望機能を優先して大きく造ったが、改修で元来の大きさに変更。

破風の狭間《さま》

千鳥破風に開けられた狭間などは江戸期の天守を再現している。

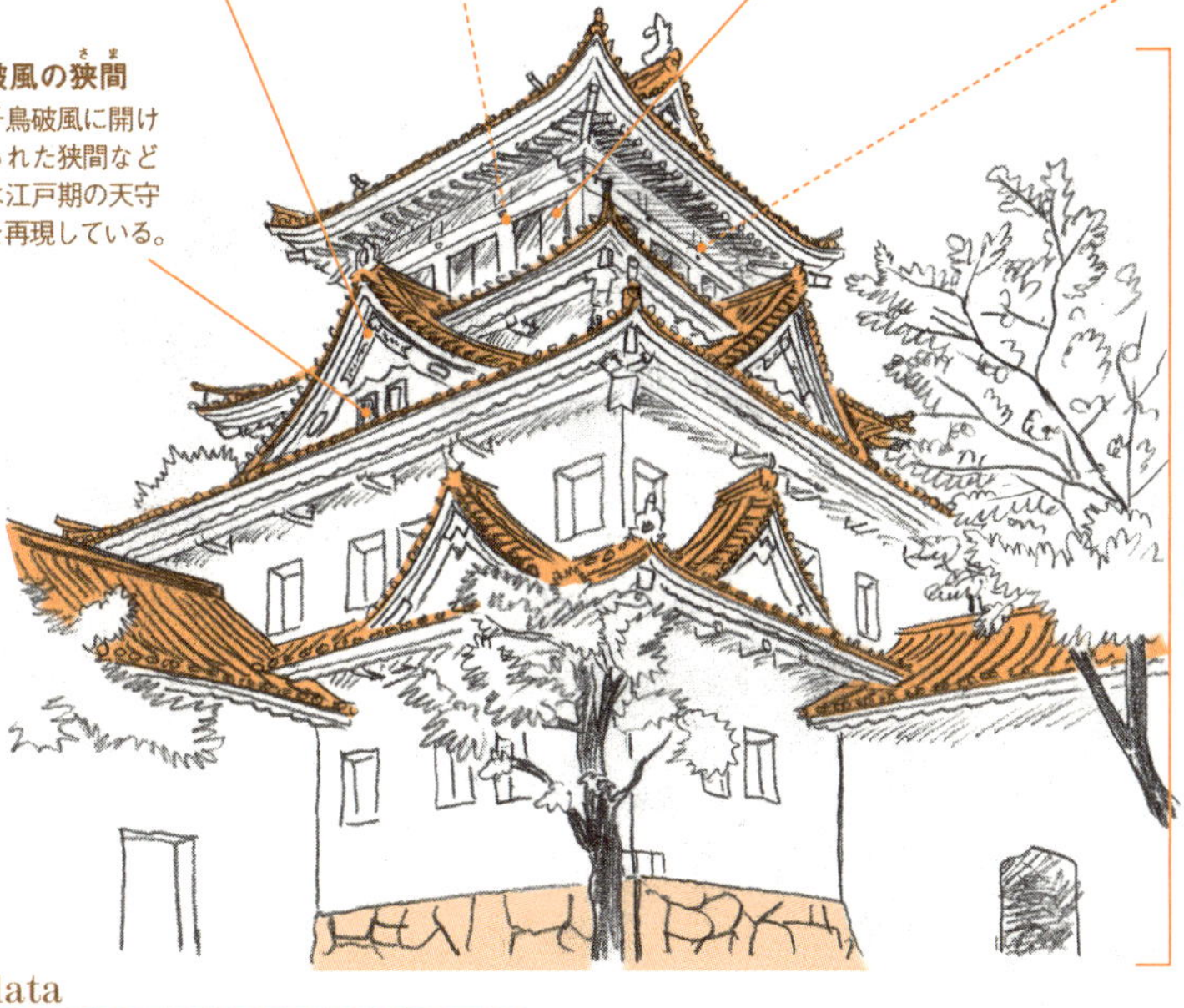

4重の姿

関ヶ原合戦の頃は3重だったが、1620年に4重に改築されたといわれる。

data

大垣城

所在地：大垣市郭町
行き方：JR大垣駅から徒歩約10分
主な遺構：石垣（現存）、天守、付櫓、艮隅櫓（以上復元）、東門（移築）

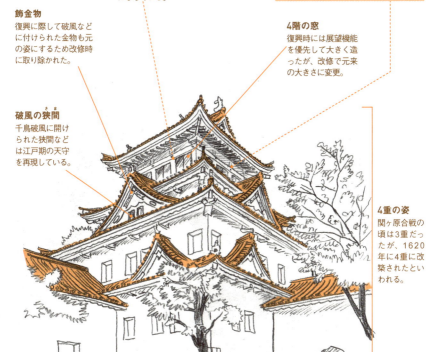

愛知

清洲城《きよすじょう》

信長、天下統一への出発点

街道の交差点に位置する清洲には、15世紀に城が築かれた。16世紀半ばに織田信長が本拠とし、ここから桶狭間《おけはざま》へ出陣、天下への第一歩を記した城である。信長の死後には跡目を決める清洲《きよす》会議《かいぎ》の舞台となり、ここから秀吉が天下へと踏み出した。その後、信長の子・信雄《のぶかつ》が2重の堀、天守などを持つ城としたが、徳川氏が名古屋城を造り、町全体がそちらへ移転したため廃城となり、城地に当時の建物は残っていない。現在、城址の隣に模擬天守が建てられ、清洲城の名を継いでいる。

桃山時代をイメージした天守

清洲城の天守の姿を伝える絵図は残されておらず、その規模も不明だ。建造された天守は、桃山時代の城を再現するデザイン。江戸時代の漆喰塗廻（ぬりまわし）の白い城とは異なる、装飾に富んだ姿が出現した。

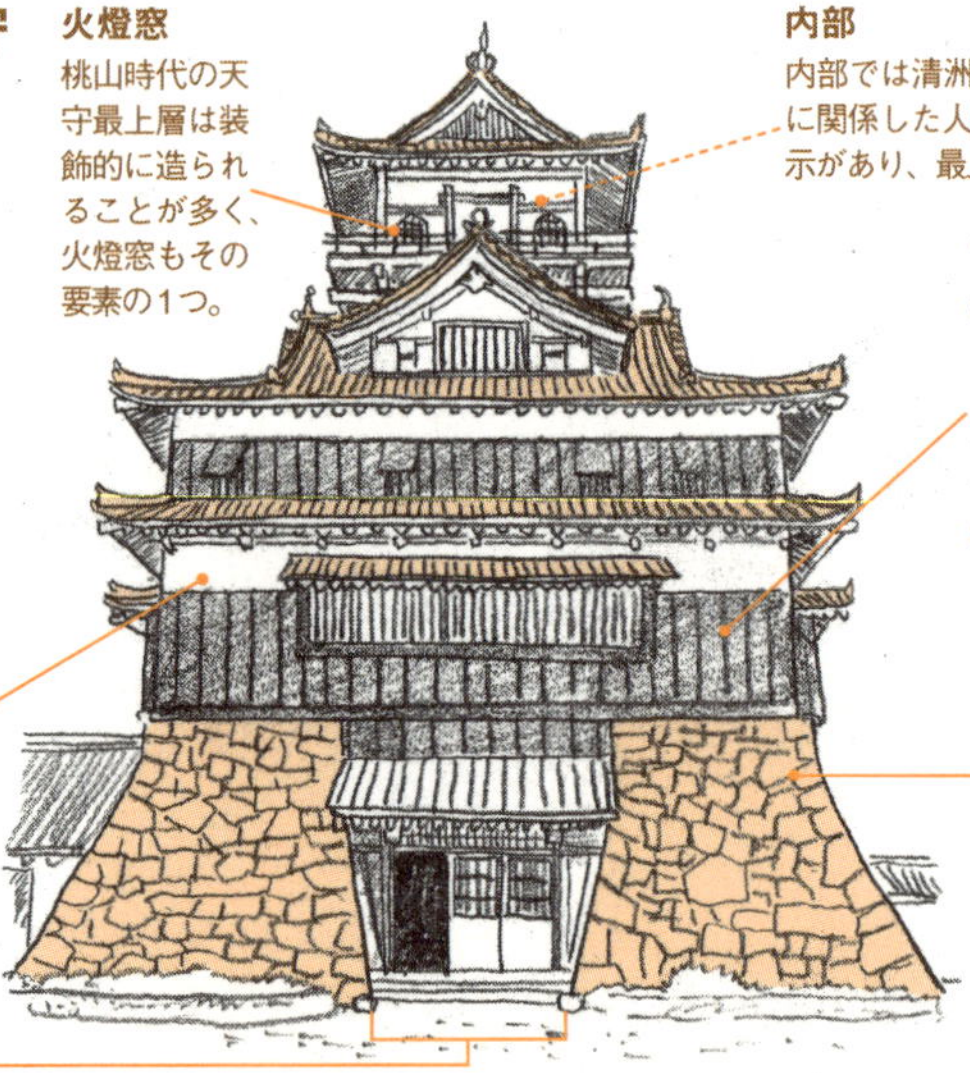

火燈窓
桃山時代の天守最上層は装飾的に造られることが多く、火燈窓もその要素の1つ。
内部
内部では清洲の歴史、清洲城に関係した人物を紹介する展示があり、最上階は展望台。
下見板
桃山時代の天守は白漆喰壁ではなく黒い下見板が使われたものが多く、それを採用している。
天守台
天守台も天守の建築に際して新たに造られたもの。野面積（のづらづみ）を再現。
外観イメージ
犬山城を参考にしているともいわれる。
入口
天守台の石垣の間に入口が設けられる形式は犬山城と同じ。

column | 清洲越し

関ヶ原の戦い後、尾張（おわり）国を掌握した徳川家康は、大坂の豊臣氏への対抗と水害への対策として、新たな尾張の中心、名古屋城の建設を行った。清洲からの大規模な移転は武士、町人、寺社のみならず、天守も名古屋城の櫓として移される大規模なものであり、これによって清洲城は廃された。同様の町規模での移転には安土から近江八幡に移った事例などがある。

data

清洲城

所在地：清洲市朝日城屋敷1－1
行き方：名鉄新清洲駅、JR清洲駅から徒歩約20分
主な遺構：模擬天守

築城年：応永12年（1405）、形式：平城、築城主：斯波義重（しばよししげ）

国史跡

兵庫

洲《す》本《もと》城《じょう》

強固な高石垣に西の守りが見える

淡路島は水軍の重要な拠点であり、洲本城は水軍の将・安宅《あたぎ》氏によって築かれた。この城が大規模な石垣の城となるのは、仙石《せんごく》・脇坂《わきざか》氏の代で、秀吉の四国攻めの拠点、大阪城の西の守りとするためであった。江戸時代には阿波《あわ》・蜂須賀《はちすか》家の家老、稲田家が島内を治め、由良《ゆら》から洲本へ政庁を戻した際、山麓の御殿や城下町を造った。明治時代に建物はほぼ壊滅。現在の天守は1928年に造られた日本で初めての鉄筋コンクリート造の模擬天守。国内では珍しい登り石垣も見所である。

竜宮城をイメージ

洲本城の模擬天守は昭和天皇の即位式の記念に造られた。展望台に特化した建物で、天守台まで建物一部となっている姿は特徴的。

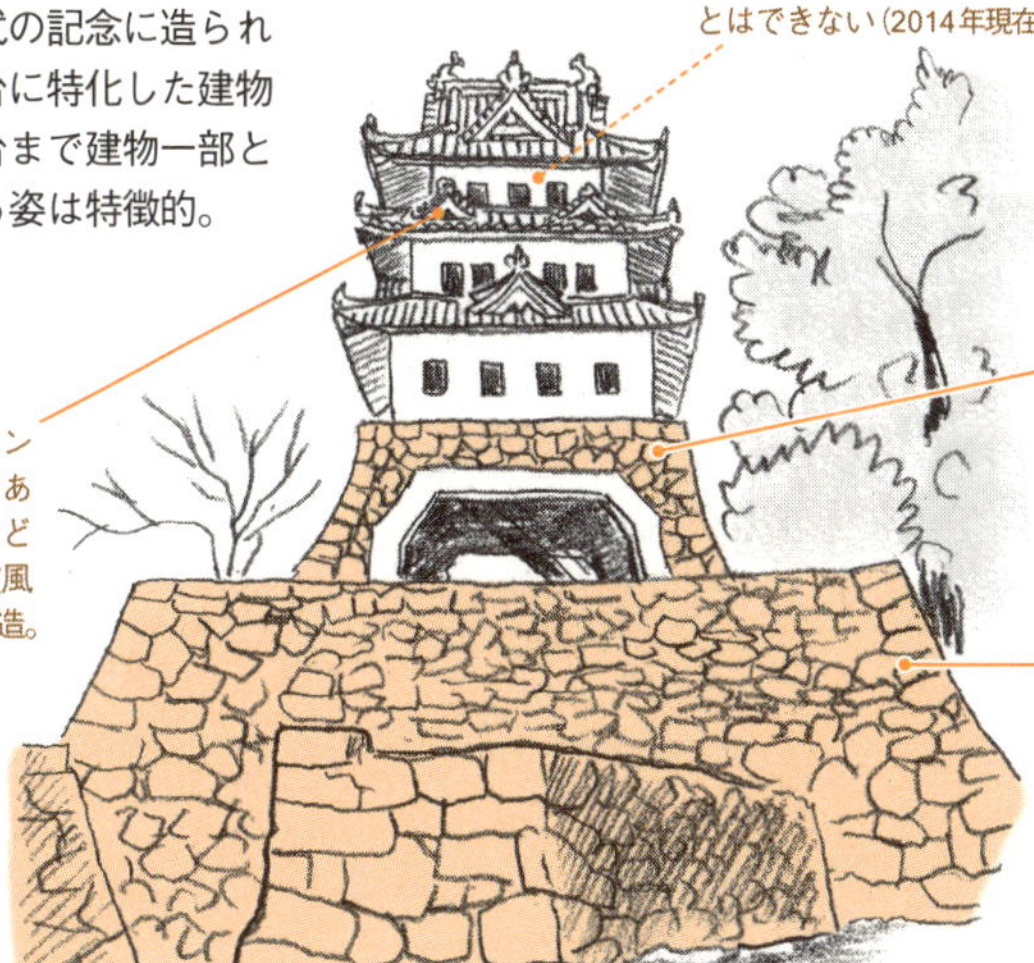
内部
長らく展望台として使われていたが、現在は内部に入ることはできない(2014年現在)。
模擬天守台
ピロティの様になっており、かつてはここからはしご状の階段で内部へ入った。
構造
躯体は鉄筋コンクリート造であるが、垂木などの軒と千鳥破風の破風板は木造。
天守台
天守台は、大天守の東に渡櫓台と小天守台を持つ。石垣は比較的整った乱積で、隅を算木積にしている。

data

洲本城

所在地：洲本市小路谷(山上)、山手1丁目(麓)
行き方：麓の居館はバス公園前下車すぐ。山上へは徒歩約40分
主な遺構：天守台、石垣、堀(以上現存)、模擬天守(再建)

column | 本格的な改修での問題

1998年に文部科学省は「史跡内での建物復元は、原則、厳密な考証にもとづく」ものとしたため、模擬天守も大規模な修理にはこうした復元考証をしなければならなくなった。天守の史料がない洲本城では、大規模な改築、新築ができないかもしれないという問題を抱えている。

築城年：天正10年(1582)、形式：山城、築城主：仙石秀久

あとがき

城はやっぱりおもしろい。改めて本書を書くために城を訪れ、資料を調べて思ったことです。城全体を歩けば縄張をした武将たちの知恵や情熱を感じ、石垣・土塁や堀には普請に携わった多くの人々の活気を想像し、天守や櫓、門といった建物を見ていかに堅固で美しく造るかという大工たちの工夫に感心しました。また、戦後の再建天守には郷土の復興を重ね合わせて見上げたまなざしがあったであろうこと、近年の木造復元天守には本物を求める時代性を感じました。本文ではあまり取り上げませんでしたが、城内の宗教的施設、空間にも興味を引かれました。この本を見てこうしたわくわく感が皆さまに伝わり、城を見に行こうと思ってもらえれば望外の幸せです。

本書では石垣のみの城跡から天守の建つ城まで全32城を紹介しています。もちろん、これ以外にも多くの城があり、それぞれ見応えのあるもので、どの城を取り上げるかは大いに悩みました。選んだ城は、天守・御殿などの主要建物を基準に、これらの残っていない城は城跡として、縄張の意図やかつての様子、遺構を中心に書いています。一方、残っている城は、現存天守、復元、復興・模擬に分け、建物の特徴や、注目点について説明しています。近代以降に再建、建設された建物についてはデザインの根拠、かつての姿、建設に使われた材料や技術、構法も紹介しました。こうした建物を文化財としてみれば、やはり江戸時代以前に建てられた遺構が重要であることは明らかですが、戦後に再建され、長く市民に愛されてきた建物もあります。この本では、これらをできるだけ同じ目線で見ていくことにつとめ、どの建物についても、それぞれに面白さ、背景があることを伝えようと書きました。時代も材料も、建てられた目的もさまざまな建物を、まずは見て、体験して、楽しんでみる、そういう城巡りも良いのではないでしょうか。

現在、各地の城で天守などの復元計画があり、その是非が議論されています。また、観光客の増加やそれに伴う整備によって史蹟である城跡が損なわれたり、地震や大雨などの天災によって被害を受けたりする事例も見られます。現代の城には、こうした考えるべき問題が多くあります。さまざまな城・建物を取り上げたこの本が、復元や保存について考えるきっかけにもなれば良いなと思っています。

最後に、素敵なイラストを描いてくださったいとう良一氏、編集を担当し、素晴らしい本に仕上げてくださったジーグレイプ・安永敏史氏に感謝申し上げます。

米澤　貴紀

参考文献

（個別）

●内藤昌『復元安土城　信長の理想と黄金の天主』講談社選書メチエ、1994.5

●小松和博『江戸城　その歴史と構造』名著出版、1985.12

●鈴木充「松山城二の丸大井戸」『月刊文化財』No.266、第一法規、1985.11

●『名古屋城再建　鉄筋の城に託した希望』（名タイ昭和文庫1）、樹林社、2010.4

●加藤理文『熊本城を極める』サンライズ出版、2011.10

●『熊本城』学習研究社、2000.5

●『熊本城』熊本日日新聞社熊本日日新聞情報文化センター、1997.9

●我妻建治、平井聖、八木清勝『よみがえる白石城』碧水社、1995.5

●東海道掛川宿まちおこしの会『掛川城　平成の築城』東海道掛川宿まちおこしの会、1994.4

●榛村純一、若林淳之編・著『掛川城の挑戦』静岡新聞社、1994.3

●広島市文化財団広島城編『お城を建てる』広島市市民局文化スポーツ部文化財担当、2007.10

●広島市歴史科学教育事業団広島城編『天守閣再建物語』広島市歴史科学教育事業団広島城、1993.6

●三浦正幸「伊予大洲城天守雛型と天守復元」『日本建築学会四国・九州支部研究報告』
第9号、1993.3

●鍋島報效会編『歴代藩主と佐賀城』鍋島報效会、2011.9

●佐賀城本丸歴史館『佐賀県立佐賀城本丸歴史館』2004.8

●『首里城のデザイン』海洋博覧会記念公園管理財団、2011.7

●大阪城天守閣編『天守閣復興　大阪城天守閣復興80周年記念特別展』大阪城天守閣、2011.10

●宮上茂隆「秀吉築造大坂城本丸の復元」『季刊大林』No.16、大林組、1983

●小田原城天守閣編『よみがえる小田原城 史跡整備30年の歩み』小田原城天守閣、2013.10

●『大垣城ものがたり』糜城会、1985.4

●『史跡洲本城』洲本市立淡路文化史料館、1999.10

●角田誠、谷本進編『淡路洲本城』城郭談話会、1995.12

●岡本稔、山本幸夫著『洲本城案内』Books成錦堂、1982.4

（城、建築全般）

●阿久津和生『大人と子供の絵本1　お城のできるまで』

●太田博太郎『日本建築史基礎資料集成十四　城郭一』中央公論美術出版、1978.7

●太田博太郎『日本建築史基礎資料集成十五　城郭二』中央公論美術出版、1982.7

●坪井清足、吉田靖、平井聖 監修『復元大系　日本の城』、1992.3-1993.8

●内藤昌編『ビジュアル版　城の日本史』角川書店、1995.6

- 中村達太郎『日本建築辞彙〔新訂〕』中央公論美術出版、2011.10
- 西ヶ谷恭弘『復原図譜日本の城』理工学社、1992.1
- 西ケ谷恭弘、多正芳編『城郭みどころ事典　東国編』東京堂出版、2003.9
- 西ケ谷恭弘、多正芳編『城郭みどころ事典　西国編』東京堂出版、2003.9
- 日本城郭史学会編、西ヶ谷恭弘監修『名城の「天守」総覧　目で見る天守の構成と実像』学習研究社、1994.6
- 日本城郭協会編、井上宗和監修『図説日本城郭史』新人物往来社、1984.7
- 日弃貞夫写真、中村良夫文『さがしてみよう　日本のかたち二　城』山と渓谷社、2003.1
- 平井聖監修『日本の城を復元する』学習研究社、2002.12
- 平井聖『図説　日本城郭大事典』全3巻、日本図書センター、2000.5
- 藤井尚夫『復元ドキュメント　戦国の城』河出書房新社、2010.1
- 藤岡通夫『原色日本の美術　第一二巻　城と書院』小学館、1968.3
- 三浦正幸監修『お城のすべて』学研パブリッシング、2010.7
- 三浦正幸監修『図説・天守のすべて』学習研究社、2007.4
- 三浦正幸監修『城のつくりかた図典』小学館、2005.3
- 『週刊名城をゆく』全50巻、小学館、2004.1-2005.1
- 『よみがえる日本の城』全30巻、学習研究社、2004.4-2006.4
- 『日本城郭大系』新人物往来社、1979.6-1981-5

ほか、各修理工事・復原工事報告書、各自治体・城郭・博物館等発行パンフレット・広報誌を参照

イラスト資料協力

- (p.30-31、52、126-127) 文化財学三浦研究室
- (p.58) 姫路市立城郭研究室
- (p.64) 松本市教育委員会・松本城管理事務所
- (p.67-68) 彦根市文化財課
- (p.71) 犬山城管理事務所
- (p.75) 松山城総合事務所
- (p.83) 名古屋城総合事務所
- (p.87) 熊本城総合事務所
- (p.89) 白石市教育委員会
- (p.90) 白河市歴史民族博物館
- (p.94) 新発田市教育委員会
- (p.97・99) 掛川市地域支援課
- (p.113) 大洲城管理事務所
- (p.115-116) 佐賀県立佐賀城本丸歴史館

Profile

監修

中川武 (なかがわ・たけし)

1944年富山県生まれ。工学博士。早稲田大学教授、明治村館長。専門は比較建築史・アジアの文化財建造物の保存修復技術。これまでにカンボジア王国政府サハメトレイ勲章、ベトナム政府友好勲章、科学技術分野文部大臣表彰、日本建築学会賞（業績賞）などを受賞・受勲。主な著書に『建築様式の歴史と表現』（彰国社）、『日本の家』（TOTO出版）など。

執筆

米澤貴紀 (よねざわ・たかのり)

1978年神奈川県生まれ。博士（工学）。早稲田大学理工学研究所次席研究員。専門は日本建築史、建築技術史。主な著書に『ピラミッドの建て方』（共著、実業之日本社）、『木砕之注文』（共著、中央公論美術出版）、『誰も知らない「建築の見方」』（共監修、エクスナレッジ）、『よく分かる日本建築の見方』（共著、JTB出版）など。

日本の名城解剖図鑑

2015年 1月5日　初版第1刷発行
2024年10月1日　第5刷発行

監修　中川武

執筆　米澤貴紀

発行者　三輪浩之

発行所　株式会社エクスナレッジ
〒106-0032
東京都港区六本木7-2-26
https://www.xknowledge.co.jp/

問合せ先　編集　Tel：03-3403-1381
Fax：03-3403-1345
info@xknowledge.co.jp
販売　Tel：03-3403-1321
Fax：03-3403-1829